응답되고 치유하는 기도습관 가질 분의 책

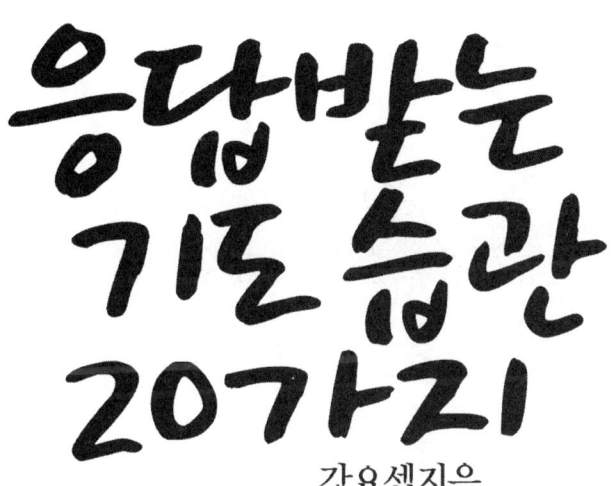

강요셉지음

성전에서 성령으로 분출되는 기도가 응답된다.

성령

응답받는
기도 습관 20가지

성령

들어가는 말

　습관은 참으로 중요합니다. 응답받는 기도 습관은 정말로 중요 합니다. 성도가 응답받는 기도 습관이 되었다는 것은 복 중에 복입니다. 기도 영이 임한 것입니다. 기도를 통하여 하나님으로부터 생명을 공급받기 때문입니다. 기도는 하나님께서 주시는 지혜로 만사를 해결하면서 살아갈 수도 있고, 만사가 불통인 삶을 살 수도 있는 아주 중요한 영적활동입니다. 그런데도 불구하고 예수를 믿고 교회에 다니는 많은 분들이 그냥 구하는 것이 기도인줄로 생각하는 합니다. 자신이 기도를 하고 있으니 복음적인 바른 기도에 대하여 관심을 갖지를 않습니다. 그냥 기도한다고 기도가 아니라는 것입니다. 필자가 지난 세월동안 성령치유 사역을 하면서 체험한 결과 기도를 바르게 하지 않는 다는 것입니다.
　이는 성도들뿐만 아니고 목회자들도 바르게 기도를 하지 않아 기도는 많이 하는데, 영의 사람으로 변화되지를 않더라는 것입니다. 또 기도를 많이 하는데 비하여 영-혼-육이 바뀌지를 않는다는 것입니다. 한마디로 세상에서 살아갈 때와 조금도 변화되지 않은 동일한 생활을 하고 있다는 것입니다. 필자가 만난 사람들 중에는 26년간 빠지지 않고 철야 기도를 했는데 남은 것은 온몸이 아픈 것이라고 말하기도

합니다.

　기도는 분명하게 영의 활동입니다. 하나님은 성령으로 기도하라고 하십니다. 왜 성령으로 기도하라고 하실까요? 기도의 대상이 하나님이시기 때문에 성령으로 기도해야 하나님께 상달이 되기 때문입니다. 세상에는 영적인 존재들이 많이 있습니다. 세상 사람들도 기도로 자신이 간절히 바라는 바를 신에게 부탁합니다. 아시다시피 신은 영입니다. 사람은 육적이면서 영적인 존재입니다. 대상을 확실하게 하지 않으면 다른 신에게 기도를 할 수도 있기 때문에 하나님은 예수 이름으로 성령으로 기도하라고 하시는 것입니다.

　필자가 성령사역을 하면서 보면 기도를 잘못하여 타고 들어온 다른 신들의 영향으로 불필요한 고통을 당하는 분들이 많습니다. 참으로 안타까운 일입니다. 아무튼 이 책을 통하여 자신의 기도를 클리닉 해보시기를 바랍니다. 기도를 바르게알고 기도하는 습관이 되시기를 바랍니다. 그리하여 마음 안에 성전이 견고하여져서 이 땅에서 천국과 아브라함의 복을 받아 누리면 하나님의 군사로서 사명을 감당하다가 영원한 천국에 입성하시기를 바랍니다.

주후 2017년 2월 28일
충만한 교회 성전에서
저자 강요셉목사.

세부적인목차

들어가는 말   -3

1부 자신의 기도를 성령으로 평가하라.

1장 자신의 기도 진단이 필요한 이유 -7

2장 기도는 정확하게 배우고 바르게 해야 한다. -25

3장 자신의 기도 무엇이 문제일까? -39

4장 성령으로 자신의 기도를 평가하라. -55

5장 자신의 기도를 수시로 진단하라. -69

2부 성령 안에서 기도하는 습관

6장 성령 안에서 기도하는 비결 -86

7장 성령으로 영의 기도하는 비결 -98

8장 기도 쉽게 영으로 하는 비결 -112

9장 성령으로 기도훈련 하는 비결 -127

10장 침묵기도가 습관이 되게 하는 비결 -141

11장 묵상기도가 습관이 되게 하는 비결 -152

12장 영의기도가 습관이 되게 하는 비결 -163

3부 방언기도를 진단해 보아라.

13장 방언기도에 숨어있는 신비 -178

14장 방언기도하면 얻게 되는 유익 -191

15장 방언기도를 클리닉 하는 비결 -206

16장 방언기도의 진위를 진단하는 법 -220

4부 기도하는 습관을 들이는 비결

17장 예수님처럼 기도하는 습관을 들이자. -232

18장 어릴 때 기도하는 습관을 만들자.-246

19장 항상 기도하는 습관이 중요하다 -261

20장 기도하는 습관을 만드는 비결 -276

21장 매일 스트레스를 해소하는 기도의 습관 -290

5부 기도하는 습관으로 자기치유하는 비결

22장 하나님과 관계여는 영의기도 비결 -304

23장 숨을 쉬며 기도하는 습관되는 비결 -316

24장 마음으로 기도하는 습관되는 비결 -326

25장 예수님과 동행하는 기도하는 비결 -338

26장 자신을 치유하는 기도하는 비결 -352

1부 자신의 기도를 성령으로 평가 하라.

1장 자신의 기도 진단이 필요한 이유

(유 1:20-21) "사랑하는 자들아 너희는 너희의 지극히 거룩한 믿음 위에 자신을 세우며 성령으로 기도하며, 하나님의 사랑 안에서 자신을 지키며 영생에 이르도록 우리 주 예수 그리스도의 긍휼을 기다리라."

기도는 영혼에 호흡이기 때문에 성령으로 해야 합니다. 사람은 호흡이 멈추면 생명이 끊어집니다. 마찬가지로 크리스천이 기도를 하지 않으면 살아있으나 죽은 영입니다. 기도는 무조건 많이 하는 것이 아닙니다. 하나님은 성령으로 기도하라고 하십니다(유20). 기도하는 습관을 들이기 전에 바르게 기도하는 습관부터 들여야 합니다. 기도가 바르지 못하면 모든 영적인 활동이 꼬이게 됩니다.

기도의 습관이 중요합니다. 더 중요한 것은 바르게 성령으로 기도하는 습관입니다. 필자는 17년이 넘도록 성령사역을 했습니다. 사역을 하면서 깨달은 것은 기도를 바르게 해야 한다는 것입니다. 기도는 참으로 중요합니다. 기도가 잘못되면 만사가 잘못 되기 때문입니다. 반대로 기도를 성령으로 바르게 하면 만사가 형통한 삶을 살아 갈 수가 있습니다. 만사를 하나님께서 주시는 지혜로 해결하면서 살아갈 수가 있기 때문입니다. 그래서 하나님은 성령으로 기도하라고 하십니다. 일부 크리스천들이 무조건 기도하면 모두다 기도인 것으로 착각하는 경향이 적지 않습니다. 그리하여 세상에서 기도하는 식으로 자신이 간절히 바라는 바를 신에게 부탁하는 것을 기도로 생각하고 있는 것입니다. 크리스천들이 분명하게 알아야 할 것은 기도는 기도하는 대상이 있다는 것입니다. 자신에게 기도하는 사람은 없을 것입니다. 옛날 어머니들이 정안수를 떠놓고 기도하는 것도 무엇인지 모르는 신에게 가족이 잘되게 해달라고 기도하는 것입니다. 무당들이 삼각산에 올라가서 저녁 내내 장구치고 북을 치면서 기도하는 것도 신을 감동시켜서 강한 귀신을 받고자 기도하는 것입니다. 돌무더기 앞에서 기도하는 것도 자신도 모르는 어떤 신에게 자신의 소원을 이루어달라고 기도하는 것입니다. 각각 기도하는 대상이 있다는 것입니다.

그렇기 때문에 크리스천들이 무조건 기도하면 되는 것이 아니라는 것입니다. 크리스천은 예수를 믿을 때 죽었고, 다시 예수로 태어나 예수님의 인생을 사는 사람입니다. 반드시 성령을 통하여 예수 이름으로 기도를 해야 합니다. 자신의 머리나 생각으로 기도하지 말고 성령의 인도를 받으며 기도해야 합니다. 그냥 막연하게 교회나 기도원에 가서 자신의 문제를 해결하여 달라고 기도한다면 누가 기도를 듣고 응답을 해주겠습니까? 그래서 성경에 분명하게 성령으로 기도를 하라는 것입니다. 필자는 분명하게 이렇게 기도하라고 합니다. 성령으로 충만한 가운데 예수님을 생각하면서 기도하라고 합니다. 크리스천의 기도는 하나님께 일방적으로 요구하는 것이 아니라, 성령으로 충만하여 하나님의 눈으로 자신이 가고 있는 길이 하나님께서 예비한 길인지, 하나님께서 원하시는 목적지와 일직선상에 있는지, 하나님의 눈으로 내려다보는 연습입니다. 한마디로 하나님의 마음을 알고 순종하기 위하여 기도하는 것입니다. 한마디로 미음과 징심을 나하여 온봄으로 기도하는 것입니다.

그래서 무조건 무엇을 해달라고 아뢰려고 하지 말고, 예수님 사랑합니다. 예수님 어떻게 해야 합니까? 예수님을 찾으면서 기도하라고 합니다. 기도의 대상을 명확하게 마음으로 생각하며 기도해야 기도를 받으시고 응답하여 주시기 때문입니다. 기도는 바르게 해야 합니다. 사람은 모두 영적이면서 육적인 존재이기 때문입니다. 명확하게 기도하는 대상을 생각하면서 기도하지 않으면 귀신이 응답을 할 수도 있다는 것입니다. 세상은 하나님으로 충만하기도 하지만 악한 자에게 처해있기도 하기 때문입니다(요일5:19). 모든 크리스천은 기도를 바르게 훈련받고 기도하야 합니다. 기도클리닉을 해야 하는 이유는 기도가 잘못되면 모든 것이 꼬이기 때문입니다. 기도가 바르면 모든 것이 해결되기 때문입니다. 정말로 기도는 중요하기 때문입니다. 기도가 바르지 못하면 이런 일이 있습니다.

첫째, 하나님과 관계가 열리지 않는다. 하나님과 관계가 열리는 것은 성령으로 기도하여 성령이 충만하여 영혼이 만족해야 가능한 것입니다. 하나님은 크리스천의 마음 안에 임재 하여 계시기 때문입니다. 영혼의 만족이란 마음 안에 있는 영혼에 하나님으로 채워졌을 때 느끼는 영혼의 행복감입니다. 아무 이유 없이 기쁨이 내 온 마음을 사로잡고, 평화가 자신의 온 영혼을 지배하는 상태입니다. 영혼이 만족스러우면 근심이 사라지고 평화가 찾아옵니다. 영혼에 기쁨이 넘치면 내게 닥치는 어떠한 아픔과 고통도 이겨낼 수 있는 힘이 생깁니다. 크리스천은 늙어서 영원한 천국에 입성할 때까지 이런 영혼의 만족을 누리는 것은 하나님의 축복입니다. 하나님은 모든 크리스천들이 영혼의 만족을 누리기를 소원하십니다. 성령님을 주인으로 모시고 그분으로부터 올라오는 영혼의 양식으로 만족하는 것입니다. 영혼이 만족을 누리려면 성령으로 기도하여 마음 안이 성령으로 충만해야 가능합니다. 성령으로 충만하려면 성령 안에서 깊은 영의기도와 성령 안에서 말씀을 묵상하는 습관을 들여야 합니다. 기도를 성령으로 바르게 해야 영혼의 만족을 누리므로 하나님과 관계가 열리는 것입니다.

   신앙생활을 오래하신 분들 중에 마음이 답답해서 미치겠다고 하시는 분들이 있습니다. 답답함을 치유하려고 이곳저곳 방황하는 분들도 있습니다. 성령이 충만하고 능력이 있다는 이곳저곳을 돌아다녀도 좀처럼 해결되지 않습니다. 저의 개인적인 생각으로는 마음 안에 계신 성령님이 상처와 육에 눌려서 답답해하시는 것이라고 생각을 합니다. 자신의 영이 자기 기능을 다하지 못하기 때문에 답답한 것입니다. 한 마디로 영의 질병이 발생한 것입니다. 이러한 상태를 치유 받아 해방되지 않으면 육체의 질병으로 나타납니다. 빨리 생명의 말씀과 성령으로 영의통로를 뚫고 마음 안에 성전에서 분출되는 성령으로 영적인 치유를 받아야 합니다.

　우리가 치유를 받으려면 무엇이 답답하게 하는지 원인을 알아야 합니다. 원인을 바르게 알아야 치유를 받을 수 있기 때문입니다. 답답하게 하는 원인은 첫째, 마음의 상처 때문입니다. 상처가 영을 누르고 압박하고 있기 때문입니다. 둘째는 영석인 문제입니다. 마음을 답답하게 하는 귀신이 있다는 것입니다. 저는 매주 토요일 날 집중 치유를 합니다. 집중 치유할 때 다수의 성도(목사, 사모, 권사)가 "아이고 답답해 아이고 답답해"합니다. 성령을 체험하고 성령의 역사로 내면의 상처가 치유되면 제가 답답하게 하는 귀신을 축귀합니다. 그러면 귀신들이 떠나갑니다. 한참 귀신이 떠나가면 "아이고 시원해 아이고 시원해"하면서 기도합니다.

　이렇게 몇 번만 치유하면 가슴이 뻥 뚫리면서 깊은 영의기도가 열립니다. 원인이 없는 문제는 없습니다. 원인을 찾으면 치유는 쉽습니다. 이렇게 마음이 답답한 분들은 단기 치유가 불가능합니다. 성령이 심령을 장악하는 시간이 많이 걸리기 때문입니다. 이렇게 전문적인 치유를 받아야 빨리 해방될 수가 있습니다. 순간 치유 받으려고 이곳저곳을 다녀도 쉽게 해결되지 않습니다. 반드시 강한 성령의 역사와 깊은 곳의 상처를 치유하는 목회자가 인도하는 집회에 참석하여 본인도 기도하고 안수도 받아야 합니다. 우선 성령의 강한 역사가 있어서 치유되기 시작하기 때문입니다. 어느 정도 마음이 열리고 성령의 역사가 자신을 장악하면 집중치유를 받으면 좀 더 빨리 해방될 수가 있습니다.

둘째, 영혼이 만족하지 못하고 방황한다. 요즈음 방황하는 목회자, 성도들이 많습니다. 방황하는 성도들의 보편적인 문제는 영의 통로가 막혀 영의 만족을 누리지 못하기 때문에 방황합니다. 사람은 영적인 존재이기 때문에 영의 만족을 누리려는 노력을 하게 됩니다. 간증을 들어보면 이해가 될 것입니다. 저는 강북에 있는 믿음교회 김 권사입니다. 저는 영적으로 갈급하여 참으로 방황을 많이 했습니다. 교회에서 목사님은 열심히 하면 형통해진다고 하여 무조건 열심히 신앙생활을 했습니다. 열심히 하면 하나님이 다 해주실 줄 믿었습니다. 새벽기도를 빠뜨리지 않고 열심히 다녔습니다.

예배는 모두 빠지지 않고 열심히 참석을 했습니다. 십일조 한번을 거르지 않고 했습니다. 교회 행사를 하면 앞장서서 봉사를 했습니다. 구역장을 10년 넘게 봉사를 했고, 여전도회장을 2년을 했습니다. 교회를 건축 할 때 건축헌금도 드렸습니다. 누구든지 밖으로 보면 정말로 모범적인 성도였습니다. 이렇게 열심히 하는데 문제 하나가 있었습니다. 저의 심령이 날마다 갈급한 것입니다. 무엇인지 모르게 항상 갈급했습니다. 마음에 채워지지 않은 그 무엇이 있었습니다.

그래서 교회에 가서 기도를 하면 조금 나아지는가 싶다가 조금 지나면 다시 갈급한 것입니다. 국민일보를 보고 성령과 영성 집회를 한다고 광고만 보면 찾아가서 은혜를 받았습니다. 그런데 문제는 그때 뿐 이었다는 것입니다. 다시 갈급해지는 것입니다. 어느 영성원에는 거의 2년을 다녔습니다. 그래도 해소가 되지를 않았습니다. 사람들은 성령의 불을 받아야 한다고 해서 성령의 불을 받으려고 성령의 불의 역사가 있다는 곳은 다 다녔습니다. 그래서 심령이 갈급한 것은 마찬가지 이였습니다. 우연하게 서점에 갔다가 "영안을 밝게 여는 비결"이라는 책을 보니 마음에 감동이 와서 사다가 읽었습니다. 읽어 보니, 한번 기보고 싶은 생각이 들었습니다. 전화를 해보니 매주 집회가 있다는 것입니다. 사모함으로 집회에 참석해서 인지 첫날부터 말씀과 성령의 역사에 은혜를 받았습니다.

집회에 참석한지 이틀이 지난 후였습니다. 오후 시간이었습니다. 사모님이 찬양을 인도하셨습니다. 마음을 열고 영으로 찬양을 불렀습니다. 찬양을 부르는 중에 마음속에서 뜨거운 기운이 올라오는 것을 느꼈습니다. 연이어 강요셉 목사님이 전하시는 영성과 성령세례에 관한 말씀을 들을 때 너무나 은혜를 받았습니다. 말씀 속에 제가 끌려들어가는 체험을 했습니다. 말씀에 은혜를 받으니 마음이 열렸습니다. 말씀을 마치시고 일어서서 자신의 의자 앞에 서서 찬양을 하라고 했습니다.

그래서 일어서서 찬송을 불렀습니다. 같은 찬송을 반복해서 부르게 하셨습니다. 찬송을 반복해서 부르는데 여기저기서 소리를 지르고 흐느끼면서 울부짖었습니다. 저 역시 몸을 가누지 못할 정도로 몸이 앞뒤로 흔들렸습니다. 가슴이 답답해졌습니다. 가슴에서 불덩어리가 올라오는 느낌을 받았습니다. 눈에서는 계속 눈물이 흘러내렸습니다. 그러면서 서러움이 속에서 올라왔습니다. 그래서 울음을 참지 못하고 터트렸습니다. 막 울었습니다. 몸은 가누지 못할 정도로 흔들렸습니다.

　도저히 서서 찬송을 부르지 못할 지경에 이르렀습니다. 그래서 의자에 앉아서 찬송을 불렀습니다. 이제 몸에 진동이 오기 시작을 했습니다. 막 떨리는 것 이였습니다. 나도 모르게 막 팔을 흔들면서 소리를 질렀습니다. 그러면서 방언이 터졌습니다. 방언을 하면서 진동이 더 강하게 일어났습니다. 의자에서 30cm 정도 뛰면서 기도를 했습니다. 그러다가 중심을 잃고 의자 아래로 떨어졌습니다. 그러자 강요셉 목사님이 오셔서 안수를 해주셨습니다. 안수를 하면서 더 강하게 역사하여 주시옵소서. 하고 기도하니까, 제 속에서 비명이 나왔습니다.

　그러면서 몸이 뒤틀리기 시작을 했습니다. 정말 내가 감당할 수 없었습니다. 몸이 뒤틀리면서 속에서 괴성이 계속 나왔습니다. 그러니까 강 목사님은 성령님 더 강하게 역사하여 주시옵소서. 하시면서 안수를 하셨습니다. 그러자 제 다리가 머리위로 올라오면서 발작을 했습니다. 자연히 그런 현상이 일어나니 제가 의자를 모두 차고 다니면서 발작을 했습니다. 아마 그때 충만한 교회 의자를 모두 차고 다녔을 것입니다. 어느 정도 시간이 경과 되니 몸이 안정이 되는 것을 체험하게 되었습니다. 그러자 강 목사님이 "지금까지 이렇게 진동하게 한 더러운 영은 기침으로 떠나갈지어다" 하며 명령을 하시는 것이었습니다.

　그러자 기침을 멈출 수가 없을 정도로 기침이 많이 나왔습니다. 기침을 하는데 가슴이 뻥하고 뚫리는 기분이 들었습니다. 정말로 시원했습니다. 십년 묵은 체증이 내려가는 기분이었습니다. 한참 기침을 하고 나니 이제 속에서 방언이 나오는 것입니다. 제가 그때까지 하던 방언소리와 다른 방언이 터져 나왔습니다. 방언을 한참 했습니다. 그러자 온몸이 뜨거워지는 것입니다. 내 몸이 불덩어리가 되는 것 같은 기분이 들었습니다. 니무 뜨거워서 성령님 너무 뜨겁습니다. 하며 소리를 질렀습니다. 한참을 그렇게 지내다가 잠잠해졌습니다. 그러나 몸은 여전히 뜨거운 것이었습니다. 그때 강 목사님이 저에게 이게 성령의 불세례라는 것입니다. 오늘이야 성령의 불세례를 받았습니다. 오늘 드디어 마음 안에 임재하신 하나님과 영의 통로가 뚫렸습니다. 그러시는 것입니다. 정말 생전 처음 그런 신비한 현상을 체험했습니다.

  기도를 하는데 정말로 은혜롭게 술술 나왔습니다. 그 이후로 말씀을 보면 너무나 꿀맛입니다. 기도가 저절로 되었습니다. 항상 입술에는 찬양이 넘치고 있습니다. 혈기가 사라지고 있습니다. 마음이 너무나 평안해 졌습니다. 십년동안 기도하던 소원이 성취되었습니다. 기도가 되니 영혼이 만족을 누리면서 생활에 기쁨이 있습니다. 무엇인지 모르는 기쁨이 마음에서 올라옵니다. 지금 삼 개월을 다니고 있습니다. 너무나 평안합니다. 강 목사님이 하시는 말씀이 무조건 열심히 하는 신앙은 사람을 변화시키지 못합니다. 성령의 음성을 듣고 순종해야 합니다. 자신의 생각을 가지고 막연하게 열심히 하지 말고 성령으로 기도하여 성령님이 지시하시는 일을 믿음으로 순종해야 하나님과 관계가 있는 성도입니다. 기독교는 머리로 아는 종교가 아니고 알고 느끼고 나타나는 생명의 종교라는 것입니다. 알고 있는 만큼 변하는 것이 눈으로 보이고 몸으로 느껴야 한다는 것입니다. 그래서 성령으로 충만하여 영의 통로가 열려야 한다는 것입니다. 그 다음에 성령의 인도를 받으며 열심히 해야 심령이 변하고 환경이 변하면서 영적으로 깊어집니다. 사람은 영적인 존재이기 때문에 영의 통로가 열려 영의 만족을 누려야 방황을 멈춘다는 것입니다. 지금 저는 뼈에 사무치게 느끼고 있습니다. 마음이 편안해지니 정말로 마음의 천국을 누리고 있습니다. 모두 말씀과 성령으로 영의통로를 뚫어야 영의 만족을 느낍니다.

셋째, 육신적인 신앙인이 된다. 기도를 바르게 하지 않으면 예수를 믿고 교회에 출석하며 믿음 생활을 하더라도 성령께서 전인격을 장악하지 못함으로 육신적이 될 수 밖에 없습니다. 기도를 해도 육적으로 하나님께서 문제를 해결하여 주시기를 바라는 지극히 샤머니즘적인 기도를 합니다. 이렇게 철야를 하면서 기도해도 응답을 받지 못하는 것입니다. 알아야 할 것은 크리스천이 세상을 살아가면서 당하는 영육의 문제는 하나님의 문제입니다. 그러므로 하나님께 어떻게 해야 해결이 될 것인지 지혜를 구해야 합니다. 하나님께서 알려주시는 방법대로 순종하면 문제가 해결이 되는 것입니다. 바르게 알아야 할 것은 의지하고 맡기라는 말씀입니다. 이는 하나님의 방법(지혜)대로 순종하며 행하고 해결을 하나님께 맡기라는 뜻입니다.

다음 간증이 전형적인 사례입니다. 저는 항상 믿음 생활하기가 너무나 힘들다고 불평하며 지낸 집사입니다. 제일 힘이 드는 것이 기도였습니다. 좀처럼 기도하기가 쉽지가 않았습니다. 다른 성도들은 몇 시간씩 기도를 한다고 자랑을 하는데 저는 십 분을 하지 못했습니다. 집안에 일이 있어서 새벽기도에 가도 기도가 되지를 않아 그냥오기 일쑤였습니다. 기도를 하지 못하니 자연히 마음이 답답해지고 조그마한 소리에도 혈기를 잘 내는 것입니다. 남편이 한 마디 하면 저는 세 마디로 대꾸를 합니다. 남편은 교회 다니는 집사가 어떻게 그렇게 혈기가 심하냐고 할 정도입니다. 저도 혈기를 내지 말아야 하겠다고 생각은 합니다.

그러나 막상 사람과의 관계에서는 절제가 되지 않았습니다. 그래서 왜 제가 기도가 되지 않고 마음이 답답하고 혈기가 심할까! 혼자 고민을 하는데 구역 예배에 갔다가 구역장이 저의 이야기를 듣고 충만한 교회를 소개하여 주었습니다. 그래서 홈페이지에 들어가서 프로그램을 보고 집회에 참석을 했습니다. 집회에 하루 참석하여 말씀을 듣고 기도하니 조금 나아지는 것 같았습니다. 다음날 상담을 신청하여 저의 상태를 강 목사님에게 말씀을 드렸습니다. 강 목사님이 하시는 말씀이 마음의 상처로 인하여 영의 통로가 막혀서 기도도 안 되고 혈기도 심하다는 것입니다.

이런 상태로 계속 살아가다가 갱년기에 들어서면 육체의 질병과 우울증으로 고생을 할 것이라고 했습니다. 육신의 건강을 위해서라도 영의 통로를 뚫고 상처를 치유해야 한다는 것입니다. 어떻게 하면 영의 통로가 뚫리느냐고 질문을 했더니 계속 참석하면서 말씀을 듣고 기도를 하면 된다고 하시면서 기도 방법을 바꾸어 보라고 하셨습니다. 그냥 숨을 들이쉬고 내쉬면서 배에서 나오는 소리로 주여! 주여! 주여! 를 계속하면 성령의 역사가 일어나 영의 통로가 자연스럽게 뚫리게 된다는 것입니다. 절대로 욕심을 부린다고 빨리 뚫리는 것이 아니니 성령께서 하라는 대로 따라가라는 것입니다. 그렇게 순종하고 기도하면 목사님이 돌아다니면서 안수하여 영의 통로가 뚫리도록 해준다는 것입니다. 그래서 순종하기로 했습니다. 무엇보다 두려운 것은 갱년기에 질병과 우울증으로 고통당할 수도 있다는 말 이였습니다.

집회에 참석하여 전하는 말씀을 열심히 들었습니다. 말씀을 들을 때 저의 가슴이 답답해지는 것을 느꼈습니다. 그래서 나는 이상했지만 성령의 역사로 인하여 나타나는 현상이라는 것을 알았습니다. 말씀을 듣고 찬양을 부르고 기도 시간이 되었습니다. 강 목사님이 알려주신 대로 숨을 들이쉬고 내쉬면서 배에서 나오는 소리를 열심히 했습니다. 숨을 들이쉬면서 배에서 나오는 소리로 주여! 주여! 주여! 를 계속했습니다.

이렇게 기도에 몰입을 했습니다. 그러자 저에게 진동이 오기 시작을 했습니다. 손이 떨리기 시작을 하더니 온몸이 떨리는 것입니다. 그래도 기도에 몰입을 했습니다. 그러자 이제 손가락이 움추려들고, 오그라드는 것입니다. 그러면서 제 몸이 뒤틀리는 현상이 일어나는 것입니다. 가슴이 답답해 오는 것입니다. 이제 제의지로 무엇을 할 수가 없었습니다. 성령이 역사하는 대로 따라서 기도를 했습니다. 그러니까 제 안에서 불이 올라오는 것입니다.

아주 뜨거운 불이 올라옵니다. 온몸이 뜨거워집니다. 얼굴이 뜨거워집니다. 몸은 뒤틀립니다. 아주 정신을 차릴 수가 없이 성령이 역사를 하는 것입니다. 그러기를 한 30분 한 것 같습니다. 이제 제가 잠잠해지기 시작을 했습니다. 그러자 강 목사님이 오셔서 안수해 주셨습니다. "이렇게 뒤틀리게 했던 더러운 영은 물러갈지어다." "기침을 통해서 떠나갈지어다." 하며 명령을 했습니다. 그러자 기침이 사정없이 나오는 것입니다. 그러면서 내 속에서 방언기도가 터져 나오는 것입니다.

그때 나에게 감동이 오기를 이제 성령의 불세례를 체험하고 영에서 나오는 방언을 하는 것이라는 것입니다. 영의 통로가 뚫렸다는 생각이 나를 주장했습니다. 너무나 감사했습니다. 그래서 계속 방언기도를 하니 몸이 가벼워지며 머리가 상쾌해졌습니다. 너무나 좋아서 지금 두 달째 다니고 있습니다. 말로 표현 못하는 평안을 느끼고 있습니다. 성격이 유순해졌습니다. 혈기가 없어졌습니다. 기도시간이 즐거워집니다. 저의 남편이 이제 집사 같다는 것입니다. 제가 지금 느끼는 것은 바른 신앙지도를 받으면 좀 더 빨리 깊이 있고 변화된 성도가 될 수 있다는 것입니다. 정말 하나님의 평안을 몸으로 느끼면서 삶을 살아가고 있습니다.

넷째, 영적존재에게 시달린다. 필자는 이렇게 말합니다. 예수를 믿고 교회에 들어와 기도하면서 성령의 세례를 받아 성령의 인도를 받는 성도는 변하게 되어 있다는 것입니다. 변하지 않는다면 무엇인가 문제가 있으니 찾아서 해결하라고 권면을 잘 합니다. 성도는 변해야 합니다. 간증을 들어보시기를 바랍니다. 저를 변하게 하신 하나님께 영광을 돌립니다. 제대로 성령을 체험하지 못하고 입만 가지고 믿음 생활을 했습니다. 한 마디로 교회는 다니지만 상처가 많이 하나님과 영의통로는 꽉 막힌 것입니다. 상처로 인하여 영의 통로가 막히니 심령이 치유되지 못한 것입니다. 치유 되지 못한 마음 깊은 곳의 저도 잘 모르는 응어리 분노의 상처가 미움이란 탈을 쓰고 나타나 남편을 사랑하지 못했습니다. 미움만 주고받아 늘 평안함 보다 부부의 불화가 더 많았습니다. 강요셉 목사님이 상처치유를 위하여 안수하실 때 가슴을 뜯어내는 성령의 강하고 깊은 불세례를 체험하였습니다.

생전처음 그렇게 뜨거운 불의 역사를 체험 했습니다. 성령의 불이 임하니 기침을 하면서 분노의 영들이 떠나갔습니다. 손과 발, 사지가 꼬이면서 귀신들이 떠나가는 체험을 했습니다. 괴성을 얼마나 질렀는지 모릅니다. 정말 창피한 줄도 모르고 괴성을 사정없이 질렀습니다. 이것이 다 내 안에 잠재해있는 분노의 상처들일 것입니다. 강 목사님의 강한 치유 안수기도 중 가슴이 뜯기는 아픔과 함께 기침으로 어떤 뭉치 같은 것이 쏟아졌습니다. 그다음부터 제가 스스로 축귀를 했습니다.

목사님이 알려 준대로 숨을 들이쉬고 내쉬면서 성령의 임재를 요청하여 성령의 임재가 충만해지면 옛날 상처를 받던 모습을 영상기도를 했습니다. 영상기도를 하면서 회개와 용서를 했습니다. 그러면서 마음으로 명령을 했습니다. 나에게 들어와 혈기를 발하게 하는 귀신은 예수 이름으로 명하노니 떠나가라. 명령을 했습니다. 그러니 아랫배가 아프면서 하품이 말도 못하게 나왔습니다. 또 성령께서 분노의 영을 축귀하라고 하셨습니다. 나에게 들어와 분노하게 하는 귀신은 예수 이름으로 명하노니 떠나가라. 명령을 했습니다. 그러니 기침이 사정없이 나오면서 귀신들이 떠나갔습니다. 속에서 악을 쓰는 소리가 나면서 귀신들이 기침으로 떠나갔습니다. 갑자기 우리 부부관계가 나빠진 것도 귀신의 역사라는 생각이 들었습니다.

그래서 나에게 들어와 부부관계를 파괴하는 귀신은 예수 이름으로 명하노니 떠나가라. 명령을 했습니다. 가슴이 터지듯이 아프더니 재채기를 통하여 귀신이 떠나가는 것입니다. 이렇게 날마다 기도를 하면서 축귀를 하고 나니 남편을 향한 미움이 없어지는 것이였습니다. 차츰 하나님의 사랑이 차면서 다툼도 거의 없으며, 똑같은 상황인데도 전에는 말대꾸하고 마음이 상했는데, 이제는 저도 모르게 속에서 온유의 마음으로 대하게 되니 집안에 다시 평안이 감돌고 있습니다. 예수님을 믿고 나서 용서와 사랑을 배웠지만 실천이 되지 않아 늘 갈등했는데 성령님의 강한 역사로 귀신들이 떠나간 날부터 남편을 대하는 저의 마음이 눈에 띄게 변해 갔습니다. 남편이 저에게 하는 말이 이제야 예수를 믿는 사람답다는 것입니다. 확실한 체험으로 몸의 증거를 주시면서 미움을 몰아내니 미워하려야 미워 할 수가 없으니 참으로 신기하고 감사합니다.

이젠 마음이 부드러운 사람으로 변하게 해달라는 말씀으로 목사님이 기도해 주실 때 그 말씀 붙잡고 몸부림치는 저를 하나님께서 불쌍히 여기사 치료해 주실 줄 믿습니다. 마음이 넉넉해지고 하나님의 사랑이 가득하게 되면 모든 일에 자신감 있고 누구든지 감쌀 수 있는 넉넉한 사람이 되고 싶은 것이 저의 소망이었는데 이제야 이루어지고 있습니다. "예수님의 새 계명 내가 너희를 사랑한 것같이 너희도 서로 사랑하라"를 지킬 수 있으니 얼마나 감사한지요, 가장 힘든 가까운 남편을 도구로 사용하신 하나님 내가 얼마나 부족했으면 남편 하나 용납하고 섬기지 못하였으니 끝까지 참으시고 나를 훈련시키시고 사랑의 사람이 되게 하신 하나님께 감사드립니다. 영의통로가 열려 마음에 평안을 느끼게 하신 하나님에게 영광을 돌립니다.

다섯째, 질병으로 고생한다. 예수를 믿고 교회에 다니면서 열심히 기도하고 신앙생활을 잘하는 분들 중에 50살이 넘어가면서 온몸이 다 아프다고 하시는 분들이 있습니다. 심지어는 자신이 다니는 교회 목사님이 신유은사가 있어 안수를 받고 치유를 받아도 치유가 되지 않는 다고 하소연을 합니다. 몸이 아픈 다른 사람들은 목사님의 안수를 받고 치유가 되었다고 하는데 자신은 치유되지 않는 다는 것입니다. 왜 이렇게 온몸이 아프냐는 것입니다.

기도가 바르지 못하여 성령의 역사가 일어나지 않으니 마음의 상처가 치유되지 않아서 생기는 것입니다. 간단하게 마음의 상처가 쌓였기 때문입니다. 상처를 말씀과 성령으로 기도하여 심령을 치유하여 배출을 했어야 하는데 그냥 지내다가 보니까 온몸에 퍼진 것입니다. 세상 한의학에서는 몸에 독이 싸여있다고 합니다. 사람의 몸에 독이 싸이는 원인 제공자는 스트레스, 환경의 영향, 음식이라고 합니다. 사람의 몸에 독소가 싸인 것을 구분할 때 6단계로 구분을 합니다. 1-2단계는 피곤하고 졸리는 것입니다. 3-4단계는 소화기관에 문제가 생깁니다. 소화가 잘 안되고 배변이 잘되지 않습니다. 조그마한 일에도 짜증을 잘 내게 됩니다. 5-6단계는 성인 질병으로 나타납니다. 심장병, 당뇨병, 고혈압, 각종 암으로 나타납니다.

문제는 어떻게 치유하느냐 입니다. 우리는 예수를 믿음으로 치유받기가 쉽습니다. 먼저 성령으로 세례를 받아야 합니다. 성령으로 세례 받고 성령으로 기도하면서 마음의 상처를 치유해야 합니다. 내적인 상처를 치유하는데 이성적인 치유가 아니라 영적인 치유를 받아야 합니다. 지금 교계에는 이성적인 내적치유를 하는 곳이 많습니다. 이성적인 치유를 받으면 근원이 치유되지 않습니다. 영적인 치유란 성령께서 하시는 치유로서 상처를 드러내어 밖으로 배출하는 것입니다. 배출은 기침이나 하품, 토함, 트림, 울음, 재채기 등등을 통해서 몸 안에 쌓여있는 상처(사기)를 배출해야 합니다. 상당한 기간 동안 지속적으로 상처를 밖으로 배출해야 합니다. 시간이 걸리는 일입니다. 절대로 단기간에 되지 않습니다. 마음을 느긋하게 먹어야 합니다. 그래야 성령으로 기도할 수가 있고 성령님이 마음 속의 잠재의식을 정화하십니다.

하나님은 영이십니다. 그렇기 때문에 하나님과 일치가 되기 위해서는 자신을 영적인 상태로 만들어야 합니다. 자신이 영적이 되고 자신의 내면의 영성이 살아나면 자연히 기도가 됩니다. 기도를 입으로 하려고 하지 말고, 기도가 심령에서 나오게 하십시오.

우리는 먼저 기도를 시작 하려고 합니다. 그렇기 때문에 가장 자신을 먼저 표현하는 말로 기도를 시작합니다. 기도를 하면서 다음은 무슨 말로 기도를 할까 하는 생각이 기도를 지배합니다. 그러기 때문에 참다운 영의 기도를 드리지 못하는 것입니다. 기도를 하려고 기도를 시작하지 마십시오. 성령의 역사로 영성이 자신의 내부에서 일어나면 자연히 기도는 나오게 됩니다. 기도는 영으로 드려야 합니다. 기도는 가능한 육과 혼을 잠재워야 하며, 그럴 때 영성은 일어나게 됩니다. 그래야 잠재의식에 상처나 스트레스가 쌓이지 않습니다.

저는 항상 강조하는 것이 성도는 상처를 마음과 육체에 싸이게 하지 말아야 한다고 합니다. 미리미리 예방신앙을 하라는 것입니다. 자신의 몸에 이상증세가 나타난 다음에 치유 받으려고 하면 그만큼 시간이 많이 걸리게 됩니다. 그래서 주일을 잘 활용해야 합니다. 주일날 성령이 충만한 예배를 드리면서 치유 받는 것입니다. 하나님께 예배도 드리고, 성령 충만도 받고, 말씀으로 영도 깨우고, 말씀과 성령으로 내적인 상처를 치유 받는 것입니다. 우리 충만한 교회는 매주일 오전에는 40분 이상, 오후에는 50분 이상 기도하면서 성령 충만 받고, 성령의 역사로 내적인 상처를 밖으로 배출하는 기도를 합니다.

2장 기도는 정확하게 배우고 바르게 해야 한다.

(눅 11:1)"예수께서 한 곳에서 기도하시고 마치시매 제자 중 하나가 여짜오되 주여! 요한이 자기 제자들에게 기도를 가르친 것과 같이 우리에게도 가르쳐 주옵소서"

기도는 머리로 생각으로 목으로 말로 하지 말고 성령의 인도를 받으면서 마음에서 나오는 소리로 해야 합니다. 필자는 기도를 머리로 생각으로 하지 말고 아랫배로 기도 하라고 합니다. 기도는 인간적인 욕심으로 하지 말고 즐기려고 해야 합니다. 기도는 육체의 노동이 아니고 성령으로 하는 영적인 운동이어야 합니다. 기도를 즐겨야 합니다. 기도를 편하게 하십시오. 깊이 성령으로 마음으로 기도하려고 하십시오. 기도는 영적인 상태로 깊어야 합니다. 깊어야 기도다운 기도를 드릴 수 있으며, 깊어야 하나님의 맑은 은혜가 임합니다. 우물이 깊어야 물맛이 좋으며 깊어야 여름에 가뭄이 와도 물이 마르지 않습니다. 깊어야 여름에 시원하고 겨울에 차갑지 않습니다. 6,70년대는 조금만 파면 생수가 올라왔습니다. 그러나 지금은 오염이 심해서 깊이 파야 생수가 올라옵니다. 사람의 심령도 마찬가지입니다. 크리스천들이 세상 살기가 복잡하여 누구나 잠재의식에 강한 스트레스가 쌓여 있습니다. 성령의 깊은 은혜가 심령에서 올라와야 잠재의식이 정화되고 성령으로 충만하여 성령의 지배를 받을 수가 있습니다.

우리 내면에 새로운 세계가 존재합니다. 인간의 내면은 신비의 세계입니다. 내 안에 존재하지만 들어가지 않으면 전혀 알 수 없고 느낄 수 없는 세계입니다. 내 안의 세계는 오직 기도를 통해서 성령의 인도함으로 들여다 볼 수가 있습니다. 자신 안에 있는 내면의 세계로 들어가면 육체로나 정신의 세계에서 전혀 느끼거나 체험하지 못한 새로운 영적인 부분에 접근 할 수 있습니다. 기도는 하나님의 눈으로 자신을 들여다보는 것입니다. 기도를 하지만 깊은 기도에 이르지 못하고 기도를 통해서 심령깊이 들어가 보지 못하면 기도를 아무리 오래 드렸다고 해도 초보자이며 영육의 변화가 없습니다. 하나님과 관계도 열리지 않습니다. 기도 자체가 신비이며 기도는 우리 내면의 신비의 세계로 들어가는 영의입구입니다. 그래서 기도는 반드시 성령으로 해야 합니다.

첫째, 기도는 영이신 하나님을 찾는 것이다. 목마른 사슴이 시냇물을 찾아 헤매듯이 우리의 영이 영이신 하나님을 간절히 찾는 것입니다. 하나님의 속성은 찾아야 응답하시는 하나님이십니다. 우리 안에 주인으로 계시지만 찾지 않으면 나타나시지 않습니다. 우리가 세상의 향락과 세상의 부와 세상의 명예를 찾는 것보다 영이신 하나님을 찾아야 합니다. 그래야 우리의 영성이 살아납니다. 영이신 하나님은 기도로 찾아서 만나는 것입니다. 하나님은 찾아야 만나주십니다. 우리가 기도하면서 하나님을 만나고 그분과 깊은 영적 관계를 맺어야 합니다. 성령으로 기도하면서 임재가운데 들어가 마음 안에서 하나님께서 나의 아버지이심을 깊이 느끼고 하나님께서 진정으로 나를 사랑하신다는 것을 확신해야 합니다. 그래야 우리의 영성이 힘을 얻습니다.

그리고 기도는 영이신 하나님 앞에서 우리가 변화하는 것입니다.

우리가 올바른 기도를 드리면 영이신 하나님께서 우리의 전인격을 변화시켜주십니다. 우리의 생각이 변화합니다. 우리의 마음이 달라집니다. 그리고 우리의 행동이 바뀝니다. 하나님의 영성과 생각과 지혜로 바뀝니다. 그러면 우리의 영성이 올바른 기능을 할 수 있습니다.

우리는 지금 영이신 하나님 앞에 서 있습니다. 그분이 우리 인간과 달리 영이시라는 점을 잊지 마시기 바랍니다. 하나님께서 영이시기 때문에 기도하는 우리가 영적인 상태가 되어야 합니다. 영적인 상태가 되려면 성령으로 세례 받고 성령으로 충만한 상태가 되어야 합니다. 성경에는 성령으로 기도하라고 하셨습니다(유1:20). 머리로 생각으로 기도하지 말고 성령으로 기도하는 성도가 되시기를 바랍니다. 그리고 늘 기도하면서 영이신 하나님께 나아가시고, 그분을 깊이 만나시고, 그분께서 원하시는 삶으로 변화해 가시기를 바랍니다. 그러면 우리는 저 옛날 에녹이 그랬던 것처럼 영이신 하나님과 동행하는 삶을 살 수 있게 될 것입니다.

영이신 하나님은 우리가 기도를 통해서 만나고 대면할 수 있습니다. 1980년대부터 신학계에 크게 유행하고 있는 용어가 있는데 바로 영성(spirituality)이라는 말입니다. 이 말은 신학자들에 따라 저마다 다양하게 정의하고 있어서 조금은 혼란스러운 개념이기도 합니다. 그러나 요지는 이것입니다. 영성이란 하나님과 인간과의 관계성이며, 개인적으로는 영성을 통한 삶의 변화이고, 또 공동체적으로는 성령의 역사 현장에서 살아계신 하나님을 증명하라는 것입니다. 보다 더 쉽게 설명해 보면 영을 지닌 존재인 인간이 자신 안에 주인으로 계시는 영이신 하나님과 만나서 관계를 맺으면서 영성을 키워가게 되고 하나님과 같은 영적인 존재로 살아가게 된다는 것입니다.

그래서 이 영성이 훈련을 통해 올바로 성숙해 진 사람들은 하나님과 나 그리고 이웃 사이의 올바른 관계를 정립하게 되고, 하나님의 사랑에 참여하게 되고, 이웃과 세상에 향해 사랑과 정의를 실천하며 살 수 있게 됩니다. 이렇게 볼 때 영성은 영이신 하나님과의 지속적인 만남을 통해서 하나님의 자녀로 살아가는 사람들의 삶의 기질이라고 할 수 있습니다. 실제로 많은 사람들이 이 영성이 왜곡되어있습니다. 이 영성이 병들어 있습니다. 그래서 하나님의 자녀이면서도 향기가 나지 않고, 하나님의 영광을 드러내지 못합니다. 우리의 영성을 잘 훈련해서 올바른 영성으로 키워가야 하겠습니다. 이를 위해 가장 중요한 일은 바로 기도입니다. 기도를 성령으로 해야 올바른 영성이 자라게 됩니다.

둘째, 기도는 하나님의 뜻을 알아내는 것이다. 하나님은 영이십니다. 성령으로 기도하여 영의 상태에서 하나님의 뜻을 알게 합니다. 우리가 하나님의 뜻을 알지 못할 때, 기도에 있어서의 끈질김은 새로운 중요성을 갖게 됩니다. 이런 상황에서 기도는 하나님의 뜻을 분별할 수 있는 중요한 수단이 됩니다. 하나님의 뜻을 분별하는 것은 지속적인 기도를 통하여 옵니다. 이런 기도는 성령님께서 우리가 간구하는 내용의 변화를 가져오게 하실 수 있는 지혜를 제공합니다. 이런 종류의 지속적인 기도를 하는 동안 성령님께서 우리 생각에 빛을 비춰 주심으로 우리 마음의 소원을 재조정하실 수 있습니다. 마음과 생각의 변환은 하나님의 뜻에 따른 기도로 이어지게 합니다.

하나님의 응답이 바로 오지 않을 때, 지속적인 기도는 하나님과의 대화나 또는 하나님의 침묵과의 대화라는 형태로 나타나게 됩니다. 더 강한 용어로 말하자면 이런 기도는 하나님의 방식을 알고 하나님의 계획을 확인하기 위한 씨름이라고 묘사할 수 있습니다. 이 씨름으로 인해 하나님의 목적이 확실해질 때, 하나님이 어떤 분인지를 더 잘 알게 되는 체험과 함께 우리가 주인으로 모시는 하나님과의 더 깊은 관계를 갖고 나오게 됩니다. 이것이 우리 삶에 나타나는 지속적인 기도의 승리를 특징짓게 됩니다.

기도란 한마디로 말하면 하나님의 뜻을 이루기 위하여 부름 받는 자의 자의적 동참이라고 할 수 있습니다. 따라서 기도의 목적은 자신의 계획과 뜻을 이루기 위한 것이 아니고 하나님의 뜻과 계획하심을 알기 위해 그의 인도하심을 바라는 나의 소망인 것입니다. 따라서 올바른 기도란 하나님의 뜻과 목적과 그의 소망을 따라 시작되어야 합니다. 우리가 예수를 믿을 때 하나님께서는 우리의 마음 속에 자신의 법을 심어 두셨습니다. 따라서 기도는 사실 하나님으로부터 시작되어 그것이 우리 마음에 와 닿아서 우리가 우리의 생각을 하나님께 토할 때 그 문이 열려서 하나님께서는 자신이 하고자 하신 일이 무엇인가를 우리로 알게 하시고 그것을 깨달은 우리는 다시 그에게 그대로 이루어지기를 바라는 소망의 동의를 올림으로서 이루어지는 것입니다. 그러므로 "무엇을 구하든지 다 받게 하려 하심"이라고 하신 것입니다.

따라서 기도는 하나님의 뜻을 이루는 문을 여는 통로로서 우리가 드린 기도 중에 이루어진 것은 그의 뜻 가운데 그 분이 성취하고자 한 일들인 것입니다. 한나의 기도를 예를 들어 봅시다. 우리는 한나가 첩 브닌나의 충동으로 하여 원통하여 눈물로 간구하였기 때문에 들어 주셨다고 생각하기 쉽습니다. 그러나 그렇지 않습니다. 그 당시 시대적 배경 속에서 이스라엘을 이끌고 가는 지도자 엘리제사장이 그의 자식들로 인하여 심히 부패하여졌습니다. 그래서 하나님은 그를 폐하고 다른 지도자를 계획하셨습니다. 하나님께서는 자신의 일생을 온전히 하나님께 드릴 제사장을 필요로 하셨습니다. 그때 한나가 하나님 앞에 드릴 한 아들을 달라고 기도했던 것입니다. 물론 한나는 수십 년 동안 자식을 달라고 기도하였습니다. 그러나 그녀는 처음부터 하나님의 뜻대로 할 아들을 달라고 기도한 것은 아닙니다. 자신의 원통함을 풀 아들을 달라고 했던 것이지요. 그러던 어느 날 한나가 아픔을 참지 못하고 하나님의 뜻대로 바칠 아들을 달라고 기도한 것입니다. 한나의 기도가 하나님의 뜻에 합하자 응답하신 것입니다. 이처럼 우리의 아픔의 환경과 그로 인한 기도는 하나님의 뜻을 알기 위한 통로입니다. 야고보는 너희가 얻지 못함은 구하지 않기 때문이고 하였습니다. 또 그는 너희가 구하여도 얻지 못함은 너희의 정욕으로 쓰려고 잘못 구하기 때문이라 하였습니다. 기도는 자신에게 하나님의 뜻(길)을 알게 하는 수단입니다.

셋째, 기도는 가르쳐야 되고 습관이 되어야 한다. 기도는 강조해서 되지 않습니다. 기도는 가르쳐야 하며 기도에 젖어야 합니다. 걸어 다니면서 할 수가 있어야 합니다. 이 시대의 성도들은 기도를 생활에서 점점 멀리하고 있습니다. 이렇게 되는 여러 가지 이유가 있습니다. 그 중 하나가 성도들이 기도에 대한 부담을 느낀다는 것입니다. 기도하면 교회나 기도원에 가야되고 무릎을 꿇고 생각으로 말로 기도하는 것으로 항상 강조를 하며 부담과 의무를 심겨주기 때문입니다. 무조건 기도하라고 하기 때문입니다. 이 시대의 사람들은 하라고 강조나 명령을 통해서 움직일 수 없습니다. 강요에 의해 싫은 일을 억지로 하던 시대는 지나간 시대의 산물이지 현재나 다음 세대는 기대할 수 없습니다. 이제 기도를 하라고 강조해서 하지 않는다는 사실을 알아야 합니다. 한국교회의 기도가 60년대에서 70, 80년대를 지나면서 식어지기 시작하며 현재도 약해져 가는 이유 중의 하나는, 기도에 대해 목적과 강요를 잘못된 방향으로 이끌었기 때문입니다.

기도의 동기 부여를 잘못 심어 주었으며, 기도의 바른 개념과 목적이 없이 무조건 기도를 많이 하라고만 시켰기 때문입니다. 수영을 기본기부터 가르치고 훈련을 시켜서 점점 실력이 늘어가고 몸에 익숙해지기 보다는 한 여름철 즐기며 더위를 피하게 하는 정도로 생각하기 때문에 더 이상의 발전이 없이 그 정도의 수준에서 멈추어 버리는 것입니다. 이와 반대로 수영을 기본기부터 배우고 정식으로 배운 사람들은 수영을 한철 놀이로만 생각하지 않고 자기 몸을 단련시키는 훈련과 운동으로 인식하고 수영의 실력이 늘어가며 수영을 즐기게 됩니다. 기도를 이에 비유하는 것은 우리는 기도에 대한 무거운 인식을 소유하고 있습니다. 기도를 노동으로 생각하고 무겁게 인식을 하고 있습니다. 기도에 대한 개념이 무의식중에 무겁게 느껴지게 됩니다. 60, 70년대는 국가적으로 매우 어렵고 혼돈의 시대이며 개인적으로는 가난이 만연되어 있었습니다. 자연히 어려움을 하나님께 기도하여 극복하며 축복을 받으려는 마음이 기도와 연결이 되며 축복, 문제 해결을 위해 기도하게 됩니다.

문제해결과 축복 받기 위해 기도를 하는 것은 인간의 본능적입니다. 누구나 고난이나 어려움에서 벗어나려고 하는 본능이 있습니다. 그런 요구에 기도를 연합 시키면 기도는 자연스럽게 그 사람을 기도하게 만듭니다. 그러나 문제가 해결이 되면 기도하지 않는다는 것입니다. 기도가 게을러지고 식어지는 이유 중의 하나가 기도를 강조할 때 문제와 결부시키고 문제해결의 도구로 인식을 시켰기 때문입니다. 문제가 해결되면 기도가 식어지고 문제 해결을 위해 기도했지만 해결이 되지 않으면 기도를 하지 않게 됩니다.

적지 않은 크리스천들이 한 때는 기도를 열심히 하며 살았지만 지금은 기도를 하지 않고 있다는 것입니다. 그 이유는 여러 가지일 것입니다. 그러나 가장 큰 이유는, 일상의 삶에서 스스로 기도하는 습관을 들이지 않았기 때문입니다. "예수께서 나가사 습관을 따라 감람산에 가시매 제자들도 따라갔더니"(눅22:39). "새벽 아직도 밝기 전에 예수께서 일어나 나가 한적한 곳으로 가사 거기서 기도하시더니"(막1:35).

기도의 습관을 들이신 대표적인 분이 바로 예수님이십니다. 예수님은 기도의 습관을 들여서 틈만 나면 사람들을 피해 한적한 곳에 가서 기도하셨습니다. 예수님은 거처할 장소가 없이 광야에서 쉬기도 하시고 기도도 하셨습니다. 그런데 기도할 곳이 없어 기도를 못한다 거나, 기도할 시간이 없어 기도하지 못한다고 변명을 하는 게 말이 되겠습니까? 예수님 주변에는 항상 수많은 사람들이 따라다녔기에, 혼자 있을 시간과 조용한 장소노 찾기 어려우셨기 때문입니다.

규칙적으로 기도하는 습관을 들이지 못한 이유는 의지가 약한 탓만은 아닙니다. 많은 이들이 새벽기도회에 나가고 있지만, 특정장소에서 기도하는 습관은 좋은 습관이 아닙니다. 쉬지 않고 기도하는 습관은 특정한 장소에서 할 수 없습니다. 방해받지 않은 장소이면서 가장 많은 시간을 보내는 곳이 바로 자신의 집입니다. 그러므로 자신의 집에서 기도하는 습관을 들여야 합니다. 그러나 우리네 교회에서는 교회중심의 신앙생활을 강조하기 때문에, 기도조차도 교회에 나와야 한다고 가르치고 있습니다. 이런 나쁜 가르침 때문에 쉬지 않고 기도하는 습관을 들이지 못하고 있습니다.

또한 기도하는 내용도 성경적이 아니기 때문에 하나님과 동행하는 삶을 누리지 못하고 있습니다. 기도란 하나님으로부터 무엇을 뜯어내는 수단이 아니라, 그분과 깊고 친밀하게 교제하는 통로입니다. 그러므로 하나님이 기장 기뻐하시는 기도는 무시로 하나님의 이름을 부르고 간절히 찾아야합니다. 그런 기도를 일상의 삶에서 쉬지 않고 하는 습관을 들이는 것이 성경적인 기도입니다.

이처럼 많은 이들이 기도의 습관을 들이지 못하는 이유는 성경적인 기도가 아니기 때문입니다. 하나님이 기뻐하시는 기도를 하였다면, 놀라운 능력과 기도응답은 물론 평안과 기쁨이 넘쳐나는 은혜를 경험하기 때문에 다시는 놓치고 싶지 않을 것입니다. 그러나 자기만족과 자기의 의를 드러내는 기도 습관뿐이라면, 기도가 아니라 고단하고 팍팍한 노동일 수밖에 없습니다. 그래서 시간이 지나면 슬그머니 꼬리를 내리는 것입니다. 교회에서 기도회로 모이라고 하면 나오지 않는 것입니다.

한 때는 능력 있는 기도로서 하나님의 은혜를 경험하고 성령 충만한 기쁨을 누렸던 사람들이 기도를 쉬고 있는 이유는, 성령과 깊고 친밀한 기도의 습관을 들이지 않았기 때문입니다. 기도를 쉬는 것은 영혼이 죽어있다는 증거입니다. 영혼이 죽어있기 때문에 기쁨과 평안을 잃고 고단하고 팍팍하게 살아가고 있습니다. 이들의 종착역은 지옥의 불길입니다. 그렇기에 세상에서 가장 불쌍한 사람이, 신앙생활을 열심히 하고 기도도 열정적으로 하였지만 하나님으로부터 버림받은 사람일 것입니다. 그 사람이 바로 성령과 교제하는 기도의 습관을 들이지 못한 사람입니다.

하루 일과를 마치고 잠들기 전에 기도하는 것이 습관이 되어야 합니다. 하루 중 깊은 기도에 가장 적합한 시간은 잠자리에 들기 전이 좋은 시간입니다. 잠을 들기 전에 기도의 깊이에 잠길 수 있는 적합한 시간대이기 때문입니다. 누워서 "숨을 들이쉬면서 하나님! 내쉬면서 사랑합니다." 다시 "숨을 들이쉬면서 하나님! 내쉬면서 사랑합니다." 지속적으로 하다가 자연스럽게 잠을 자는 것입니다. 이제 기도는 말로, 정신으로 드리는 것이 아니라, 마음으로 드려야 되며, 영으로 드려야 된다는 말에 익숙해져 있습니다. 영적인 상태로 들어가기 위해서 준비를 잠을 자기 전에 자신을 하나님의 임재 하신 상태로 만드십시오.

임재(하나님이 전인격을 장악한 상태)로 만드십시오. 자신을 훈련시킴으로 내면의 상태를 어느 정도 만들어 갈 수 있습니다. 방을 꾸미고 주변의 환경을 바꿈으로 기분과 마음이 달라집니다. 복잡하고 혼잡한 곳에 있으면 마음이 혼란해 집니다. 이는 주변 환경이 내면에 주는 영향입니다. 마음은 주변의 영향에 따라 상태가 변합니다.

또한 마음은 내적인 영향으로 상태가 변합니다. 어린 시절 고향에서 즐겁고 재미있던 추억을 기억하면 마음이 평안해지고 행복에 잠깁니다, 반대로 어렵고 힘들고 나에게 상처를 주었던 사람을 기억하면 마음 깊은 곳에서 분노와 두려움이 마음에 전달됩니다.

마음은 이렇듯 외부와 더 깊은 내면의 영향과 자극에 따라 상태가 달라집니다. 인간의 내면 즉 마음은 깊은 곳에 있으며 마음의 범위 역시 대단히 광범위합니다. 바다는 얼마나 넓습니까? 그리고 얼마나 깊습니까? 우리의 내면에 마음이라는 넓고 깊은 바다가 존재하고 있습니다. 마음은 생활에서 실감을 쉽게 느끼지 못합니다. 우리가 느끼는 감정은 마음의 지극히 적은 부분입니다. 평온하다, 기쁘다, 슬프다, 화가 난다는 감정이 느껴지는 상태는 마음의 가장 외부적인 감각을 느끼는 기능입니다.

예를 들어 손의 역할은 이루다 말할 수 없을 정도로 기능이 많으며 그 중에 외부 온도를 감지하는 역할을 합니다. 차가움과 뜨거움을 손의 신경이 느낄 수 있습니다. 이 기능은 손의 기능의 아주 작은 부분이며 다른 많은 기능이 손에 있습니다. 마음에 대하여 '마음이 아프다 마음이 좋다.'라는 정도만 느끼는 것입니다.

그러기에 우리가 노력함으로 마음의 상태를 평안한 상태로 어느 정도의 조절이 가능합니다. 마음에 하나님이 임하시게 하기 위해서는 마음에 먼저 평안과 은혜가 있어야 합니다. 우리가 보는 것 듣는 것과 주변에 일어나는 모든 사건들은 정신, 신경계통, 마음, 육체에 까지 충격을 줍니다. 그 중에 가장 깊은 곳인 마음은 모든 충격들이 모이고 고여 있게 됩니다. 모인 충격은 마치 스프링이 압력을 받아서 수축이 되면 내부(잠재의식)로 힘이 모이게 되고, 모인 힘은 어느 정도 정지가 된 후 정지된 힘(잠재의식)은 다시 외부로 힘을 밀어 냅니다. 외부의 자극은 육체적인 자극과 정신, 신경의 자극을 지나 마음을 자극을 시키면서 그곳(잠재의식)에 모이게 됩니다. 물이 흘러서 낮은 곳으로 모여서 고이는 현상과 같은 현상입니다. 물이 고이면 그곳에서 물이 상하게 되고 악취가 나고 벌레가 생기는 현상과 비슷합니다. 사람의 잠재의식도 마찬가지입니다. 이를 잠자리에 들기 전에 성령으로 기도하면서 정화하는 것입니다.

우리의 마음 깊은 곳(잠재의식)에는 우리의 기분, 감정에 부정적인 영향을 줄 수 있는 많은 요인들이 숨겨져 있으며, 이런 내면의 잠재한 상한 감정들은 끊임없이 우리 매일의 삶에서 받는 자극과 상처가 내면에 모여지며 모여지는 것입니다. 이를 하루하루 처리하지 않으면 잠재의식에 집을 짓게 됩니다. 이렇게 됨으로 삶에서 불필요한 고통을 당하게 됩니다. 잠재의식에 집을 짓기 전에 하루하루 일고를 마치고 침소에 들어가기 전에 성령으로 기도하여 정화하는 습관입니다.

넷째, 기도는 무조건 오래 많이 하는 것이 아니다. 기도는 어디서, 어떤 자세로, 어는 장소에서, 몇 시간이나, 어떤 기도 제목으로 기도를 드리는가가 관점이 된 것이 한국 교회의 기도의 모습입니다. 먼저 우리는 기도의 고장관념을 제거해야 합니다. 우리에게 잘못된 고정관념(고장 난 관념)은 우리를 고장 나게 합니다. 기도를 많이 해야 하나님이 기뻐하시고 응답해 주신다는 고장관념이 무조건 빌기만 하면 된다는 공식을 낳게 됩니다. 지성이면 감천이라는 무속적인 관념이 우리에게 깊이 심겨져있어서 내가 무엇을 구하느냐 보다 하나님이 내게 무엇을 주시기를 원하느냐 보다는 조건 빌기만 하면 될 것이라는 생각으로 빌지만 응답이 되지 않습니다.

기도는 양보다 질이 중요합니다. 우리는 기도가 무엇인가에 대해 알기 위해서 성경에 말씀하시는 2사람의 기도를 살펴보겠습니다. 바리새인이 기도하려 성전에 들어가서 성전 중앙에 서서 하늘을 향하여 두 팔을 벌리고 얼굴을 하늘로 행하고 목청을 가다듬고 폼을 잡고 기도하기 시작합니다. 그러나 그 기도는 하나님께서 외면하시는 기도입니다. 혼자 떠들다가 속 풀이 하듯이 실컷 혼자서 넋두리하듯이 떠들다가 돌아갑니다. 자기는 기도를 열심히 했다고 생각하고, 주변에서 그를 본 사람들도 그가 기도했다는 것을 인정합니다. 그러나 정작 그의 기도를 들으시고 기도를 응답해 주셔야할 하나님은 인정하지 않는다는 것입니다. 우리는 기도를 할 때 자신이 기도했다는 안도감, 기도를 하면서 살아가고 있다는 인정을 받기 위해 기도하는 경우가 많습니다. 그리고 자신이 그렇게 하고 있다는 것을 자신조차도 모르고 습관화가 된 경우가 많습니다.

또 한사람의 기도를 살펴보겠습니다. 그는 세리입니다. 세리는 당시 인간 이하의 대접을 받는 직업인입니다. 그는 성전에 들어가서 자신의 모습을 사람들에게 감추기 위해 성전 구석으로 가서 고개를 구부리고 하나님 내가 죄인입니다. 세리로 살면서 남들에게 못할 짓을 하면서 살아가는 죄인이 하나님 앞에 왔습니다. 나를 받아주시옵소서! 나를 불쌍히 여겨주십시오. 하며 고개를 떨어뜨리고 심령으로 하나님 앞으로 하나님의 긍휼을 바라며 나아갑니다. 어느 누구에게도 그 사람의 기도 소리는 들리지 않습니다. 그러나 하나님은 들으십니다. 하나님은 인간이 들을 수 없는 소리를 들으시는 분입니다. 반대로 인간이 만들어 내는 거룩한 목소리에는 외면하시는 분입니다. 5분 기도를 하더라도 하나님의 보좌가 연결되는 영의기도가 되어야합니다.

기도를 많이 한다고 잘하는 것은 아니며 기도 많이 하는 것을 자랑하지 말아야 합니다. 바리새인처럼 기도를 많이 하거나 기도에 열심 있는 사람은 찾아 볼 수 없습니다. 자신이 기도를 많이 한다고 해도 그들의 기도의 열심에는 따라가지 못합니다. 그들은 한 주에 하루를 금식하며 기도하고 하루 세 차례씩 시간을 정해 놓고 기도를 합니다. 무슨 일이 있어도 기도를 빼지 않고 살아가는 사람들입니다. 그러나 그들이 보여주는 행동은 전혀 다른 모습을 보여 줍니다. 예수님의 사역에 가장 걸림돌이 된 사람들이 바리새인들이었습니다. 당시 가장 기도 많이 하는 사람들이 하나님이 자신들 앞에 오셨음에도 알아보지 못했으며 방해하며 결국은 십자가에 죽이기까지 한 사람들이 그 시대에 가장 의로운 사람들이며 기도를 많이 한다는 사람들이었다는 사실을 우리는 그냥 넘어가서는 안 됩니다.

    기도는 많이 드린다고 잘하는 기도라고 말할 수 없습니다. 바르지 못한 기도는 기도에 많은 시간을 쏟지만 자신의 영성과 성품과 하나님과의 관계와 다른 사람을 대하는 태도가 변하지 않는다면 그 기도는 바르지 못한 기도입니다. 그 사람은 기도를 많이 할수록 자신을 속이는 결과를 낳게 됩니다.

    그렇게 되는 이유는 기도가 형식과 말과 감정의 표현이 전부이기 때문이며 기도에 대하여 바른 개념과 인식이 없이 그냥 기도를 많이 하면 된다는 식의 잘못된 관념에 붙들려 있기 때문입니다. 기도는 남들보다 많이 하지만 영적인 교만이 가득한 사람들을 보게 됩니다. 40일 금식기도 몇 번을 했다고 명함에 새겨 다니는 목사님도 계십니다. 많은 시간의 기도를 드리는 것이 자신의 의를 나타내어서는 안 됩니다. 기도를 많이 드린다는 이유로 그렇지 못한 사람을 정죄하고 약한 사람을 무시하는 사람을 봅니다. 기도는 많이 하는데 성품이 변화되지 못한 분들을 봅니다. 기도를 바르게 하지 않았기 때문입니다.

    지금 까지 우리는 기도에 열심을 내고 몇 시간을 기도하고 몇 명이 모여서 어떤 기도 제목으로 기도를 하느냐가 기도의 관점이 되었습니다. 이제 이 글을 읽고 바른 기도와 바르지 못하는 기도에 대한 인식이 생겼습니다. 우리는 이제 바른 기도로 나아가야 합니다. 기도를 드리되 바른 기도를 드려야 하나님이 그 기도를 들으시고 낯을 향하십니다. 그리고 임하십니다. 바른 기도는 그 사람의 성품이 변화되고 성장하며 하나님을 사랑하는 마음이 일어나게 합니다. 온몸으로 기도해야 합니다. 의식을 배꼽아래에 두고 아랫배에 힘을 주고 숨을 들이쉬고 내쉬면서 기도하고를 반복하는 것입니다. 방언으로 기도할 때도 동일합니다.

이 시간 눈을 감고 하나님께 기도를 드립시다. 아버지 지금 까지 저는 기도에 대한 바른 개념과 인식이 부족했음을 시인합니다. 기도를 많이 하려고만 했지 바르게 하려고 하지는 않았습니다. 제 성품의 변화와 하나님을 닮아가는 목적이 기도에 없었습니다. 바리새인의 기도처럼 기도의 시간과 양을 채우고 어느 선에 도달하려는 기도의 생활을 했습니다. 성령으로 기도하여 기도가 내 영혼과 마음에서 나오기 보다는 머리에서 목청에서 제 감정에서 열심에서 나오는 기도를 드렸습니다. 내 머리와 생각과 말로 하였습니다.

이제 제가 바른 기도로 방향을 잡고 가기를 원합니다. 마음으로 기도하기를 원합니다. 성령으로 기도하기를 원합니다. 내가 변화되는 기도를 하기를 원합니다. 저의 전인격이 성령의 지배를 받는 기도를 하기 원합니다. 기도하면서 영육의 쉼을 얻는 기도를 하기 원합니다. 기도하면서 하나님의 레마를 듣기를 원합니다. 제 성품이 변화하며 하나님을 닮아가는 자가 되기를 원합니다. 성령님! 저를 인도해 주시옵소서. 예수님의 마음을 기도를 통해서 소유하도록 인도해 주시기 바랍니다. 예수님 이름으로 기도 드렸습니다. 아멘

3장 자신의 기도 무엇이 문제일까?

(고전14:15)"그러면 어떻게 할까 내가 영으로 기도하고 또 마음으로 기도하며 내가 영으로 찬송하고 또 마음으로 찬송하리라"

하나님은 기도를 성령으로 하라고 하십니다. 성령으로 기도해야 영이신 하나님과 교통할 수가 있기 때문입니다. 기도의 대상이 하나님이시기 때문입니다. 크리스천의 기도는 참으로 중요합니다. 기도를 통하여 모든 영성활동이 좌우되기 때문입니다. 필자가 그동안 성령사역을 하면서 체험한 바로는 크리스천들이 기도를 바르게 하지 못한다는 것입니다. 또, 기도에 대하여 관심을 갖지도 않는 것이 보통입니다. 이유는 자신은 지금 기도하고 있기 때문이라는 것이지요. 이러한 생각 때문에 기도한 만큼 전인적인 변화가 있어야 하는데 그러하지 못하다는 것입니다. 이는 이성적으로 자신만 알아주는 기도를 하기 때문입니다. 기도는 온몸으로 해야 합니다.

그럼 어떡해야 온몸으로 기도할 수 있습니까? 목으로 생각으로 말로 기도하지 말고 성령으로 기도해야 합니다. 기도할 때 주의해야 할 것은 생각이나 머리나 목에서 올라오는 소리로 기도하지 말라는 것입니다. 배꼽 아래 15센티에 의식을 두고 아랫배에다가 힘을 주고 들이쉬고 힘을 빼고 내쉬면서 기도하는 습관을 들이는 것입니다. 배에서 올라오는 소리로 기도하라는 것입니다. 이것이 제일 중요한 것입니다. 이렇게 하다가 보면 자연스럽게 온몸으로 기도하게 되어 기도하면 할수록 전인격이 치유가 되고 예수님의 성품으로 변화를 체험할 것입니다. 육적으로는 심장이 튼튼해집니다. 장이 건강해집니다. 언어가 배속에서 올라옴으로 말을 많이 해도 성대가 상하지 않습니다. 성령의 권능, 영력이 강해지는 것입니다. 온몸으로 기도하는 비결은 차차 이 책을 읽어가면서 터득하게 될 것입니다. 제일 중요한 것은 지금까지 기도하는 습관으로 기도하지 않는 것입니다. 빨리 잘못된 기도의 습관을 바꾸려고 의지적인 노력을 해야 기도한 만큼 영육의 변화를 체험하게 될 것입니다. 자신의 기도를 정확히 분별하여 하나님의 보좌와 연결되는 기도를 해야 합니다.

    기도가 바뀌어야 합니다. 무조건 많이 한다고 잘하는 기도가 아닙니다. 성령으로 바르게 해야 합니다. 기도가 바르지 못하니까, 10년 동안 믿음 생활을 해도 변화되지 않는 것입니다. 성령으로 바르게 기도를 하면 변화되지 말라고 해도 변화될 수밖에 없습니다. 왜 30년 믿음생활을 열과 성의를 다하여 열심히 하고, 천일을 철야하고, 영육의 문제 해결을 받으려고 10년 이상 30군데 이상을 다니고, 정신적이고 육적이고 영적인 질병을 치유 받으려고 성령의 역사가 강하다는 15년 동안 30군데를 교회를 다니고, 권능을 받으려고 20년을 성령 사역하는 곳을 다녀도 변화가 없고 치유되지 않고 능력이 나타나지 않는 것일까요? 기도를 바르게 하지 못하기 때문입니다. 교회나 성령 사역하는 곳에 가서 말씀 듣고 기도합시다. 하면 자신이 지금까지 하던 식으로 기도를 하기 때문입니다. 이렇게 기도하니 성령의 역사가 자신 안에서 일어나지 않기 때문에 변화가 일어나지 않는 것입니다. 성령의 역사가 자신 안에서 일어나야 치유도 되고 능력도 나타나고 문제도 해결이 되는 것입니다. 이를 방지하기 위하여 우리 충만한 교회같이 기도할 때 담임목사가 돌아다니면서 기도를 교정하여 성령의 역사가 성도의 마음 안에서 일어나게 해야 합니다. 성도의 마음 안에 있는 성전에서 분출되는 기도가 되도록 안수하면서 교정하여 주어야 합니다. 자기가 종전에 하던 습관적인 기도를 몇 시간씩 해도 변화되지 못합니다. 자신 안에 있는 상처가 습관적인 기도에 적응이 되어있기 때문입니다. 그렇게 하지 않으면 절대로 변화를 체험하지 못합니다. 그래서 모든 크리스천은 기도를 클리닉 해보아야 합니다. 이렇게 성령으로 기도하면 변화되지 말라고 해도 변화가 되고 치유가 됩니다.

첫째, 영안으로 기도하는 자신의 심령상태를 진단하라. 기도는 심령에 초자연적인 능력이 나타나기 때문에 기도하는 심령이 어떤 상태에 있는 야에 따라 결과는 엄청나게 달라집니다.

1) **영이 막혀있는 기도.** 기도는 성령과 더불어 기도하는 것인데 오늘 초신자들에게 무조건 기도하면 만사가 해결된다고 하면서 기도하라고 합니다. 기도가 무엇이라는 것을 제대로 안다면 무턱대고 기도하라고 하지 않을 것입니다. 초신자들이란 신학적으로는 거듭났다고 입심 좋게 말할 수 있을는지 모르지만, 이러한 육성적으로 심령이 막혀 있는 영적 상태는 아직도 불신의 영의 압박에서 벗어나지 못하고

있어 성령의 인도를 받는 영의 기도를 할 수가 없는 것입니다.

　기도하고 싶은 마음은 있지만, 기도 할 수가 없고, 기도가 되지 않는 것입니다. 하늘이 닫혀있고, 영이 막혀 있는 자에게 기도하라고, 수천번 말해 본들 기도 할 수도 없고, 기도하고 싶은 마음이 생기지 않는 법입니다. 답답한 심령으로 문제에 눌려 있는 자들에게 기도를 하란다고 기도 할 수 있는 것이 기도가 아닙니다. 성령으로 하지 않는 기도는 하나님을 만나는 기도가 아닙니다. "의에 주리고 목마른 자는 복이 있나니 저희가 배부를 것임이요(마5:6)."

　2) 마음에 없는 기도. 기도할 때 억지로 마음에도 없는 기도를 하거나 마지못해서 기도하면 기도가 되지 않고 영은 방황하며 성령 안에 들어가지를 못하게 되고 기도는 힘들고 성전 뜰만 밟다가 돌아오게 됩니다. 그러한 기도는 기도 시간이 지루하게 느껴지고 기도가 힘이 들며 기도를 통하여 능력을 받지도 못합니다.

　또 영감이나 말씀은커녕 오히려 내면에 도사리고 있는 공중권세 잡은 자들이나 어둠의 주관자들이나 정사나 권세를 만나게 되어 생명과 말씀이나 응답을 도적질 당하거나 강도질 당하게 됩니다. 하나님께 고침을 받고자 하는 마음과 하나님께 영광을 돌리고자 하는 마음의 자세가 먼저 되어야 합니다. "이 백성들의 마음이 완악하여져서 그 귀는 듣기에 둔하고 눈은 감았으니 이는 눈으로 보고 귀로 듣고 마음으로 깨달아 돌이켜 내게 고침을 받을까 두려워함이라 하였느니라(마13:15)" 사모하며 응답을 받겠다는 믿음이 중요합니다.

　3) 자의적인 기도. 성령과 더불어 기도하지 않는 자의적인 기도는

하나님을 만나지 못하는 기도로서 엄격한 의미에서 인간의 수양이나 욕구 분출에 불과 하거나 자의적인 위안에 불과 하기 때문에 성경에서는 성전 뜰에서의 기도는 응답하지 않는 다고 말하고 있는 것입니다.

그러므로 기도할 바를 모르면 하나님의 뜻을 알게 해달라고 먼저 하나님의 뜻을 구하여야 하는데, 하나님의 뜻대로 구하지 아니하는 자의적인 기도는 육성 적으로 흐르기 때문에 위험합니다. 인간적인 기도는 위험이 따르지 않다고 생각할지 모르지만 인간적인 생각 속에서 사단이 역사하고 있는 영적 원리를 헤아려야 합니다.

베드로는 예수님의 말씀을 마귀의 생각으로 해석하여 주님에게 질책을 당합니다. "예수께서 돌이키시며 베드로에게 이르시되 사탄아 내 뒤로 물러가라. 너는 나를 넘어지게 하는 자로다 네가 하나님의 일을 생각하지 아니하고 도리어 사람의 일을 생각하는 도다 하시고(마16:23)." 그래서 (갈6:8)"자기의 육체를 위하여 심는 자는 육체로부터 썩어진 것을 거두고 성령을 위하여 심는 자는 성령으로부터 영생을 거두리라." 고로, 하나님의 뜻 영적인 만족에 목적을 두고 기도를 하시기를 바랍니다.

4) 정욕 적인 기도. 사람은 영적인 존재이므로 자신이 무엇을 바라고 기도하느냐에 따라서 그 대상의 영이 침입합니다. 그러므로 우리의 기도는 예수님을 부르면서 하나님의 영광에 목적을 두고 기도해야합니다. 그래서 기도는 인간의 영적 혼적 육신적 모든 전인격적인 요소가 하나님의 속성을 지니지 않은 상태에서 기도한다는 것은 결국은 사단을 자신도 모르게 침입할 틈을 제공하게 되는 것입니다. 사

단의 속성은 전신갑주로 무장해도 공격하고 넘어뜨리려고 합니다.

그런데도 이와 같이 틈을 열어놓고 기도하는데 공격하지 않는다고 생각하는 것은 광명의 천사로 가장하고 말씀을 가지고, 공격하는 사단의 교묘한 술책을 헤아리지 못하고 있는 무지의 소치입니다. 신비하고 신령한 하나님이지만 진정 없이 신령한 상태에서만 기도한다든지 하나님의 뜻과는 상관없는 자기의 소원만을 구하는 기도하든지 정욕 적으로 기도하는 것은 사단이 침입하게 됩니다. 그래서 주님은 "한 사람이 두 주인을 섬기지 못할 것이니 혹 이를 미워하며 저를 사랑하거나 혹 이를 중히 여기며 저를 경히 여김이라 너희가 하나님과 재물을 겸하여 섬기지 못하느니라(마6:24)."고 말씀하고 계십니다.

5) 의식 없는 기도. 성령의 역사는 인간의 동의를 얻어 역사하는 것이 영적 원리입니다. 하나님께 순종하거나 말씀을 받아드리지 않는 자에게는 억지로 역사하지 않습니다. 그러나 사단의 역사는 인간의 동의 없이 강권적으로도 침입을 합니다. 여기에서도 기도의 위험한 영적 요소를 헤아려 볼 수 있습니다. 인간의 동의를 얻는 다는 의미는 인간의 지정의의 전인격이 순종하는 것을 의미하기 때문에 기도할 때 이성이나 감정이나 의지가 있어야 하는데 의식 없이 하는 형태의 무의식 상태에 가까운 말씀의 속성을 떠난 방언기도나, 멍멍한 상태나, 관상 기도나, 중언부언하는 기도나, 졸면서 하는 기도나, 습관적인 기도나, 생각 없이하는 기도 등은 귀신이 침입할 수 있는 여지가 있는 위험한 기도입니다.

관상기도는 영적 체질을 훈련하는 데는 많은 이점이 있지만, 성령

역사와 악령의 역사하는 원리를 이해하고 하면 좋은 점도 많지만, 이러한 영적 원리를 이해하지 못한 상태에서 기도하면 위험한 요소도 그만큼 크다는 의미입니다. 그러나 말씀으로 영계가 열린 성숙한 심령이 되어 있는 자에게는 좋은 기도 방법이 될 수 있습니다. "또 기도할 때에 이방인과 같이 중언부언하지 말라 저희는 말을 많이 하여야 들으실 줄 생각하느니라(마6:7)." "그러면 어떻게 할까 내가 영으로 기도하고 또 마음으로 기도하며 내가 영으로 찬송하고 또 마음으로 찬송하리라(고전14:15)."

6) 말씀 없이 몰입한 기도. 어느 목사님의 이야기를 빌리자면 삼각산에서 징을 치고 북을 지고 장구를 지는 무당 셋과 어느 목사 둘이서 이들과 목이 터지라고 산상기도 대결을 우연히 벌리게 된 적이 있다는 이야기를 들었습니다. 이렇게 무당들도 기도합니다. 그러나 무당들의 기도는 성경에서 말하는 기도의 대상이 다르기 때문에 아무렇게나 기도해도 될 것입니다. 무당들도 신에 사로잡혀 깊은 기도를 하는데, 그들이 기도에 몰입하면 목사들이나 기도원 원장보다 더 깊은 영적 상태에 몰입합니다. 그렇게 몰입하여 투시도 되고 영험도 체험하고 능력도 받습니다. 그러나 하나님의 자녀들이 하는 기도는 무당들처럼, 혹은 이단들이 기도하는 기도처럼, 말씀 없이 기도하거나 잘못된 말씀으로 기도하면 어떤 존재를 만나겠습니까? 불을 보듯 뻔한 사실인데도 우리는 기도의 원리를 모르고 무조건 기도하여 응답 받는 사실이나 기도의 감동만을 전하면서 기도하는 데만 열중합니다.

그러나 보다 중요한 것은 기도하는 대상이 하나님이며 하나님을 만나야하기 때문에 기도하는 방법이 중요합니다. 무당들이 귀신을 만나는 것도 아무렇게나 기도하지 않는 데, 어찌 그리스도인이 기도하는데 아무렇게나 기도한다고 하나님을 만나겠습니까?

하나님께 나아가는 길은 성령 안에서 깊이 몰입되어야 하지만, 말씀 없이 몰입하는 기도는 하나님 아닌 신을 만나게 될 수 있습니다. 그래서 이를 구분하고 이에 대한 영적 원리와 감각적인 차이와 실제적인 차이를 이해하고 분별하여야 합니다. "이것이 이상한 일이 아니라 사단도 자기를 광명의 천사로 가장하나니(고후11:14)" 분명하게 성령으로 기도하면 거룩하게 변화되는 것입니다. "하나님의 말씀과 기도로 거룩하여짐이니라(딤전4:5)."

7) 귀신의 영으로 변질되는 기도. 영으로 기도하면 심령에 초자연적인 능력을 갖게 됩니다. 그러나 말씀 없이 육성적으로 기도하거나 마음의 욕망이 지나치거나 한이 있으면 이러한 상태로 기도하면 기도할 수 록 심령이 강팍해지기 때문에 말씀을 갖지 못한 기도 꾼들이 이러한 강팍한 심령에 하나님께로 오는 능력이 아닌 신령한 능력이 나타나게 되어 이것이 하나님으로부터 온 것으로 알고 교만해지고 양신 역사를 하게 되고 말씀보다 신비를 쫓게 되고 무속화 되어질 수밖에 없게 됩니다. 하나님은 제가 영적 사역을 많이 하다 보니, 이러한 무속인들과 다름없는 기도원 장들이나 기도꾼들이 양신역사를 많이 하는 것을 보게 되었고, 이들에게 시달리게 만들어 기도가 잘 못 되어지는 그 원인을 보게 하시고, 말씀 없이 기도하는 것의 위험을 경고하도록, 이 기도의 영적 원리를 알게 하셨고 기도에 대하여

주신 이 말씀을 증거하고 있는 것입니다.

더구나 기도는 영적 투쟁인데 기도가 왜 영적 투쟁이라 하는지 그 의미를 먼저 알아야 합니다. 수많은 그리스도인들이 기도하는 법을 제대로 배우지 못해 귀신의 영에 사로잡히거나 귀신들에게 조종당하고 있는 모습을 너무나 많이 보게 하셨습니다.

서울에 사는 기도에 열심 있는 어느 사모님이 은혜가 넘쳐 밤낮 하나님에게 성령 달라고 기도했는데 기도가 잘 못되어 성령이 온 것이 아니고 악령이 와서 고생을 했습니다. 그러다가 본인에게 연락되어 치유 받아 간적이 있습니다. 기도는 영적 준비와 말씀 없이는 위험한 것입니다. 반드시 성령의 인도를 받으면서 성령으로 기도해야 합니다. "하나님의 말씀은 살았고 운동력이 있어 죄 우에 날선 어떤 검보다도 예리하여 혼과 영과 및 관절과 골수를 찔러 쪼개기까지 하며 또 마음의 생각과 뜻을 감찰하나니(히4:12)." "내가 너를 권하노니 내게서 불로 연단한 금을 사서 부요하게 하고 흰 옷을 사서 입어 벌거벗은 수치를 보이지 않게 하고 안약을 사서 눈에 발라 보게 하라(계3:18)." 잘못된 기도를 하여 성령이 아닌 다른 신을 받지 않으려면 우선 성령으로 세례를 받고 성령의 강한 임재로 영의 통로가 열려야 합니다.

둘째, 성령의 인도를 받는 신령한 기도를 하라. 기도할 때에 막연하게 세상에서 하던 식으로 기도하지 말라는 것입니다. 자신의 생각을 내려놓고 예수님을 찾으면서 순수하게 기도하는 습관을 들여야 합니다. 반드시 성령의 이끌림을 받으면서 기도해야 합니다.

1) 성령과 더불어 하는 기도. 자신의 필요나 희망이나 소원이나 뜻

을 이루기 위한 기도를 주로 하는데 이것은 어디까지나 인간이 필요한 것을 간구하는 '간구'라는 것입니다. 기도는 자신의 생각이나 마음을 따라서 자신이 원하는 것이 아닙니다. 예수님을 부르면서 성령 안에 깊이 몰입되어 성령의 인도하심 따라 성령과 더불어 하는 것이지, 사람이 혼자서 하는 것이 아닙니다. 하늘과 땅을 오르락내리락하는 천사의 영과 기도의 영이 우리의 빌 바를 하나님 앞에 아뢰는 것입니다. "이와 같이 성령도 우리 연약함을 도우시나니 우리가 마땅히 빌바를 알지 못하나 오직 성령이 말할 수 없는 탄식으로 우리를 위하여 친히 간구하시느니라(롬8:26)." 성령님께 자신의 입술을 맡기고 기도하려는 습관이 되어야합니다. 성령의 이끌림을 받는 기도에 대하여는 뒤에 자세하게 설명이 됩니다.

2) 하나님을 만나는 기도. 기도는 하나님 존전에 나아가는 길인데 기도하는 이들이 어떻게 하나님 존전에 나아가는지도 알지 못하는데, 어찌 바른 기도를 할 수 있겠는가? 하나님 존전에 나아가는 방법을 구약에서 가르쳐주고 예수님도 가르쳐 주고 계십니다. 자신의 죄를 씻어내지 못하고서는 하나님 앞에 나아 갈 수가 없습니다.

구약에는 짐승을 잡아 피의 번제를 드리고 하나님 앞에 나갔습니다. 교회 시대에는 예수 그리스도가 십자가에서 피를 흘리고 죽었기 때문에 피의 공로로 하나님 앞에 나갈 수 있는 것입니다. 기독교가 다른 종교와 다른 것은 예수님을 통하여 죄를 용서받을 수 있어 하나님 앞에 나아 갈 수 있는 길이 열려있다는 것이 다릅니다.

또한 기도는 하나님을 만나야 하는데 하나님을 만나기 위해서는 초자연적이고도 신령 적인 요소가 있어야 하지만, 이 신령한 요소만 으로는 하나님을 만날 수가 없고, 말씀이라는 하나님의 인격적인 요소가 있어야합니다. 인격적인 하나님을 만나야 하는데, 하나님을 신령한 초자연적인 속성과 능력의 하나님만을 생각하면 위험합니다. 그 초자연적인 요소 속에는 하나님도 계시지만 사단이 있기 때문입니다. 이는 애굽의 술사들을 보면 알 수 있습니다(출7:9-12).

신령한 영적 상태와 조건도 되어야 하지만 진정한 마음이 있어야 합니다. 이 진정은 하나님의 속성의 하나이며 예수 그리스도를 통하여 죄와 허물의 사함을 받고 육성을 탈피한 은혜로운 마음에서 나오는 것입니다. 그래서 하나님은 이렇게 말씀하십니다. "하나님의 성령으로 봉사하며 그리스도 예수로 자랑하고 육체를 신뢰하지 아니하는 우리가 곧 할례파라(빌 3:3)" 반드시 예수님을 주인으로 모시고 성령으로 기도하라는 것입니다.

3) 말씀으로 하는 기도. 먼저 무조건 기도하라고 말할 것이 아니라, 기도가 무엇이라는 것부터 가르쳐야 하고 기도하는 방법부터 가르쳐야 할 것입니다. 그러므로 기도 할 수 있는 사람이 되도록 먼저 빛을 비추어 주어야 합니다. 답답하고 어둠에 눌려있는 심령과 무지의 어둠에 갇혀있는 심령에 성령이 먼저 들어가서 자신의 심령이 죄라는 어둠과 무지에 갇혀있는 자신을 발견할 수 있는 빛의 속성을 가진 말씀이 먼저 비추어져야 합니다. 먼저 심령 안에 영의 통로가 열려야 합니다.

기도를 가르치려면 기록된 말씀부터 먼저 주어야 합니다. 이 빛이,

이 말씀이 듣는 자의 심령 속에서 깨달아지기 시작하면 이 빛이 더 밝게 빛나야, 영이 지각하고 이의 필요성이 일어나야 됩니다. 이것이 바로 애통하는 마음의 시작입니다. 이 마음이 시작되어야 기도에 대한 필요성을 지각하고 기도할 수 있는 심령이 되어 집니다. 그러나 말씀 없이 기도하면 이것은 하나님께 기도하게 되지 않고, 인간적인 욕구를 구하는 기도가 되거나 하나님 아니 다른 존재에게 기도할 수 있게 되는 위험이 있습니다.

하와가 선악과를 자꾸 보며 사모하니까 마귀가 하와를 속인 것과 마찬가지로 마귀가 원하는 것을 가지고 나타날 수 있습니다. 그래서 사모하고 기도하는 대상이 중요합니다. 하나님께 대한 기도의 영은 말씀 없이 역사하지 않습니다. 그러나 알지 못하는 신에게 기도하는 영은 말씀 없이 역사합니다. 그러므로 말씀 없이 기도하는 것은 그리스도인의 기도가 아닙니다. 무속인의 기도와 다를 바가 없습니다. 기도하는 자는 말씀이 있어야 합니다. 성령의 인도를 받아야합니다. 그리스도인도 말씀 없이 기도 할 수도 있습니다. 그러나 말씀 없이 기도하는 것은 그리스도인들이 하는 기도가 아닙니다. 말씀으로 기도해야 하고 말씀과 함께하는 기도의 영이 임하여 기도를 통하여 하나님을 만나는 것입니다.

성령 안에서 말씀으로 기도하시면 말씀 하나님이 우리에게 나타나시는 날, 어제나 오늘이나 동일하셔서 살아서 말씀하시고 계시하시는 산 하나님을 그대로 볼 것이며 성경이 열리고 말씀이 열리고 하늘이 열릴 것입니다. "이 모든 일의 된 것은 주께서 선지자로 하신 말씀을 이루려 하심이니 가라사대(마1:22)." 모든 것이 성령의 인도로 되는 것입니다. 성령으로 기도해야 하나님께서 들어주시고 성령으로 응답을 주십니다.

막연하게 기도하면 귀신이 응답할 수도 있습니다. "또 가라사대 너희가 무엇을 듣는 가 스스로 삼가라 너희의 헤아리는 그 헤아림으로 너희가 헤아림을 받을 것이요 또 더 받으리니(막4:24)." 기도할 때에 대상인 예수님을 마음으로 확실하게 생각하면서 기도하는 습관이 중요합니다. 그렇게 해야 하나님의 계시를 성령께서 깨달아 알게 하십니다. "우리 주 예수 그리스도의 하나님, 영광의 아버지께서 지혜와 계시의 정신을 너희에게 주사 하나님을 알게 하시고(엡1:17)" 하나님은 영이시니 영적인 성도가 하는 기도를 받으시고 푸른 초장으로 인도하십니다. "마땅히 할 말을 성령이 곧 그 때에 너희에게 가르치시리라 하시니라(눅12:12)."

4)하나님의 심령 안에서 하는 기도. 말씀으로 기도하고 말씀으로 살아가며 말씀과 더불어 먹고 마시는 삶을 살면 말씀이 뼈가되고 살이 되고 피가 되어 육체가 말씀화가 되어지면 신령한 하나님의 속성과 형상이 나를 통하여 나타나게 되고, 하나님과 하나되는 하나님의 심령이 됩니다. 이러한 심령이 되면 말씀이 솟아나고 말씀이 풍성해지며 말씀이 생명력이 넘치게 되어 하나님의 역사가 나타나며 하나님의 말씀이 나타납니다. 말씀이 말씀을 헤아리는 기쁨을 맛보게 되고 비밀이 열리고 하나님의 말씀이 환상으로 또는 예언의 영으로 또는 대언의 영으로 나타납니다. 그리고 하나님의 사랑으로 하나님의

영광으로 나타나게 됩니다. 성령으로 기도할 때에 성령으로 충만하게 되어 혼과 육체에 역사하던 세상 신들이 물러가는 것입니다. "그러나 내가 하나님의 성령을 힘입어 귀신을 쫓아내는 것이면 하나님의 나라가 이미 너희에게 임하였느니라(마12:28)." 자신에게 역사하는 세상 신들은 반드시 성령으로 충만한 상태가 되어야 물러갑니다. 자신을 괴롭히는 귀신은 자신의 힘이나 말소리로는 물러가지 않습니다. 반드시 성령의 권능에 의하여 물러가는 것입니다. 자신에게 역사하는 세상 신에 물러가야 영혼의 만족을 누리면서 하나님의 축복 속에서 살아갈 수가 있는 것입니다.

그래서 크리스천은 반드시 성령으로 기도를 바르게 해야 영의 사람으로 변화될 수가 있는 것입니다. 자신의 기도를 수시로 진단하고 수시로 자신의 영적인 상태를 진단받아야 합니다. 정말로 중요한 것이 영적인 상태를 진단하는 것입니다. 왜냐하면 우리 크리스천들이 무조건 기도 많이 하고, 예배 잘 드리고, 성경 많이 알면 영적인 줄로 착각을 하기 때문입니다.

크리스천은 영의사람과 육의사람을 바르게 구별할 줄을 알아야 합니다. 영의사람은 육체가 십자가에서 죽임을 당하여 육체를 신뢰하지 않으며, 오로지 성령의 인도로 전인격이 하나님의 말씀에 순종하며 살아가는 사람을 말하는 것입니다. 영의사람이라고 하면 목사, 장로, 권사, 안수집사와 교회생활을 오래한 성도와 성경을 많이 읽거나 아는 사람으로 생각하기 쉽습니다. 이는 오해인 것입니다. 육의사람도 열심만 있으면 얼마든지 교회에서 하나님의 일을 할 수가 있습니다. 이렇게 행위로 판단할 수가 없는 것입니다. 이는 영적인 것으로서 성령으로 분별이 되기 때문입니다. 열매로 분별이 됩니다.

　열매가 좋으려면 성령으로 기도해서 영의 사람으로 바뀌어야 합니다. 성령으로 바뀌면 성령께서 자신을 가르치시면서 친히 인도하십니다. "마땅히 할 말을 성령이 곧 그 때에 너희에게 가르치시리라 하시니라(눅12:12)" 성령으로 기도하여 마음안의 성전이 견고하게 지어져야 합니다. 성령으로 기도하는 크리스천은 자신은 걸어 다니는 성전이라는 의식을 가지고 살아가는 사람입니다. 자신 안에 하나님의 성전이 있기 때문입니다. 크리스천은 보이는 예배당보다 자신 안에 있는 성전을 더욱 중요하게 생각하고 관리해야 합니다. 그래서 하나님은 "그 날에는 내가 아버지 안에 너희가 내 안에 내가 너희 안에 있는 것을 너희가 알리라(요14:20)." 말씀하시는 뜻을 바르게 깨달아 이해할 수가 있는 것입니다

　결론적으로 성령으로 기도하시기를 바랍니다. 수시로 자신의 기도를 진단하면서 성령으로 기도하는 모두가 되시기를 바랍니다. 걸어 다니는 성전의식을 가지고 항상 자신 안의 하나님과 대화하며 영의 사람답게 영적인 상태에서 지내시기를 바랍니다.

　충만한 교회에서는 매주 목요일 밤 19:30- 성령 ,은사, 내적치유 집회를 정기적으로 진행하고 있습니다. 성령체험을 원하시는 많은 분들이 찾아오셔서 성령세례를 받고, 성령은사를 받으며, 질병과 마음의 상처를 치유 받고 있습니다. 성령으로 기도하며 성령의 강력한 역사가 일어나서 오시는 분들이 은혜를 받고 있습니다.

4장 성령으로 자신의 기도를 평가하라.

(히 5:13-14) "이는 젖을 먹는 자마다 어린 아이니 의의 말씀을 경험하지 못한 자요, 단단한 음식은 장성한 자의 것이니 그들은 지각을 사용함으로 연단을 받아 선악을 분별하는 자들이니라."

기도를 바르게 할 줄 알아야 합니다. 많은 분들이 기도는 평상시에 하기 때문에 대수롭지 않게 생각을 하고 정확하게 배우려고 하지를 않습니다. 하나님께서 함께 하심으로 어디를 가나 사람 앞에 은혜를 입을 분이라면 기도를 어떻게 해야 바르게 하여 하나님의 음성을 들으며 기도할 수 있는지 의문점을 가지고 기도해야 합니다. 하나님은 예수를 믿고 성령으로 거듭난 우리에게 성령 안에서 기도하라고 하십니다. 기도가 영의 활동이기 때문에 하나님께서 성령으로 기도하라는 것입니다. 성령으로 기도를 해야 하나님과 관계가 있는 기도이기 때문입니다. 마음으로 기도를 하든지 숨을 깊게 쉬면서 기도를 하든지 예수님을 부르면서 성령으로 해야 합니다.

제가 그동안 성령치유 사역을 하다가 체험한 것은 성도들의 기도가 바르지 못하다는 것입니다. 기도가 바르지 못하니 성령의 인도를 받지 못하여 영적으로 변화되지 못하는 것입니다. 기도는 많이 하는 데 자신이 변화되지 못하고 영육의 문제가 치유되지 못한다는 것입니다. 하나님께서 함께 하시는 삶을 살아가려면 기도를 바르게 해야 합니다.

기도가 바르지 못하면 믿음 생활의 모든 부분이 잘못되는 것입니다. 우리나라 성도들의 영적인 열심은 알아주지 않습니까? 그런데 변화되지 못하고, 성령으로 충만하지 못하고, 성령의 권능이 나타나지 않고, 성품과 삶이 바뀌지 않는 것은 기도가 잘못되었기 때문입니다. 기도를 바르게 하면 성령의 인도를 받아 전인격이 변화되기 시작을 합니다. 강력한 능력을 이끌어내어 하나님께 쓰임을 받으며 하나님의 복을 받는 것은 전인격이 성령의 지배를 받아야 가능한 것입니다. 기도가 바뀌어야 합니다. 무조건 많이 한다고 잘하는 기도가 아닙니다. 성령으로 바르게 해야 합니다. 성령으로 기도하는 것은 자신의 생각은 백지상태에서 성령님을 찾으면서 하는 것입니다.

그래서 성도들이 신앙생활 하는 가운데, 가장 어려운 것 한 가지가 바로 기도입니다. 기도하는 습관이 되지 않으면 기도생활을 꾸준히 지속적으로 해 나가는 것이 얼마나 어려운 가를 우리는 경험하며 살아가고 있습니다. 기도는 기본이 있습니다. 기도의 기본을 적용하지 않고 기도함으로 아무리 열심히 그리고 오래 기도를 해도 참 평안을 누리지 못하는 것입니다.

우리는 기도를 바르게 알아야 합니다. 기도는 하나님과 사귀는 것입니다. 하나님과 가까이 하는 것입니다. 하나님과 함께 시간을 보내는 적극적인 행위입니다. 하나님과 사랑을 나누는 시간입니다. 하나님께 사랑을 고백하고 감사하는 시간입니다. 우리의 삶에서 가장 깨어있는 시간, 하나님의 소리를 듣는 시간입니다. 자신을 치료하는 시간입니다. 예수를 믿는 성도가 하는 기도는 세상 사람들이 하는 기도와 다릅니다. 자신이 매일 철야하며 새벽기도를 해도 영육이 변화되지 않고, 환경이 어려운 것은 세상적인 기도를 하기 때문입니다. 기도하는 습관이 되어 하나님과 대면하면서 살아가려면 다음과 같은 원칙을 가지고 기도를 해야 합니다.

첫째, 감정으로 기도하지 말라. 교회나 기도원에 가보면 아주 기도를 잘하는 사람들이 있습니다. 저는 자기가 기도를 이렇게 잘한다고, 다른 사람 들으라고 하는 기도를 감정으로 하는 기도라고 말하기도 하고, 해대는 기도라고도 합니다. 기도는 반드시 성령의 이끌림을 받으면서 영으로 해야 합니다. 그런데도 기도를 하는데 목에 핏대를 세우면서 해대는 성도들이 많습니다. 방언기도를 하는데 따따다… 따다다… 따다다… 따다다다… 따다다다…. 하면서 숨을 제대로 쉬지도 않으면서 해댑니다. 그런데 이렇게 기도를 열심히 잘하는 분들이 성품에 변화가 없다는 것입니다. 남이 하는 조그마한 소리에도 인내하지 못하고 혈기를 냅니다.

우리 충만한 교회에는 주일 예배 때에도 말씀을 전하고 예배 순서에 따라 꼭 40분 이상씩 기도를 합니다. 성도들이 기도할 때 제가 돌아다니면서 모두 안수를 해드립니다. 그런데 어느 주일날 어느 권사님이 참석하셨습니다. 방언 기도를 하는데 따따다… 따다다… 따다다… 따다다다… 따다다다…. 하면서 목에 핏대가 서도록 감정으로 해대는 기도를 했습니다. 제가 안수를 하면서 이렇게 말했습니다. 실례지만 직분이 어떻게 됩니까? "예! 권사입니다." 그래요. 권사님! 마음에 상처가 많은 것 같습니다. 했더니, 권사가 하는 말이 "목사님! 저는 상처가 없습니다." 왜 상처가 없습니까? "저는 우리 남편이 한마디 하면 두 마디로 대꾸하기 때문에 상처가 있을 수가 없습니다."

오늘은 주일인데 왜 우리교회로 예배드리러 오셨습니까? "어제 남편하고 싸워서 본 교회에 가지 않고 충만한 교회에 와서 예배드리면서 은혜 받으려고 왔습니다. 충만한 교회는 책을 통해서 알게 되어 한번 와보고 싶었는데 오늘이 기회인 것 같아서 오게 되었습니다." 그래요. 권사님! 기도를 아주 많이 하시는 것 같습니다. "예! 매일 철야하며 기도합니다. 새벽기도도 빠지지 않고 하고 있습니다." 매일 철야를 하면서 기도하는 이유가 있습니까? "목사님! 저는 하루라도 철야를 쉬면 마음이 답답하고 편안하지 못하여 철야 기도를 쉴 수가 없습니다." 권사에게 제가 이렇게 조언을 했습니다.

권사님! 하루라도 철야를 쉬면 마음이 답답하고 편안하지 못한 이유가 바로 마음의 상처 때문입니다. 평일에 시간이 있으시면 월-화-목 집회에 몇 주만 지속적으로 참석하여 보세요. 그러면 마음이 평안해져서 남편 장로님하고 사이도 좋아지고 마음의 참 평안을 누리게 될 것입니다.

이 권사가 순종하여 몇 주 참석을 하더니 이렇게 말하는 것입니다. "목사님! 제가 정말 상처가 많았습니다. 목사님께 안수 받을 때마다 마음속의 상처가 많이 떠나갔습니다. 그동안 교만한 것 회개도 많이 했습니다. 목사님! 저를 바르게 보도록 해주셔서 참으로 감사합니다." 제가 이렇게 말했습니다. 권사님! 아직 상처가 많이 남아 있습니다. 기도를 집중적으로 한 시간이상 받아야 깊은 곳(잠재의식)의 상처가 떠나갑니다. 권사가 어떻게 해야 합니까? 토요일 날 개별집중치유에 예약하여 한번 기도를 깊게 하시면서 안수를 받으세요. 권사가 순종하여 토요일 날 집중치유를 받았습니다. 정말 말로 표현할 수 없을 정도로 많은 상처와 영적 존재들이 떠나갔습니다. 권사가 하는 말이 "목사님! 이제 세상이 다르게 보입니다. 정말 감사합니다. 지금까지 목사님 안수를 받으면서 내가 영적으로 너무 무지 했다는 것을 깨달았습니다. 왜 내가 그렇게 혈기가 심했는지 알게 되었습니다. 깨닫게 해주셔서 감사합니다."

제가 지금까지 성령치유 사역하면서 체험한 바로는 해대는 기도를 하는 분들의 심령이 성령으로 정화되지 않기 때문에 성격이 급하고 마음이 평안하지 못하여 기도를 하루라도 쉬면 죽는 것 같다고 말합니다. 그러다가 성령을 체험하고 내면의 상처가 치유되기 시작하면 온유한 성품으로 변하는 것이 보통입니다. 삶에서 참 평안을 누리게 됩니다. 내면의 상처를 성령으로 치유하여 영의통로를 뚫어야 성령으로 기도할 수가 있게 됩니다. 기도하면 할수록 성령으로 심령이 정화되어 삶에서 참 평안을 누리게 됩니다. 하나님께서 함께 하시면서 형통의 복을 받게 하는 크리스천이 되려면 기도를 바르게 해야 합니다.

둘째, 영육의 변화가 없는 기도. 반드시 성령 안에서, 성령으로 기도하면 변화되게 되어 있습니다. 그럼 왜 그렇게 기도를 많이 하는데 변화되지 않고 더욱 성격이 예민해질까요? 제가 부교역자를 할 때 경험적으로 느끼고 안 것입니다. 이상하게 새벽기도에 빠지지 않고 잘 나와서 기도하고, 모든 예배에 빠지지 않고 잘 드리고,

십일조 정확하게 잘 드리고, 구역예배 잘 드리는 성도가 남이 하는 조그마한 소리도 받아들이지 못하고 혈기를 내는 것입니다. 그러면서 그 성도가 늘 하는 말이 목사님 저는 기도를 많이 해서 신경이 예민해져서 남이 하는 조그마한 잔소리도 듣지를 못합니다. 그렇게 밀하는 것입니다. 이 성도는 이러한 경우 때문에 기도는 많이 하지만 변하지 않고 혈기가 심한 것입니다. 기도는 영의 활동입니다.

사람은 마음 안에 영이 있습니다. 그래서 마음을 열어라, 마음을 열어라 하는 것입니다. 마음을 열어야 영의 활동이 일어나기 때문입니다. 그런데 이 성도는 마음 안에 있는 영이 상처로 인하여 눌려 있는 상태입니다. 그래서 이런 분들이 이구동성으로 하는 말이 나는 하루라도 기도를 쉬면 죽는다고 말을 합니다. 육신적인 눈으로 보면 아주 좋은 현상입니다. 그러나 영의 눈을 열어 영적으로 보면 문제가 있습니다. 상처 뒤에는 악한 영이 웅크리고 있습니다. 숨어있는 악한 영은 어떻게 하든지 사람의 영을 압박하여 충만하지 못하게 하려고 합니다.

그렇기 때문에 영안에 있는 성령의 역사가 밖으로 표출되지 못하는 것입니다. 이런 분들은 기도를 하면 영의 활동이 일어나 영안에 있는 성령의 역사로 상처가 목까지 올라오게 됩니다. 그러나 목 밖으로 떠나가지는 않습니다. 왜냐하면 상처 뒤에는 악한 영이 있기 때문입니다. 제가 하는 이 이야기는 나중에 체험해보면 이해가 될 것입니다. 그래서 기도를 하면 가슴이 답답한 것이 조금 시원해집니다. 그러다가 기도를 쉬면 또 상처가 아래로 내려가면서 영을 압박합니다. 그러니 또 가슴이 답답한 것입니다. 그래서 또 기도하면 마음이 조금 시원해집니다. 이런 활동이 연속적으로 계속 일어나기 때문에 신경이 예민해 지는 것입니다. 왜냐하면 이 성도는 예수를 믿고 기도를 열심히 해도 아직 전인격이 성령으로 사로잡히지 않았기 때문에 우리의 생명(혼)에 역사하는 악한 영이 떠나 간 것이 아니기 때문입니다. 그래서 사람은 약합니다. 아무것도 스스로 할 수 없는 존재입니다. 생명(혼)을 가지고 있기 때문입니다.

그럼 이 성도가 언제 변하게 되느냐, 마치 사울이 다메섹 도상에서 예수님을 만나 눈이 멀어 식음을 전폐하고 삼일동안 고생하다가 성령이 충만한 아나니아가 가서 안수할 때 눈에 비늘 같은 것이 벗어지고 보게 되고 음식을 먹고 변화되어, 그 시로 주는 그리스도시라고 증거하며 돌아다닌 것같이, 성령 충만한 사람으로부터 안수를 받는 다든지, 불같은 성령의 역사를 체험하여 올라갔다가 내려갔다가 하는 상처가 기침이나 토함이나 하품 등으로 빠져나가기 시작하면 변화가 오기 시작하는 것입니다.

이런 체험을 한 분들의 다수가 몸에 힘이 쭉 빠져서 며칠 동안 힘이 없는 체험을 하기도 합니다. 그러면 심령은 변하여 혈기가 없어지고 마음에 참 평안을 찾으며 영으로 기도를 하게 됩니다. 방언기도를 하던 분들도 이런 체험을 하고난 다음에 방언기도의 소리가 달라지는 경우도 있습니다. 이는 그 성도의 잠재의식 속에서 역사하던 상처가 떠나가고 성령이 장악을 하니, 성령으로 변화되기 시작하는 것입니다. 성도의 심령은 말씀과 성령의 역사가 변화 시키는 것입니다. 아무리 자기가 변화되겠다고 마음을 먹어도 성령의 역사가 일어나지 않으면 변화되지 않습니다.

왜냐하면 인본주의에는 마귀가 역사하기 때문입니다. 사람이 마귀를 이길 수가 없습니다. 그래서 성령 충만한 사역자의 안수기도와 불같은 성령체험이 필요한 것입니다. 필자는 단언 합니다. 성도가 바른 영의 말씀과 불같은 성령을 체험하고 심령을 치유하고, 성령의 인도를 받으며 영으로 바르게 기도만 된다면 모두 성격이 예수님의 성격으로 변하게 됩니다. 그리고 삶에서 성령의 열매를 맺으면서 살아갈 수가 있습니다.

저는 지금까지 성령치유 사역을 하면서 많은 분들이 이렇게 변화되는 것을 체험하며 사역을 하고 있습니다. 그리고 관상기도라는 말이 나왔으니까, 말씀을 드립니다. 참고로 관상기도는 주님을 대면하며 바라보고 기도한다고 관상기도라고 합니다. 천주교 수도원에서 수도사들이 하던 기도입니다. 이 기도를 개신교 목회자들이 배워가지고 와서 교회에 접목시킨 것입니다.

그렇기 때문에 체험하고 임상적인 경험이 뒷받침이 되지 않으면 잘못된 기도가 될 소지가 대단히 많습니다. 관상기도는 성령의 불세례를 체험하여 영의 통로가 열리고 성령의 이끌림을 받으며 통성으로 유창하게 기도를 할 수 있는 성도가 관상기도를 하는 것입니다. 많은 분들이 통성기도도 제대로 하지 못하고 육성에 사로잡힌 기도를 하면서 관상기도를 한다고 하는데 이는 지극히 위험한 영적 활동입니다. 왜냐하면 영의 통로가 열리지 않고 성령의 이끌림을 받는 기도가 아닐 수가 있기 때문에 심령을 악한 영의 역사가 장악할 수가 있는 것입니다. 기도는 영의 활동입니다. 기도를 어떻게 하느냐에 따라서 성령도 역사하고 마귀도 역사할 수가 있습니다. 그러므로 영의 통로가 열리지 않은 육성이 펄펄 살아서 역사하는 성도가 관상기도 하는 것은 고려해야 합니다. 그래서 관상기도는 영적 체질을 훈련하는 데는 많은 이점이 있지만, 지금까지 말씀드린 성령역사와 악령의 역사하는 원리를 이해하고 하면 좋은 점도 많지만, 이러한 영적 원리를 이해하지 못한 상태에서 기도하면 위험한 요소도 그만큼 크다는 의미입니다.

그러나 말씀으로 영계가 열린 성숙한 심령이 되어 있는 자에게는 좋은 기도 방법이 될 수 있습니다. 반드시 기도를 인도하는 사역자가 관상기도의 위험성을 간파하고 있어야 합니다. 기도할 때 돌아다니면서 영의통로가 막힌 성도들은 교정할 수가 있어야 합니다. 이렇게 심령이 성령으로 장악되고 깊은 영성을 유지할 수 있는 좋은 기도가 관상기도입니다. 기도는 꼭 성령의 이끌림을 받으면서 영으로 해야 합니다. 그래야 성령으로 충만해지고 심령도 유들유들한 예수님의 성품으로 변화되는 것입니다.

셋째, 성령으로 기도하라. 기도에 대하여 바르게 알아야 합니다. 많은 성도들이 문제가 있으면 무조건 기도하면 문제가 풀어지는 줄로 알고 있습니다. 그래서 무조건 기도하라고 합니다. 필자는 평소에 이렇게 말합니다. 크리스천이 문제가 있을 때 무조건 기도하라고 하는 것은 샤머니즘의 신앙의 잔재라는 것입니다. 샤머니즘의 신앙이 자신도 모르는 신에게 빌어서 문제를 해결 받으려는 것입니다. 샤머니즘의 신앙의 잔재가 무의식에 있어서 예수를 믿고 교회에 들어와 믿음 생활을 해도 바뀌지 않은 연고입니다. 필자는 충만한 교회 성도들에게 영적인 활동은 무조건 따라하면 안 된다는 것입니다. 왜와 어떻게 를 적용하라는 것입니다. 왜 문제가 있을 때 기도하라고 하는지, 왜 영과 진리로 예배를 드려야 하는지, 왜 성령으로 기도하라고 하는지, 바르게 알고 따라하라는 것입니다. 무조건 하라는 대로 따라하지 말라는 것입니다.

그리고 어떻게 해야 하는지 바르게 알고 따라하라는 것입니다. 문제가 있을 때, 어떻게 기도해야 하는가, 영과 진리로 예배를 드리려면 어떻게 해야 하는가. 성령으로 기도하려면 어떻게 해야 하는가, 의문을 가지고 접근하면 성경에 있는 원리대로 영적인 생활을 할 수가 있다는 것입니다. 우리 크리스천들의 문제는 담임목사의 말을 하나님의 말씀으로 받아드리는데 있습니다. 분명하게 설교를 들으면서 마음에 감동이 왔다하면 바로 행동에 옮기지 말고 하나님께 기도하여 확증을 잡고 행하는 습관을 들여야 자신 안에 계신 하나님과 관계가 열리는 것입니다. 자신 안에 계신 하나님의 음성을 듣고 행해야 문제가 해결이 되는 것입니다. 하나님은 절대로 성도들이 물어보지 않으면 문제를 해결하는 방법을 알려주시지 않습니다. 또 문제를 해결하여 주시지도 않습니다.

분명하게 문제가 있을 때 하나님께 어떻게 해야 할지를 기도하여 물어봐야합니다. 지속적으로 어떻게 할지 물어보면 하나님께서 성령의 감동을 통하여 지혜를 주십니다. 알려주신 지혜대로 순종할 때 성령으로 문제를 해결하여 주시는 것입니다. 그래서 무조건 기도하면 문제가 해결이 되지 않는 것입니다.

기도는 하나님의 음성을 듣는 것입니다. 문제의 원인에 대하여 하나님께 질문하여 하나님께서 알려주시는 것을 해결하면서 기도해야 합니다. 예를 든다면 회개라든가, 용서라든가, 선포하라든가, 어디를 가라든가, 하나님께서 알려주시는 레마를 받아 순종하며 기도해야 문제가 풀어지는 것입니다. 막연하게 문제를 해결하여 주시옵소서. 잘되게 하여 주시옵소서, 하며 기도하면 문제가 해결되지 않습니다. 반드시 하나님에 알려주시는 해결 방법을 적용하여 해결하면서 기도해야 문제가 풀어지는 것입니다. 성도들이 바르게 알아야 할 것은 자신이 당하는 문제는 하나님의 문제라는 것을 믿어야 합니다. 그래서 자신에게 일어나는 문제는 하나님이 해결해야 합니다.

왜냐하면 자신은 예수를 믿을 때 죽었습니다. 다시 예수로 태어났습니다. 지금 예수 인생을 사는 것입니다. 그렇기 때문에 성령으로 기도하여 영의 상태가 되면 하나님께 해결 방법을 질문하여 응답받은 대로 조치를 해야 문제가 해결되는 것입니다. 그렇기 때문에 문제를 해결하려면 기도하지 않으면 안 되는 것입니다. 성령으로 기도하여 영의 상태가 되어야 내적인 상처도 치유되고, 귀신도 떠나가고, 병도 고쳐지고, 문제도 해결되고, 하나님의 음성도 들을 수가 있는 것입니다.

성령으로 기도하는 것은 자신의 생각은 없어지고 성령의 임재가운데 성령 안에서 기도하는 것을 말합니다. 마음으로 기도하여 마음의 문이 열려야 영으로 기도하게 되는 것입니다. 영으로 기도하는 것이 성령으로 기도하는 것입니다. 그렇기 때문에 먼저 마음의 기도로 마음의 문을 열어야 영으로 기도할 수가 있는 것입니다. 성령으로 기도하는 비결은 이렇습니다. 숨을 들이 쉬고 내 쉬면서 주여! 숨을 들이 쉬고 내 쉬면서 주여! 숨을 들이 쉬고 내 쉬면서 주여! 자연스럽게 주여! 를 하면 되는 것입니다. 방언으로 기도할 줄 아는 분들은 숨을 들이쉬고 내쉬면서 방언기도하고, 숨을 들이쉬고 내쉬면서 방언기도를 합니다. 즉 내면의 활동이 강화되어 자신의 마음속 영 안에 계신 성령이 밖으로 나오시게 해야 합니다. 온몸으로 기도가 되게 하라는 것입니다. 그래야 기도한 만큼 응답과 변화를 체험할 수가 있습니다. 코로는 바람을 들이쉬고 배꼽 아랫배로 숨을 하는 것입니다. 숨을 들이쉬고 내쉬면서 주여! 하다가 성령께서 감동을 주시는 것이 있습니다.

예를 든다면 "자녀를 위하여 기도하라!"하실 수도 있습니다. 그러면 자녀를 위하여 기도하는 것입니다. 자녀에게 문제가 있는 것도 할 수가 있습니다. 자녀에게 바라는 것이 있으면 그것을 기도해도 좋습니다. 기도를 마치고 다시 주여! 하면서 기도를 합니다. 다시 성령께서 너의 물질문제를 기도하라고 하실 수도 있습니다. 물질문제를 기도합니다. 물질문제가 어떻게 해서 생겼는지 하나님에게 질문하며 기도합니다. 죄악으로 인한 것이라면 회개를 합니다. 회개하고 죄악을 타고 들어온 귀신을 축귀합니다. "예수 이름으로 명하노니 선조들의 죄를 따라 들어와 물질 고통을 주는 귀신아 물러가라" 소리는 크지 않아도 됩니다. 성령이 충만한 상태이므로 귀신들이 잘 떠나갑니다. 다시 다른 기도를 위하여 주여! 하면서 기도를 합니다.

그러면 성령께서 다시 감동을 합니다. 너의 건강을 위하여 기도하라! 그러면 자신의 건강을 위하여 기도합니다. 기도하면서 하나님에게 질문을 합니다. 하나님! 저의 어느 부분이 문제가 있습니까? 하면서 기도하여 조치를 취하면 됩니다. 무엇을 결정해야 할 경우는 어느 정도 기도하여 성령으로 충만한 상태가 되면 지속적으로 문의 하는 것입니다. 이것을 어떻게 해야 합니까? 이것을 어떻게 해야 합니까? 이것을 어떻게 해야 합니까? 이 생각 저 생각을 하면서 지속적으로 질문을 하면 문득 떠오르는 생각이 있습니다. 이것이 하나님의 방법입니다. 이것을 해결하면 치유가 되는 것입니다. 이것이 성령으로 기도하는 것입니다. 어려울 것이 없습니다.

자신의 생각이나 욕심을 내려놓고 순수하게 성령을 따라 기도하는 것입니다. 보통 성도님들이 하시는 말씀대로 기도분량이 채워지니까 성령께서 알려주신 것입니다. 기도분량이 채워졌다는 것은 성령님이 역사하실 수 있는 영적인 상태가 되었다는 것입니다. 절대로 성령은 육의 상태에서 응답을 주시지 못합니다.

반드시 성령으로 충만한 영의 상태가 되어야 레마를 들려주십니다. 그러므로 영의 상태가 되도록 성령으로 깊은 영의기도를 해야 합니다. 영의 상태에서 하나하나 감동이나 음성으로 알려주시는 것입니다. 기도의 성공요소는 영의 상태에 들어가는 것입니다. 영의 상태에서 성령님과 교통할 수가 있기 때문입니다. 성령님과 교통하는 기도가 되어야 하나님의 복을 받아 누릴 수가 있습니다.

5장 자신의 기도를 수시로 진단하라.

(엡6:18)"모든 기도와 간구를 하되 항상 성령 안에서 기도하고 이를 위하여 깨어 구하기를 항상 힘쓰며 여러 성도를 위하여 구하라"

기도는 예수를 믿고 성령으로 거듭난 성도의 기본입니다. 모든 영성 생활이 기도로 시작이 됩니다. 이 중요한 기도가 잘못된다면 열심히 믿음 생활하면서도 하나님과 교통할 수가 없게 됩니다. 필자는 기도 시간에 머리로 생각으로 하지말고 아랫배로 기도하라고 합니다. 아랫배로 숨을 들이쉬고 내쉬면서 주여! 하면서 기도하라고 합니다. 필자가 안수를 하면서 주여! 할 때 자신의 마음에 일어나는 영적인 현상을 느껴보라고 합니다. 주여! 할 때 아무런 거치는 것이 없이 주여! 가 나온다면 별로 문제가 없는 것입니다. 만약 귀신이 잠복해있거나, 성령의 세례를 받지 않아 영의 통로가 막혀있거나, 성령님이 내주 장악하지 않은 상태라면 마음에서 거부감이 일어나고, 주여! 소리가 잘 나오지 않고 불편해지는 것입니다. 주여! 소리가 이상하게 나옵니다. 기분이 나쁘고 소름이 끼치고 두렵습니다. 물론 이런 방법으로 정확하게 확인할 수는 없겠지만, 자신의 신앙상태를 점검해보는 좋은 방법이 될 것입니다. 분명하게 본인이 느낄 수가 있기 때문입니다.

하나님은 영이십니다. 영이신 하나님과 교통하려면 우리가 영적이 되어야 합니다. 영적이 되려면 성령으로 기도해야 합니다. 아무렇게나 기도한다고 영적이 될 수가 없습니다. 반드시 성령으로 기도를 해야 합니다. 성령으로 기도하는 것은 말로 하는 것이 아닙니다.

살아서 역사하시는 성령께서 기도를 이끌어가게 해야 한다는 것입니다. 성령께서 기도를 이끌어가게 하려면 영안에 계신 성령님을 밖으로 나타나게 해야 합니다. 성령님을 밖으로 나타나게 하는 것이 성령의 세례입니다. 성령으로 세례를 받아야 비로소 성령의 이끌림을 받는 기도를 할 수가 있습니다. 그럼 우리가 날마다 하는 기도에 무엇이 문제가 있을까요? 제가 그동안 성령으로 치유사역을 하면서 나름대로 체험한 것을 정리하면 이렇습니다.

첫째, 샤머니즘전인 기도 접목. 저는 목사가 되기 전에 평신도 생활을 십오 년 정도 했습니다. 그런데 어느 목회자가 기도에 대하여 바르게 알려주지를 않았습니다. 그저 기도하세요. 기도해야 하나님과 교통할 수가 있습니다. 기도해야 문제가 풀립니다. 기도를 어떻게 하라고 원리를 알려주지 않고 무조건 기도하라고 합니다. 그러니 모두 지난 세월 하던 샤머니즘적인 기도를 합니다. 아침에 밥솥 앞에 정안수 떠놓고 기도하던 것이 생각이 나니 그렇게 기도를 합니다. 돌무더기 앞에서 기도하던 것이 생각이 나니 잘되게,

해결되게 해달라고 아뢰면서 열심히 기도를 합니다.

절에 가서 불공을 드리며 빌던 것이 생각이 나니 그렇게 기도를 합니다. 기도를 열심히 해도 변화가 없습니다. 이렇게 기도를 해도 누구하나 기도를 바로 잡아주는 사람이 교회에 없습니다. 그러니 무조건 기도 많이 하면 믿음이 좋은 것으로 생각을 하고, 기도하면 거듭난 성도인줄 믿어버립니다. 그러나 여기 에는 엄청난 잘못이 숨어 있습니다. 기도는 영의 활동입니다. 기도를 어떻게 하는 가에 따라서 성령의 역사도 일어나고 귀신도 끌어들일 수가 있습니다.

무당들도 철야하면서 얼마나 기도를 많이 합니까? 무당들이 북을 치고 장구를 치면서 기도하면 귀신들이 옵니다. 큰 귀신을 접신 받으려고 무당들은 철야하며 기도합니다. 또 한 가지 웃기는 것은 기도하면서 팔을 흔들거나 몸에 진동이 오면 성령으로 충만한 줄로 압니다. 그러나 기도를 하면 좌우지간 영의 상태가 됩니다. 귀신의 영향도 잘 받는 상태이고 성령의 영향도 잘 받는 무의식 상태가 됩니다. 이때 성령으로 충만한 사람은 성령의 역사가 나타나는 것입니다. 자의로 충만한 상태면 귀신이 역사하는 것입니다.

그러니 예수를 믿어도 샤머니즘적인 신앙의 잔재를 성령으로 치유 받지 못했으면 불을 보는 것과 같이 환한 귀신의 역사가 나타나는 것입니다. 일부 영적으로 눈이 열린 목회자들이 우려를 하고 있는 것이 사실입니다. 문제는 그런 양신의 역사를 분별하여 해결하지 못하는 것에 있습니다. 우리 기독교인들이 영적인 수준을 높여야 합니다. 그래서 "기도클리닉"을 하여 샤머니즘적인 기도가 바른 성령의 인도받는 기도가 되도록 해야 합니다.

기도회를 인도할 때 보신 분들은 제가 하는 이야기를 이해하실 것입니다. 예를 든다면 가족 중에 무당의 내림이 있는 분은 진동을 심하게 합니다. 팔을 흔들고 머리를 흔들면서 기도를 합니다. 더 지나면 발을 동동 구르면서 기도를 합니다. 성령이 충만하여 기도하는 것과 같이 보입니다. 이는 성령이 충만해서 일어나는 현상이라고 단정을 지으면 안 됩니다. 정확하게 성령의 임재로 무당의 영이 정체를 드러내는 것입니다.

그리고 중풍의 영향을 받는 분들도 팔과 다리를 흔들면서 기도를 합니다. 일부 초보 목회자들이 이를 성령의 역사라고 우기는 분들도 있습니다. 그러나 아닙니다. 성령의 임재 그 사람 안에 역사하는 악한 세력이 정체를 폭로한 것입니다.

이것을 분별하여 해결해야 할 분들이 누구입니까? 목회자분들입니다. 제가 분명하게 말씀을 드리면 기도하면 만사가 해결되는 것이 아닙니다. 바르게 성령으로 성령 안에서 기도를 해야 합니다. 성령으로 정확하게 기도를 하면 앞에서 지적한 모든 것이 해결 됩니다. 교회에서 이런 현상이 일어난다고 경계해서 해결 되는 것이 아닙니다. 원인을 찾아 해결해야 합니다. 우리 교회는 매 예배나 집회 시에 50분간 기도를 합니다. 기도를 시켜놓고 제가 돌아다니면서 안수를 합니다. 안수하면서 이상한 현상을 일으키거나 귀신의 역사가 일어나는 분들은 성령께서 저에게 알려주십니다. 저는 기도를 정지시키고 축사를 합니다. 몇 번만 축사하면 모두 떠나갑니다. 왜냐하면 기도를 많이 해서 열려 있기 때문에 쉽게 드러나고 떠나가는 것입니다. 귀신이 떠나가니 편안히 잔잔하게 기도를 합니다. 본인이 느낍니다. 기도도 성령으로 잘되고, 영육의 질병도 문제도 해결되는 것을 말입니다. 목회자는 이런 상황을 영안으로 열어 분별하여 해결해주어야 합니다. 그래야 성도들이 영적으로 깊어지는 것입니다.

성도들이 기도를 많이 하고 신앙생활을 오래해도 변하지 않는 것은 목회자가 무조건 기도하면 문제가 해결이 된다고 하기 때문입니다. 무조건 기도하라고 해서 생각나는 대로 기도를 하니 이런 영적인 문제가 해결이 되지 않는 것입니다. 기도는 정확하게 배워서 성령으로 해야 합니다.

제가 여기에서 부가해서 말한다면 성령의 역사가 마음 안에서 바르게 일어나면 샤머니즘적인 잔재들이 떠나갑니다. 그렇기 때문에 성령으로 기도하면 잔잔하게 성령의 역사만 일어나는 것입니다. 분명하게 분별하여 치유해야 성도들이 하나님과 친밀하게 지내며 하나님의 복을 받을 수가 있습니다. 바른 기도를 하는 습관을 들여야 합니다. 습관이 잘못되면 고치는데 시간이 많이 걸리고 힘이 들기 때문입니다. 습관적인 기도는 성도의 영성을 망가지게 합니다.

둘째, 습관적인 기도. 습관적으로 생각나는 대로 머리 써서 중언부언하면서 기도 한다는 말입니다. 자신의 생각과 머리로 기도합니다. 성령 안에서 기도에 몰입 집중하지 않고 입술로 기도 한다는 말이기도 합니다. 정확하지 않은 이상한 소리(짐승이나 상여꾼 소리, 응얼대는 소리 등)로 기도를 한다는 것입니다. 기도를 바르게 하려면 제가 알려드리는 대로 기도를 해야 합니다. 기도는 영의 활동입니다. 그러므로 예수를 믿기 전에 세상에서 하는 것과 같은 식으로 기도를 하면 누가 역사를 하겠습니까? 이는 교회 안에서 기도해도 마찬가지입니다. 그래서 성경에 "성령으로 기도하라. 성령으로 기도하라"고 하는 것입니다. 자기가 세상에서 하는 기도를 과감하게 버리고 성령의 인도를 받는 기도를 해야 합니다. 성령의 인도를 받는 기도는 이렇게 하면 됩니다.

영의 통로가 열리지 않은 성도가 기도를 한다고 머리를 써서 중언부언하는 기도를 합니다. 하나님은 이렇게 중언부언 하는 기도는 들으시지 않습니다. 하나님은 영이시기 때문입니다. 영의통로가 열리지 않았다고 생각되는 성도들은 이렇게 기도를 해야 합니다. 숨을 들이 쉬고 내 쉬면서 주여! 숨을 들이 쉬고 내 쉬면서 주여! 숨을 들이 쉬고 내 쉬면서 주여! 자연스럽게 주여! 를 하면 되는 것입니다. 방언으로 기도할 줄 아는 분들은 숨을 들이쉬고 내쉬면서 방언기도하고, 숨을 들이쉬고 내쉬면서 방언기도를 합니다. 의식을 배꼽아래에 두고 최대한 숨을 깊게 하면서 성령의 도우심을 받아가며 기도합니다. 이렇게 주여! 하다가 어느 정도 충만해지면, ① 숨을 들이쉬면서 하나님…. 숨을 내쉬면서 사랑합니다…. ② 숨을 들이쉬면서 하나님…. 내쉬면서 도와주세요…. ③ 숨을 들이쉬면서 하나님…. 내쉬면서 용서하여 주세요…. ④ 숨을 들이쉬면서 하나님…. 내쉬면서 감사합니다…. 하나님 어떻게 합니까? 하나님 도와주세요. 하나님 지혜를 주세요. 하나님 해결방법을 알려주세요. 이 일을 어떻게 해야 합니까? 이렇게 마음 중심에서 나오는 자연스러운 말로 기도를 합니다. 이렇게 집중하며 기도를 하다가 보면 방언도 터지고 성령으로 충만해집니다. 이렇게 기도를 하면서 재미가 붙으니까, 기도하고 싶은 생각이 드는 것입니다. 기도는 분명하게 육체의 노동같이 하면 안 되고, 즐기는 성령의 이끌림 받는 기도를 해야 합니다. 제가 성령치유 사역을 하다가 경험한 바로는 주여! 하는 기도 아무나 못합니다. 주여! 만 잘해도 기도가 열린 성도입니다. 영의 통로가 막힌 성도에게 주여! 하라고 해도 죽어도 못합니다. 왜냐하면 마귀가 영을 내리 누르기 때문에 못하는 것입니다. 이것은 내가 지난 십 여 연간 성령치유 사역을 하면서 주여! 하는 기도를 시켜봤기 때문에 아주 잘 압니다. 장로님도 권사님도 주여! 를 못하시는 분들이 다수 있습니다. 저는 이렇게 생각을 합니다. 주여! 하는 기도가 가장 기본적이면서 성령의 인도를 받기 쉬운 기도라고 말입니다. 주여! 하면서 기도하십시오. 하나님이 기뻐하십니다. 기도는 성령으로 쉽게 하는 것이 깊은 영의 기도 입니다.

일단 이렇게 기도하여 영의통로를 뚫어야 합니다. 그다음에 마음으로 기도하고 영으로 기도하는 깊은 단계로 들어갑니다. 주의할 것은 숨을 들이쉬고 내쉬면서 주여! 를 하면 속에서 더러운 것들과 기침을 통해서 나가고 웃음과 울음이 터지기도 합니다. 이는 막혔던 영의통로가 뚫리면서 일어나는 성령의 역사입니다.

다른 문제는 기도에 관한 고정관념에 잡혀서 외형적 모습, 언어의 구사에 너무 신경을 쓰느라고 기도를 못하는 것입니다. 기도는 언어의 구사가 아닙니다. 하나님과 인격적인 관계로서 눈빛만 보아도 서로를 아는 관계에 들어가는 것이 바른 기도입니다.

그리고 특정한 장소에서 해야 기도가 된다는 잘못된 의식입니다. 기도는 교회, 산, 기도원, 새벽기도에서 하는 것이라는 기도에 대한 고정관념이 기도를 어렵게 만듭니다. 자연스럽게 어디서든지 성령의 임재 하에 마음으로 기도할 수 있어야 합니다. 기도의 본질은 무엇을 비는 것이라는 생각 때문입니다. 우리가 무속적인 기도인 '비나이다. 비나이다' 식의 기도의 개념은 문제없는 사람은 기도의 필요가 없다는 그릇된 생각을 가져왔습니다. 기도는 항상 하는 습관이 되어야 합니다. 기계 문명이 발달할 수 록 더욱 영성을 위하여 기도해야 하는데, 이러한 잘못된 생각 때문에 실상은 그 반대가 되었습니다. 문제가 하나님을 필요하게 만들어서는 안 됩니다. 하나님과 항상 교제함으로 문제가 해결되게 하세요. 기독교의 신앙의 본질은 예방 신앙이어야 합니다. 문제가 생기고 오기 전에 기도하여 예방하는 것이 바른 신앙입니다.

공동으로 모여서 하는 기도의 습관이 기도를 어렵게 합니다. 이러한 분위기가 아니면 기도할 수 없게 만드는 것은 좋은 기도의 습관이 아닙니다. 혼자서 자신 안에 계신 하나님께 어디에서나 교제하고 대화할 수 있게 하는 기도가 되어야 합니다. 자신의 집에서도 마음으로 기도하시고, 차를 운전하시면서도 마음으로 기도하시고, 일을 하시면서도 마음으로 기도하시고, 전철을 타고 가시면서도 마음으로 기도하시기를 바랍니다. 기도는 이렇게 하나님에게 나의 생각과 마음을 하나님에게 집중하는 것이 바른 기도입니다.

셋째, 중언부언 독백의 기도. 기도는 엄연하게 성령 안에서 기도를 해야 하는 데 자신의 생각과 욕심을 가지고 중언부언하면서 기도를 합니다. 새벽기도에 가서도 과거 정안 수 떠놓고 빌던 방식대로 기도를 합니다. 실제로 제가 부교역자 할 때 제가 잘 아는 권사님이 계셨습니다. 이 권사님이 새벽기도에 나와서 꼭 제 뒤에서 기도를 하십니다. 제 뒤에서 기도를 하면 기도가 잘 된다고 꼭 제 뒤에서 기도를 합니다. 이분이 하는 기도가 아주 재미가 있습니다. 기도하는 소리를 들어보면 이렇습니다.

"하나님! 우리 아들 직장생활 잘하게 해주시옵소서. 믿음생활도 잘하게 해주시옵소서. 손자들도 공부 잘하고 잘 자라게 해주시옵소서. 우리 큰 딸이 우울증에 걸려서 고생을 합니다. 우울증을 치유하여 주옵소서. 우리 큰 사위가 술을 끊지를 못하고 있습니다. 술을 끊도록 도와주시옵소서. 외손자 외손녀가 상처 받지 않고 잘 자라게 해주시옵소서. 하나님! 우리 작은 딸이 질병으로 고생을 합니다. 병을 치유하여 주옵소서. 사위도 사업이 잘되고 믿음 생활도 잘하게 하여 주옵소서. 외손자가 건강하게 잘 자라기를 원합니다."

이렇게 조랑, 조랑, 조랑, 조랑, 조랑, 조랑, 하며 주시옵소서. 주시옵소서. 기도를 하는 것입니다. 이것이 무엇 때문입니까? 샤머니즘의 영향입니다. 그러다가 제가 교회를 개척하고 집회할 때 찾아오셨습니다. 자기 딸들이 몸이 불편하여 치유 받게 하려고 데리고 온 것입니다. 이 권사님이 오셔서 기도하다가 성령의 세례를 받고 방언이 터졌습니다. 방언이 따다다… 따다다… 하고 나오니까, 이전에 하던 식으로 아들과 딸들을 위하여 간구를 할 수가 없는 것입니다. 저에게 따지는 것입니다.

왜 방언이라는 것을 받게 해가지고 나를 이렇게 답답하게 하느냐고 말입니다. 왜 그러시냐고 물어보니 이렇게 대답을 합니다. 아들과 딸들을 위하여 기도를 못하겠다는 것입니다. 제가 몇 번에 걸쳐서 설명을 하다가 이해하시지 못하여 그만 두고 권사님이 알아서 기도하라고 한 적이 있습니다. 이와 같이 처음 교회에 들어올 때 기도에 대하여 바르게 가르쳐 주지 않으니 삼십년을 예수를 믿어도 샤머니즘적인 기도를 탈피하지 못하는 것입니다.

넷째, 통성으로 하는 기도. 교회에서 통성으로 기도를 할 때가 있습니다. 그때 통성으로 기도 못하는 성도는 정말 죽을 맛입니다. 이것을 알아야 합니다. 제가 초신자 때 많이 당해봤기 때문에 잘 압니다. 저는 통성으로 기도하는 예배에는 아예 교회를 가지 않았습니다. 왜냐하면 통서기도를 못하기 때문에 가지 않았습니다. 통성기도 못하는 성도는 정말로 고역스러운 시간이 바로 통성기도 시간이기 때문입니다. 무슨 소리인지도 잘 모르면서 소리를 지르는 것입니다.

저는 이런 통성기도는 바로 육의기도, 혼의 기도로는 영이신 하나님에게 상달이 될까 의아심을 가지고 있습니다. 교회마다 통성기도 하는 것을 보십시오. 나는 이렇게 기도를 잘한다. 하면서 자랑하는 면이 다분하게 있습니다. 기도를 성령으로 성령의 이끌림을 받으면서 해야 합니다. 차라리 이렇게 하는 편이 훨씬 좋을 것입니다. "통성기도를 못하시는 분들은 이렇게 기도하기를 바랍니다." 하고 기도를 시작하기 전에 기도 인도자가 미리 알려주어야 합니다.

통성기도 못하는 성도들은 숨을 들이 쉬고 내 쉬면서 주여! 숨을 들이 쉬고 내 쉬면서 주여! 숨을 들이 쉬고 내 쉬면서 주여! 이렇게 하면 되는 것입니다. 방언도 못하고 기도도 열리지를 않은 성도들에게 무조건 통성으로 기도하라고 하니까, 기도 못하는 성도들은 아예 교회에 나오지를 않는 것입니다. 내가 초진자였을 때 그랬습니다. 그렇게 주여! 를 하다가 어느 정도 충만해지면, ① 숨을 들이쉬면서 하나님…. 내쉬면서 사랑 합니다…. ② 숨을 들이쉬면서 하나님…. 내쉬면서 도와주세요…. ③ 숨을 들이쉬면서 하나님…. 내쉬면서 용서하여 주세요…. ④ 숨을 들이쉬면서 하나님…. 내쉬면서 감사 합니다…. 이렇게 집중하며 기도를 하다가 보면 방언도 터지고 성령으로 충만해집니다. 이것도 못하면 숨을 깊게(방광까지) 들이쉬고 내쉬기만 하라고 하면 됩니다. 숨만 깊게 들이쉬고 내쉬어도 성령으로 충만 받을 수가 있습니다. 이때 목회자가 가볍게 안수하면 성령의 충만함으로 기도가 터집니다.

이렇게 가볍게 해서 기도에 재미가 붙으니까, 교회에 가서 기도하고 싶은 생각이 드는 것입니다. 내가 성령치유 사역을 하다가 경험한 바로는 주여! 하는 기도 아무나 못합니다. 주여! 만 잘해도 기도가 열린 성도입니다. 영의 통로가 막힌 성도에게 주여! 를 하라고 해도 죽어도 못합니다. 왜냐하면 마귀가 영을 내리 누르기 때문에 못하는 것입니다. 이것은 내가 지난 십여 년간 성령치유 사역을 하면서 주여! 하는 기도를 시켜봤기 때문에 아주 잘 압니다. 자신도 한 번 지금 주여! 를 해보기를 바랍니다. 만약 목회자가 이 책을 읽고 있다면 예배를 마치고 성도들에게 주여! 를 시켜보기를 바랍니다.

아마 내가 말한 것이 이해가 갈 것입니다. 앞에서도 거론이 되었지만 목사님도 사모님도 주여! 를 못하시는 분들이 다수 있습니다.

주여! 하면서 기도하십시오. 하나님이 좋아하십니다. 기도는 성령으로 쉽게 하는 것이 깊은 영의기도입니다. 그런데 일부 성도들이 기도가 어렵다고 합니다. 제가 이 책에서 알려드린 대로 기도하면 절대로 어렵지 않습니다. 오히려 기도가 즐겁게 될 것입니다. 기도하지 말라고 해도 기도하게 됩니다.

다섯째, 제목 기도. 제가 신학대학원 다닐 때와 부교역자 할 때 몇몇 교회를 다니면서 체험한 것입니다. 전부가 그런 것이 아니고 일부 교회가 이렇다는 것입니다. 금요 철야나 기도회가 있는 날이면 이렇게 기도를 합니다. 일반적인 예배를 드립니다. 2부 기도회가 진행됩니다. 기도회 인도자가 나와서 찬양을 부릅니다. 제가 지금 하는 이야기는 일반적으로 하는 것으로 분별하여 고쳐야 할 기도회를 말씀드리는 것입니다. 이렇게 하라고 알려드리는 것이 아닙니다.

기도회 인도자가 통성으로 기도회를 은혜롭게 인도하게 해달라고 성령님에게 부탁하는 기도를 합니다. 그리고 이렇게 말합니다. 오늘 기도회는 이런 제목으로 기도회를 진행합니다. 먼저 나라와 민족을 위하여 합심하여 기도합니다. 찬양 한 곡 부르고 주여! 세 번 부르고 기도합니다. 그리고 마침기도는 김 권사님이 해주십니다. 그래서 청중들이 찬양하고, 주여! 주여! 주여! 세 번하고 뜨겁게 한 3-5분 기도합니다. 김 권사가 마침기도를 합니다.

인도자가 이번에는 교회의 부흥성장을 위하여 합심하여 기도합니다. 찬양 한 곡 부르고 주여! 세 번 부르고 기도합니다. 그리고 마침기도는 박 권사님이 해주십니다. 그래서 청중들이 찬양하고, 주여! 주여! 주여! 세 번하고 뜨겁게 한 3-5분 기도합니다. 박 권사가 마침기도를 합니다. 다시 기도회를 인도하는 인도자가 이번에는 담임목사님의 건강과 영력을 달라고 합심하여 기도합니다. 찬양 한 곡 부르고 주여! 세 번 부르고 기도합니다. 그리고 마침 기도는 정 집사님이 해주십니다. 그래서 청중들이 찬양하고, 주여! 주여! 주여! 세 번하고 뜨겁게 한 3-5분 기도합니다. 정 집사가 마침기도를 합니다.

다시 기도회를 인도하는 인도자가 이렇게 말합니다. 이번에는 교회의 풍성한 재정의 축복을 달라고 합심하여 기도를 합니다. 찬양 한 곡 부르고 주여! 세 번 부르고 기도합니다. 그리고 마침기도는 성 집사님이 해주십니다. 그래서 청중들이 찬양하고, 주여! 주여! 주여! 세 번하고 뜨겁게 한 3-5분 기도합니다. 성 집사가 마침기도를 합니다. 이런 식으로 기도하고 자 이제 5분 동안 자신과 가정을 위하여 찬양 한 곡 부르고 주여! 세 번 부르고 기도합니다. 그리고 마침기도는 오 집사님이 해주십니다. 그래서 청중들이 찬양하고, 주여! 주여! 주여! 세 번하고 뜨겁게 한 3-5분 기도합니다. 오집사가 마침기도를 합니다.

대략 이렇게 기도회가 진행이 됩니다. 머리로 생각하고 사회자가 정해준 기도 제목에 따라서 기도하기 때문에 성령의 인도를 받을 필요도 없고 성령의 인도를 받을 수도 없습니다. 자연스럽게 인간적이고 육적인 기도가 되고 마는 것입니다. 육적인 기도를 영이신 하나님이 들어주시지 않습니다. 이런 기도를 하니 성도들이 영적으로 깊어질 수도 없고 성령 안에서 기도할 수도 없는 것입니다. 기도회는 성령의 인도를 받으며 기도할 수 있도록 기도회를 인도해야 합니다. 어떻게 하면 성령의 인도를 받으면서 기도할 수가 있을까요? 조금만 깊게 생각하면 알 수가 있습니다. 이렇게 인도하여 보시기를 바랍니다. 먼저 기도 제목을 모두 알려주고 성령이 인도하는 대로 기도하라고 합니다. 지금부터 한 시간 동안 깊은 영의기도를 합니다. 하고 담임목회자는 기도가 어느 정도 깊어지면 돌아다니면서 안수를 하는 것입니다. 이해하기 힘이 든다면 이 책을 끝까지 읽어보시면 깨닫게 됩니다.

여섯째, 열심히 하는 기도. 열심히 기도하면 문제가 해결이 된다고 합니다. 그래서 기도원마다 철야를 하면서 열심히 기도를 합니다. 무엇을 어떻게 해야 할지도 모르면서 막연하게 기도합니다. 그저 해결하여 달라고 기도를 합니다. 이런 식으로 천일을 철야하며 기도해도 문제는 해결되지 않습니다. 오히려 생각지도 못한 문제가 생길 수도 있습니다. 그렇다고 기도하지 말라는 말은 아닙니다. 오해하지 마시기를 바랍니다.

기도를 어떻게 하라고 알려주지 않고 무조건 저녁마다 철야하고 기도하면 문제가 풀린다고 합니다. 그래서 기도원마다 철야를 하는 성도들이 있습니다. 그런데 철야하다가 이혼하는 성도가 많다는 것입니다. 실제로 내가 저녁마다 철야하고 새벽에 오는 성도의 남편에게 물어보았습니다. 밤마다 철야할 때 기분에 어떠했느냐고 말입니다. 그랬더니 이를 갈고 있었다는 것입니다. 죽이고 싶을 정도로 미웠다는 것입니다. 그래서 문제가 풀렸냐고 물었습니다. 더 악화되었다는 것입니다.

지금 사면초가에 걸려있다는 것입니다. 무조건 철야한다고 문제가 해결이 되는 것이 아닙니다. 반드시 말씀과 성령의 역사로 문제의 원인을 찾아 성령의 이끌림을 받는 깊은 기도를 해야 합니다. 깊은 기도를 하면서 원인을 영성으로 보면서 회개도 하고 영적인 전쟁을 하면 문제는 서서히 해결이 됩니다. 그러나 막연하게 철야하면 해결이 되겠지 하면서 천일을 철야를 해도 문제는 해결되지 않습니다. 문제는 영적인 원리를 적용하지 않고 막연하게 철야만 한다는 것입니다. 영적인 원리에 따라 분명하게 적용을 하면서 기도를 해야 하는 것입니다. 반드시 영적인 조치를 하면서 기도를 해야 문제가 해결이 되는 것입니다.

우리나라 성도들이 기도를 엄청나게 많이 합니다. 그러면서도 정작 문제가 해결되지 않고 능력이 나타나지 않는 것은 바른 기도를 하지 않기 때문입니다. 한마디로 성령 안에서, 성령으로 기도하지 않기 때문입니다. 기도는 반드시 성령으로 성령 안에서 해야 합니다. 우리 성도들은 이런 기도를 예수를 믿고 교회에 발을 딛으면서 부터 숙달해야 합니다. 그렇지 않으면 샤머니즘적인 기도가 될 소지가 있습니다.

충만한 교회에서는 매주 토요일 10:00-12:30까지 각각 2시간 30분씩 개별 특별집중 기적치유 시간을 갖고 있습니다. 한번에 4-6명밖에 할 수 없으므로 1주일 전에 지정된 선교헌금을 입금하시고 예약을 합니다.

*대상은 이렇습니다. 기도하는 습관이 되기를 원하시는 분/ 여기서도 저기서도 치유와 능력을 받지 못한 분/ 지금 천국과 아브라함의 복을 누릴 분/ 불치병, 귀신역사를 빨리 치유 받을 분/ 목과 허리디스크, 허리어깨통증, 근육통, 온몸이 아프고 무거움에서 치유해방 받고 싶은 분/ 자녀나 본인의 우울증, 공황장애, 조울증, 불면증을 빨리 치유 받을 분/ 가슴이 답답하고 기도하기가 힘이 드는 분/ 방언기도를 깊고 강하게 하고 통역하고 싶은 분/ 축복과 영의 통로를 뚫고 싶은 분/ 성령의 불세례를 체험하고 싶은 분/ 최단기간에 현실문제 해결과 성령치유 능력 받고 싶은 분입니다. 오시면 자신이 눈과 몸으로 느끼고 주변사람들이 알아볼 정도로 획기적인 효과가 나타납니다. 반드시 일주일 전에 전화 확인하시고 선교헌금을 입금 후 예약해야 합니다(전화 02-3474-0675).

2부 성령 안에서 기도하는 습관

6장 성령 안에서 기도하는 비결

(엡6:18~20) "모든 기도와 간구를 하되 항상 성령 안에서 기도하고 이를 위하여 깨어 구하기를 항상 힘쓰며 여러 성도를 위하여 구하라. 또 나를 위하여 구할 것은 내게 말씀을 주사 나로 입을 열어 복음의 비밀을 담대히 알리게 하옵소서 할 것이니, 이 일을 위하여 내가 쇠사슬에 매인 사신이 된 것은 나로 이 일에 당연히 할 말을 담대히 하게 하려 하심이라"

하나님은 예수를 믿고 성령으로 거듭난 우리에게 성령 안에서 기도하라고 하십니다. 바른 기도의 습관이 하나님과 바른 관계를 여는 것입니다. 기도는 참으로 중요한 것입니다. 그래서 크리스천이 제일 먼저 해야 할 것이 자신의 기도를 클리닉하는 것입니다. 우리가 신앙생활 하는 가운데, 가장 어려운 것 한 가지가 바로 기도이기 때문입니다. 성령으로 기도하는 습관이 되지 않으면 기도생활을 꾸준히 지속적으로 해 나가는 것이 얼마나 어려운 가를 우리는 경험하며 살아가고 있습니다. 기도는 기본이 있습니다. 기도의 기본을 적용하지 않고 기도함으로 아무리 열심히 그리고 오래 기도를 해도 참 평안을 누리지 못하는 것입니다.

성령으로 기도를 하되 숨을 쉬는 것과 같이 기도해야 합니다. 사람이 숨을 쉬지 않으면 죽습니다. 마찬가지로 하나님의 자녀가 기도하지 않으면 죽습니다. 기도는 영혼의 호흡이라고 했습니다. 시편은 "호흡이 있는 자마다 여호와를 찬양할지어다. 할렐루야(시 150:6)" 말씀하십니다. 우리 크리스천들은 기도를 하되 성령으로 숨을 쉬는 것과 같이 해야 합니다. 숨을 쉬는 것과 같이 하나님을 찾는 것입니다. 이는 습관이 되어야 합니다. 생명이 있는 사람이라면 저녁에 잠을 자면서도 숨을 쉽니다. 코를 골면서 자는 사람도 있습니다. 이는 자면서도 숨을 쉰다는 증거입니다. 이와 같이 예수를 믿어 성령으로 거듭난 성도는 숨을 쉬는 것과 같이 성령으로 기도해야 합니다.

우리는 기도를 바르게 알아야 합니다. 기도는 하나님과 사귀는 것입니다. 하나님과 가까이 하는 것입니다. 하나님과 함께 시간을 보내는 적극적인 행위입니다. 하나님과 사랑을 나누는 시간입니다. 하나님의 음성을 듣는 시간입니다. 하나님께 사랑을 고백하고 감사하는 시간입니다. 하나님의 눈으로 자신을 보는 시간입니다. 자신 안의 성전을 견고하게 세우는 시간입니다. 자신의 영혼에 성령으로 충만하게 채워서 마음의 안에 성전을 깨끗하게 하는 시간입니다. 우리의 삶에서 가장 깨어있는 시간, 하나님의 소리를 듣는 시간입니다. 자신을 치료하는 시간입니다. 세상에서 받은 스트레스를 정화하는 시간입니다. 예수를 믿는 성도가 하는 기도는 세상 사람들이 하는 기도와 다릅니다. 자신이 매일 철야하며 새벽기도를 해도 영육이 변화되지 않고, 환경이 어려운 것은 세상적인 기도를 하기 때문입니다. 예수를 믿는 성도가 하는 기도는 다음과 같은 원칙을 가지고 해야 합니다.

첫째, 성령 안에서 기도하라. 기도를 할 때에 자신의 생각이나 머리에서 나온 지식이나 언어구사를 잘하려고 하는 생각, 즉 자신의 육성으로 기도하지 말라는 것입니다. 전인격이 성령의 지배 하에 성령의 의지를 따라서 기도하라는 것입니다. 바른 기도생활을 위해서 '좋은 기도의 습관'이 중요하긴 하지만 그 보다 더 중요한 것이 있습니다. 그것은 바로 기도의 영을 받아 가지고 있는 겁니다. 우리가 새벽기도를 생각해볼 때 우리가 항상 새벽에 그 시간에만 살아가는 것이 아니지 않습니까? 우리가 예배당 안에서만 살고 있지는 않지 않습니까? 우리가 가정에서나 직장에서나 세상에서 살아갈 때 우리 앞에 다양하게 펼쳐지고, 우리에게 다가오는 그런 도전과 문제, 그 어려운 상황 속에서 우리의 기도가 정해진 기도의 제목만으로는 우리 삶을 다 감당하지 못해요. 그래서 좋은 기도의 습관을 갖는 것도 중요하지만, 우리가 기도의 영을 가져서 성령 안에서 기도하는 것 그것은 더욱 중요합니다.

마치 내 영이 기도의 영이신 성령 안에 푹 잠겨 있는 것처럼 내가 하루 24시간 어디에서 무엇을 하고 있든지 하나님과 끊임없는 교통 가운데서 내 삶이 진행되는 것, 그것이 바로 기도의 영을 가지는 것인데, 이것이 바로 기도생활의 이상이라고 할 수 있습니다. 그래서 하나님 말씀은 우리에게 '성령 안에서 기도하라' '성령으로 기도하라'라는 말씀을 여러 번 당부하십니다. 그 중 한 곳인 에베소서 6장 18절을 같이 읽겠습니다. "모든 기도와 간구를 하되 항상 성령 안에서 기도하고 이를 위하여, 깨어 구하기를 항상 힘쓰며, 여러 성도를 위하여 구하라" 과거 개역에는 '무시로 성령 안에서 기도하라'고 했는데, '무시로'란 항상 이란 뜻입니다. 영어로 always 또는 all times입니다. 그렇다면 어떻게 기도하는 것이 '성령 안에서 기도'하는 것일까요? '성령 안에서 기도한다'는 의미는, "성령의 영성과, 성령의 지성과, 성령의 감성을 따라서 기도하는 것이다"라고 말할 수 있습니다. 또, 성령의 임재 가운데 기도하는 것입니다. 성령께서 주시는 생각으로 기도하라는 것입니다.

실제적으로 성경에 보면, 성령께서 우리를 위하여 말할 수 없는 탄식으로, 성령의 생각이 삼위일체 하나님과 합치된 상태에서 우리 안에 와계신 성령께서 우리를 위하여 계속 기도하고 계십니다. "이와 같이 성령도 우리의 연약함을 도우시나니, 우리는 마땅히 기도할 바를 알지 못하나 오직 성령이 말할 수 없는 탄식으로 우리를 위하여 친히 간구하시느니라. 마음을 살피시는 이가 성령의 생각을 아시나니 이는 성령이 하나님의 뜻대로 성도를 위하여 간구하심이니라(롬8:26~27)."

'성령 안에서 기도하라'는 엡6장 18절의 말씀을 실행 할 수 있는 그 약속이, 이 로마서 말씀에 주어져 있습니다. 로마서 8장 26~27절속에는, 성령의 [영성] [지성] [감성]이 나타나 있어요. 성령의 영성은 무엇과 같은가요? 어머니의 영성과 같지요. 어머니는 자녀들을 한없는 사랑으로 용납해주고 품어줍니다. 그러한 것처럼 성령은 포근한 영성, 온유하신 영성, 인자하신 영성으로서 마치 어머니가 자식을 위해 기도하듯이, 성령께서 우리를 위하여 기도하고 계신다는 거예요. 우리는 무엇을 위하여 기도하는지도 모르고, 우리 앞에 어떤 일이 일어날지도 모릅니다.

그렇기 때문에 성령께서 '우리를 위하여 마땅히 무엇을 위해서 기도할지 모르지만, 우리를 위하여 앞서 기도'하고 계신다는 것입니다. 성령의 영성이 그러하단 것입니다. 또 성령의 영성은, 성령은 지성을 가진 인격체이셔서 우리를 위해서 기도 할 바를 명확하게 인지하시고, 그리고 그 생각을 갖고 기도하고 계십니다. 롬8장 27절 말씀에 성령은 지성을 지니신 분이시다. 라는 것을 보여주는 한 표현이 있습니다. '마음을 살피시는 이가 성령의 생각을 아시나니' '성령의 생각'이라고 했습니다. 성령은 생각하신다. 즉, 지성을 지니신 분이십니다. 우리를 향하신 그 성령의 생각이 얼마나 많은지 시편 40편 5절에 이런 말씀이 나옵니다.

"여호와 나의 하나님이여 주의 행하신 기적이 많고 우리를 향하신 주의 생각도 많도소이다" 우리의 부모가 자녀를 위해서 기도하지 않습니까? 자녀에 대한 모든 사정을 헤아리고 살펴서 자녀를 위해서 기도합니다. 부모는 자녀를 위해서 기도하지만, 자녀는 부모를 그렇게 생각하지 않아요. 자기 인생이 바쁘기 때문에 내리 사랑을 해서 부모는 자녀를 위해서 그렇게 안타깝게 간절히 기도하지만, 자녀들은 그 부모에 대한 마음을 헤아리지 못합니다. 저도 자녀를 위해서 기도하면서 '이 아이들이, 부모인 내가 이렇게 하나님 앞에서 간절히 자기들을 위해 기도하는 것을 알고 지내기나 하나?' 그런 생각을 할 때가 있습니다.

마찬가지로 우리는 별로 하나님을 생각하지 못하고 살아가지만 성령께서 우리를 위하여, 해변의 모래보다 더 많으신 그 생각, 그 사랑의 생각을 가지고 우리를 위해서 기도하고 계십니다. 또한 성령은 감성을 지닌 분이십니다. 로마서 8장 26절 말씀에 성령의 감성을 보여주는 한 어구 한 표현이 있습니다. "말할 수 없는 탄식으로 우리를 위하여 기도하시는 성령님"이라고 했습니다.

성령은 감성을 가지고 계세요. 우리는 성령을 근심하게 할 수도 있고, 우리는 성령을 기쁘시게도 할 수 있습니다. 성령이 인격적으로 우리를 대해주십니다. 이 말씀이 보여주는 바대로 성령님은 어머니와 같은 그런 넓으신 자애로우신 사랑의 영성을 지니셨고, 또한 성령은 생각을 가지신 지성을 지니신 인격체이시고, 성령은 우리를 위하여 말 할 수 없는 탄식으로 하나님 앞에서 기도하시는 감성을 지니신 분이십니다. 성령께서 우리 안에 오셔서 우리를 위해 그토록 기도하시는 그 성령의 영성과 지성과 감성을 따라 기도하는 것이 성령님 안에서 기도하는 것입니다.

둘째, 성령으로 기도하라. 성령께서 감동하시고 인도하시는 대로 기도하라는 것입니다. 우리에게 자의적인 기도를 하는 습관이 있습니다. 자의적인 기도란 내 생각대로, 내 욕심대로, 내 마음대로 기도하는 것을 말하는 것입니다. 성령으로 기도하라는 것은 내 영이 성령 안에 잠긴 것처럼 성령이 그 영성과 지성과 감성을 따라서 기도하는 것, 그것이 바로 우리가 지향하는 이상적인 성령으로 하는 기도입니다. 예를 들어서 설명 드립니다. 이미 세월이 지나서 다 잊어버리셨겠지만, 부모님들이 어린 자녀들을 키울 때, 자녀들이 막 글자를 깨우쳐 갈 나이일 때 글씨 쓰는 법을 가르쳐 주지 않습니까? 그때 어떻게 가르쳐 주셨어요? 아이가 글자를 삐뚤삐뚤 쓰니까 엄마나 아빠가 아이를 품안에 안고 아이의 작은 손을 내가 손으로 잡고 연필을 쥔 아이의 손을, 내가 붙잡아서 글자를 써갑니다. 마찬가지로 기도할 줄 모르는 우리들을 성령께서 안으시고 품으시고, 나의 작은 손을 그 권능의 손으로 붙드셔서 내게 기도하는 법을 가르쳐 주신다는 거예요. 부모가 어린자녀든 장성한 자녀든 자녀를 위해서 밤낮 기도하듯이 성령께서 우리에게 오셔서 나는 의식도 하지 못하는데, 나는 느끼지도 못하는 사이에 나를 위하여 말할 수 없는 탄식으로, 그 많으신 성령의 사랑의 생각을 갖고서, 하나님의 뜻에서 합치된 방향으로 나를 위하여 기도하고 계시는데 내가 그것을 깨닫고 성령의 인도를 따라 기도하는 것이 바로 성령 안에서 기도하는 것입니다.

그것이 그토록 중요한 이유는 우리가 성령 안에서 기도하게 되면, 우리가 중언부언 하는 기도는 하지 못하죠. 여전히 우리는 내 짧은 욕심이 들러붙은 그런 마음의 손을 가지고 기도를 하는데, 우리가 점차적으로 성령 안에서 변화를 받게 되면, 우리가 마음속에 품게 되는 소원과 우리가 하나님께 아뢰는 기도의 제목들이 하나님의 뜻에 합치되는 방향으로 내 그 기도가 바뀐다는 것입니다. "이와 같이 성령도 우리의 연약함을 도우시나니 우리는 마땅히 기도할 바를 알지 못하나 오직 성령이 말할 수 없는 탄식으로 우리를 위하여 친히 간구하시느니라." 우리의 기도가 성령 안에서 드려지게 되면 우리가 간구하는 것이 하나님의 뜻에 맞게 되니까 하나님께서 하나님의 뜻을 이루어주시지 않겠습니까?

로마서 8장 28절에 보면 "우리가 알거니와 하나님을 사랑하는자 곧 그 뜻대로 부르심을 입은 자들에게는 모든 것이 합력하여 선을 이루느니라." 하셨습니다. 우리 기도가 성령 안에서 드려지는 기도, 우리의 뜻이 하나님의 뜻에 합치되는 방향으로 변화 받게 되면, 우리가 기도하는 바를 하나님이 응답해 주실 뿐만 아니라, 우리에게 둘러싼 삶의 환경을 하나님께서 절대주관 가운데 품으시고, 붙드시고, 변경하시고, 조정하셔서 모든 것들을 합력하여 선을 이루게 해 주신다는 겁니다.

그러니까 로마서 8장 28절에 '성도의 모든 것을 합력하여 선을 이루신다'는 구절은, 문맥상 26절과 연결해서 해석할 때, 성령 안에서 기도하는 성도에게, 모든 것이 합력해서 선이 이루어진다는 뜻입니다. 즉 28절의 '성도의 모든 것이 합력해서 선을 이루는' 은총은 26절의 성령 안에서 기도하며 살아가는 자에게 주어지는 축복입니다. 시편 37편 4절 말씀에도 '또 여호와를 기뻐하라. 저가 내 마음의 소원을 이루어 주시리로다.'라고 하셨습니다.

우리 기도가 성령 안에서 기도하는 것으로 점차로 바뀌어서 우리가 성령 안에서 하나님을 기뻐하며 살아가게 될 때, 성령님께서 우리 마음속 안에 있는 모든 소원들을 아시고 헤아리시고 살피셔서, 우리로 하여금 하나님께 기도드려서 그 소원들을 다 이루게 해주시기 때문에 성령 안에서 기도하는 것이 그토록 중요합니다. 그런데 혹자는, '성령 안에서 기도 한다.'는 것은 방언기도 하는 것을 뜻한다고 하여 성령 안에서 기도와 방언기도를 동일시합니다. 저는 부분적으로는 맞는다고 생각해요. 그러나 다 맞는 것은 아니고, 부분적으로 맞습니다. 성령께서 우리에게 방언의 은사를 주시면, 그 사람은 그 방언기도를 하는 가운데 성령 안에서 기도하게 됩니다. 성령의 영성과 지성과 감성에 내가 편입되어서 내가 그 의미를 다 모르고 기도하는 사이에도 내가 성령 안에서 기도하는 것으로, 나의 기도가 바뀔 수가 있어요. 그래서 방언기도는 귀중한 은사입니다.

그런데 '성령 안에서 기도하는 것'을 [방언기도]로 한정해 놓으면, 그런데 진정 하나님 안에 구원받은 하나님 자녀들 가운데서도 아직 방언기도를 하지 않는 사람들도 많습니다. 방언이라는 것은 은사입니다. 은사는 다양하게 모든 사람에게 주어지는 것이지, 한 은사를 모든 그리스도인에게 나누어 주시는 것은 은사가 아니예요. 내가 비록 방언의 은사를 받지 못했지만, 남이 가지고 있지 않은 은사가 나에게 주어집니다. 섬김의 은사, 구제의 은사, 가르침의 은사, 예언의 은사, 병 고침의 은사 등, 방언의 은사 말고도 더 많은 은사들이 있습니다. 그런데 '성령 안에서 기도하는 것'을 방언기도로만 한정해놓으면, 방언기도를 하지 않는 다른 그리스도인은 성령 안에서 기도할 수 없는 것으로 되니까. 그것은 말이 안 되는 것이지요. 그러므로 방언은사를 받지 않은 많은 그리스도인들도, 성령 안에서 기도할 수 있습니다.

셋째, 성령으로 기도하는 방법. 기도에 대하여 바르게 알아야 합니다. 많은 성도들이 문제가 있으면 무조건 기도하면 문제가 풀어지는 줄로 알고 있습니다. 그래서 무조건 기도하라고 합니다. 그렇지 않습니다. 기도는 하나님의 음성을 듣는 것입니다. 문제의 원인에 대하여 하나님께 질문하여 하나님께서 알려주시는 것을 해결하면서 기도해야 합니다. 예를 든다면 회개라든가, 용서라든가, 하나님께서 알려주시는 레마를 받아 순종하며 기도해야 문제가 풀어지는 것입니다. 막연하게 문제를 해결하여 주시옵소서. 하며 기도하면 문제가 해결되지 않습니다. 반드시 하나님에 알려주시는 해결 방법을 적용하여 해결하면서 기도해야 문제가 풀어지는 것입니다. 성도들이 바르게 알아야 할 것은 자신이 당하는 문제는 하나님의 문제라는 것을 믿어야 합니다. 그래서 자신에게 일어나는 문제는 하나님이 해결해야 합니다. 왜냐하면 자신은 예수를 믿을 때 죽었습니다. 다시 예수로 태어났습니다. 지금 예수 인생을 사는 것입니다. 그렇기 때문에 성령으로 기도하여 영의 상태가 되면 하나님께 해결 방법을 질문하여 응답받은 대로 조치를 해야 문제가 해결되는 것입니다. 그렇기 때문에 문제를 해결하려면 기도하지 않으면 안 되는 것입니다. 성령으로 기도하여 영의 상태가 되어야 내적인 상처도 치유되고, 귀신도 떠나가고, 병도 고쳐지고, 문제도 해결되고, 하나님의 음성도 들을 수가 있는 것입니다.

성령으로 기도하는 것은 성령의 임재가운데 성령 안에서 기도하는 것을 말합니다. 마음으로 기도하여 마음의 문이 열려야 영으로 기도하게 되는 것입니다. 영으로 기도하는 것이 성령으로 기도하는 것입니다. 그렇기 때문에 먼저 마음의 기도로 마음의 문을 열어야 영으로 기도할 수가 있는 것입니다. 성령으로 기도하는 비결은 이렇습니다. 숨을 들이 쉬고 내 쉬면서 주여! 숨을 들이 쉬고 내 쉬면서 주여! 숨을 들이 쉬고 내 쉬면서 주여! 자연스럽게 주여! 주여! 를 하면 되는 것입니다. 방언으로 기도할 줄 아는 분들은 호흡을 들이쉬고 내쉬면서 방언기도하고, 호흡을 들이쉬고 내쉬면서 방언기도를 합니다. 즉 내면의 활동이 강화되어 자신의 마음속 영 안에 계신 성령이 밖으로 나오시게 해야 합니다. 코로는 바람을 들이쉬고 배꼽 아랫배로 호흡을 하는 것입니다. 호흡을 들이쉬고 내쉬면서 주여! 주여! 주여! 하다가 성령께서 감동을 주시는 것이 있습니다.

예를 든다면 "자녀를 위하여 기도하라!"하실 수도 있습니다. 그러면 자녀를 위하여 기도하는 것입니다. 자녀에게 문제가 있는 것도 할 수가 있습니다. 자녀에게 바라는 것이 있으면 그것을 기도해도 좋습니다. 기도를 마치고 다시 주여! 주여! 주여! 하면서 기도를 합니다. 다시 성령께서 너의 물질문제를 기도하라고 하실 수도 있습니다. 물질문제를 기도합니다. 물질문제가 어떻게 해서 생겼는지 하나님에게 질문하며 기도합니다. 죄악으로 인한 것이라면 회개를 합니다. 회개하고 죄악을 타고 들어온 귀신을 축귀합니다. "예수 이름으로 명하노니 선조들의 죄를 따라 들어와 물질 고통을 주는 귀신아 물러가라" 소리는 크지 않아도 됩니다. 성령이 충만한 상태이므로 귀신들이 잘 떠나갑니다. 다시 다른 기도를 위하여 주여! 주여!

주여! 하면서 기도를 합니다.

　그러면 성령께서 다시 감동을 합니다. 너의 건강을 위하여 기도하라! 그러면 자신의 건강을 위하여 기도합니다. 기도하면서 하나님에게 질문을 합니다. 하나님! 저의 어느 부분이 문제가 있습니까? 하면서 기도하여 조치를 취하면 됩니다. 무엇을 결정해야 할 경우는 어느 정도 기도하여 성령으로 충만한 상태가 되면 지속적으로 문의 하는 것입니다. 이것을 어떻게 해야 합니까? 이것을 어떻게 해야 합니까? 이것을 어떻게 해야 합니까? 지속적으로 질문을 하면 문득 떠오르는 생각이 있습니다. 이것이 하나님의 방법입니다. 이것을 해결하면 치유가 되는 것입니다. 이것이 성령으로 기도하는 것입니다. 어려울 것이 없습니다.

　자신의 생각이나 욕심을 내려놓고 순수하게 성령을 따라 기도하는 것입니다. 보통 성도님들이 하시는 말씀대로 기도분량이 채워지니까 성령께서 알려주신 것입니다. 기도분량이 채워졌다는 것은 성령님이 역사하실 수 있는 영적인 상태가 되었다는 것입니다. 절대로 성령은 육의 상태에서 응답을 주시지 못합니다.

　반드시 성령으로 충만한 영의 상태가 되어야 레마를 들려주십니다. 그러므로 영의 상태가 되도록 성령으로 깊은 영의기도를 해야 합니다. 영의 상태에서 하나하나 감동이나 음성으로 알려주시는 것입니다. 기도의 성공요소는 영의 상태에 들어가는 것입니다. 영의 상태에서 성령님과 교통할 수가 있기 때문입니다.

7장 성령으로 영의 기도하는 비결

(롬 8:26) "이와 같이 성령도 우리의 연약함을 도우시나니 우리는 마땅히 기도할 바를 알지 못하나 오직 성령이 말할 수 없는 탄식으로 우리를 위하여 친히 간구하시느니라."

하나님은 성령으로 기도하라고 하십니다. 왜 성령으로 기도해야 합니까? 기도하는 자신은 예수를 믿을 때 죽고 다시 예수로 살아났기 때문입니다. 이제 세상을 살아가는 것은 자신이 아니고 예수님께서 자신을 통하여 사시기 때문입니다. "내가 그리스도와 함께 십자가에 못 박혔나니 그런즉 이제는 내가 사는 것이 아니요, 오직 내 안에 그리스도께서 사시는 것이라 이제 내가 육체 가운데 사는 것은 나를 사랑하사 나를 위하여 자기 자신을 버리신 하나님의 아들을 믿는 믿음 안에서 사는 것이라(갈 2:20)" 기도는 자신 안에 주인으로 계시는 하나님께 집중 몰입하는 것입니다. 필자는 달인을 아주 좋아합니다. 이유는 달인을 생각하면 깊은 영의기도와 같은 면이 있기 때문입니다. 달인이 되기 위하여 10년 이상 자신이 하는 일에 몰입하고 집중했다는 것입니다. 실패도 수없이 했을 것입니다. 그러나 포기하지 않고 도전한 결과 달인이 된 것입니다. 이를 영적으로 설명한다면 처음에는 인간의 힘으로 일을 한 것입니다. 인간의 방법이나 열심으로 일을 하니까, 실수가 많았다는 것입니다. 점점 숙달함으로서 마음에서 나오는 힘으로 일을 한 것입니다. 더 집중하다가 보니 영, 무의식적으로 일을 할 수가 있게 된 것입니다.

 기도도 마찬가지입니다. 처음에는 자신의 생각으로 욕심으로 기도를 하니 얼마동안 밖에 할 수가 없는 것입니다. 기도가 힘이 들고 하기가 싫어지기도 합니다. 아무런 변화나 응답을 경험하지 못하기 때문입니다. 또한 자신의 변화도 체험할 수가 없는 것입니다. 그래도 포기하지 않고 기도를 계속하다가 보면 성령의 역사로 마음으로 기도하게 됩니다. 마음으로 기도하니 기도하는 것이 조금은 쉬워지는 것을 체험하게 됩니다. 자신이 변화되는 것을 조금은 느낄 수가 있습니다. 기도하기가 조금은 쉬워지는 것을 느낄 것입니다. 그러나 아직 자신이 기도하는 단계를 넘어서지 못한 것입니다.

 그래도 계속 포기하지 않고 마음으로 계속기도를 하다가 보면 성령께서 자신의 영-혼-육을 장악하여 영의 상태에 들어가게 됩니다. 성령의 이끌림을 받으며 영의 상태에 들어가 기도하니 자신의 노력이나 힘이 필요가 없다는 것을 체험하게 됩니다. 영의 상태가 되니 기도하면서 자신의 전인격이 성령의 지배를 받아 치유되는 것을 체험하게 됩니다. 이제 숙달이 되어 호흡만 들이 쉬고 내쉬어도 자신 안에 임재하신 하나님과 연결이 되어 영의 상태에 들어가게 됩니다. 이렇게 되니 영혼에서 하나님의 권능이 흘러나옵니다. 자신 안에서 나오는 권능으로 자신의 전인격이 성령으로 장악이 되는 것입니다. 성령으로 장악이 되면서 자신에게 역사하던 세상 신들이 물러가게 됩니다.

이 단계에 들어간 크리스천은 세상의 달인과 같은 수준이 된 것입니다. 이 수준이 된 크리스천은 세상을 이기는 힘이 자신 안에서 나온다는 것을 체험하게 됩니다. 기도는 이렇게 몰입하고 집중하는 것입니다. 단기간에 깊은 영의기도를 할 수가 없습니다. 몰입하고 집중하며 꼭 도달하고 말겠다는 본인의 의지 또한 중요한 것입니다. 깊은 영의기도를 숙달하여 하나님께서 원하시는 영의 사람이 되려면 자신이 없어져야 하는 것입니다. 자신이 십자가에서 죽고 예수로 태어나야 도달할 수가 있습니다. 너무나 어렵게 생각하지 말고 성령의 인도를 받으면 도달할 수가 있습니다. 깊은 영의기도에 도달하고 싶으면 이렇게 해보시기를 바랍니다.

첫째, 인간적인 욕심을 버려야 한다. 예수를 믿고 성령으로 거듭난 성도가 성령으로 장악되어 영의 사람으로 되어가는 데는 하나님의 정하신 시간표가 있다고 생각합니다. 많은 성도님들이나 빨리 깊은 영의기도에 들어가야 되겠다, 성령의 불을 받아야 되겠다는 인간적인 욕심을 가지고 있는 분들이 있습니다. 그러나 인간적인 욕심은 버리는 것이 좋습니다. 왜냐하면 인간적인 욕심이 더 깊은 영의 사람으로 되어 가는데 저해요소가 될 수 있기 때문입니다. 저의 지금까지 임상적인 경험에 비추어 보면 하나님이 본인을 영적으로 바꾸어 가는데 욕심을 부리지 않고 성령의 인도에 순종하고 따라가는 성도가 빨리 하나님이 원하시는 수준에 도달할 수가 있는 것입니다. 기도를 많이한다고 하나님께서 원하시는 수준으로 변화되지 못합니다. 성령으로 말씀을 깨닫고 순종하는 만큼씩 예수님의 형상으로 바뀌면서 하나님과 대면하는 영성이 됩니다.

어린 아이의 심령을 가지고 성령에 순종하며 따라가면 성령께서 우리를 깊은 경지에 도달하도록 인도하실 것입니다. 단, 성령의 인도에 순종하여 내가 하나님이 원하는 영적인 수준에 도달하고 말겠다는 의지는 꼭 필요합니다. 많은 분들이 의지가 부족하여 중도에 성령의 인도를 따르지 않고 포기하는 경우가 많이 있습니다. 그러므로 영적인 일을 하는데 인간적인 욕심은 대단한 해악이 됩니다. 그래서 성경은 이렇게 말합니다. "오직 각 사람이 시험을 받는 것은 자기 욕심에 끌려 미혹됨이니, 욕심이 잉태한즉 죄를 낳고 죄가 장성한즉 사망을 낳느니라약1:14-15)." 모든 인간적인 욕심을 버리시기를 바랍니다.

성령의 불이 임하고 심령에서 올라오는 기도를 하는 것은 하나님의 자녀답게 권세를 가지고 하나님의 나라확장에 큰일을 감당하기 위해서 하는 것입니다. 하나님의 자녀답게 권세를 가지고 하나님의 도구로 쓰임을 받으시기를 바랍니다. 그리고 성도를 성도되게 하는 것은 전적으로 성령께서 하시는 일입니다(요일2:27). 성도가 조금이라도 인간적인 욕심이 결부된다면 성령으로 충만하던 성도도 육체로 돌아가게 됩니다. 육체로 돌아가면 그 심령에 마귀가 역사를 하는 것입니다.

그래서 마귀는 항상 인간적인 욕심을 추구하게 하려고 성도들을 미혹하는 것입니다. 그 미혹에 아담과 하와가 넘어졌습니다. 왜 넘어졌습니까? 성령의 인도 없이 육체적으로 행동했기 때문에 마귀에게 져서 넘어진 것입니다. 그러나 항상 예수님은 마귀의 시험을 이기셨습니다. 어떻게 이겼습니까?

육적인 욕심이 하나도 없이 오직 하나님의 영광을 위하여 성령의 인도만 받았기 때문에 승리한 것입니다. 우리도 성령의 불이 임하고, 성령의 인도없이 인간적인 욕심이 조금이라도 결부되면 가차 없이 마귀의 밥이 된다는 것을 명심해야 합니다. 그러므로 성령의 도우심을 구하시기를 바랍니다.

어린아이와 같이 사심 없이 성령 하나님의 인도를 받으면 모두 깊은 영의 기도가 열립니다. 그리하여 능력 기도를 할 때 성령의 불이 임하고, 깊은 영의 기도를 할 때 성령의 불이 심령에서 올라오게 될 것입니다. 절대 인간적인 욕심은 버리시기를 바랍니다.

둘째, 기도의 10가지 원칙을 적용하라.

① 기도는 나와 하나님의 인격적 교제입니다. 내가 하나님 안에 하나님이 내안에 들어오시는 인격적인 교제입니다. 서로의 사정을 알고 대화하는 것입니다.

② 기도는 성령님의 도우심과 교통함으로 이루어집니다. 기도의 대상이 하나님이십니다. 그런데 하나님은 영이십니다. 영이신 하나님과 대화하려면 내가 영적인 상태가 되어야 하는 것입니다. 내가 영적인 상태가 되는 것은 성령으로 충만해야 합니다. 하나님의 사정은 하나님의 영외에는 아무도 알지 못합니다. 하나님의 영은

성령이십니다.

③ 기도는 기도의 대상을 설득시키는 것이 아니고, 하나님의 뜻에 의해서 내가 나를 설득하는 것이며 고백하는 것입니다. 감사와 사랑을 드리는 것입니다. 하나님은 이미 가장 소중하신 것, 자기를 우리에게 주셨습니다. 하나님께 드리면 드릴수록 너 받게 됩니다. 마음을 드리세요. 마음을 담는 그릇인 시간과 물질, 헌신, 몸을 드리세요. 이미 가장 귀중한 것을 받았으니, 드리세요. 하나님에게 쓰임 받다가 갑시다. 하나님은 우리를 쓰시려고 부르셨습니다. 쓰임 받기 위해서 드리세요. 드리고 또 드려야 합니다. 드려야 하나님으로부터 받게 됩니다.

④ 기도는 하나님의 거룩한 뜻을 나의 뜻에 접목시키는 것입니다. 기도는 하나님에게 집중하여 그분의 뜻을 아는 것입니다. 내 뜻을 아뢰는 것이 아니고 하나님의 뜻에 내가 순종하기 위해서 기도하는 것입니다. 하나님의 음성을 듣는 기도를 하려고 하세요.

⑤ 기도는 하나님으로부터 심령의 상처, 질병을 치유 받는 것입니다. 기도는 회복입니다. 실로 깊은 경지에 들어가면 성령의 역사로 마음 안에 스트레스와 세상 노폐물들이 나갑니다.

⑥ 기도는 기도의 대상에게 집중하는 것입니다. 하나님은 쉬지 말고 기도하라고 하십니다. 쉬지 말고 기도하라는 것은 쉬지 말고 하나님에게 집중하라는 것입니다. 기도는 하나님에게 집중하는 것입니다. 하나님에게 집중하려니 항상 하나님을 찾는 습관이 되어야 합니다.

⑦ 기도는 마음으로 하는 것입니다. 마음을 열고 성령의 인도를 받으며 마음으로 하는 것이 기도입니다. 마음 안에 영이 있습니다. 영 안에 성령이 계십니다. 그러므로 기도는 머리로 하는 것이 아닙니다. 마음을 열고 마음 안에 계신 성령의 인도를 받으며 하는 것입니다.

⑧ 기도는 진실, 단순해야 합니다. 순수하게 하나님을 찾는 것이 기도입니다. 목마른 사슴이 물을 찾는 것과 같이 단순하게 하나님을 찾는 것입니다. 하나님 사랑합니다. 하나님 감사합니다. 하나님 도와주세요. 하나님 용서하여 주세요. 이렇게 진실하고 단순하게 하세요.

⑨ 기도는 말하기보다는 듣는 것입니다. 말하고 듣고, 묻고 듣는 것입니다. 내 안에서 음성이 들리게 될 때까지 귀를 기울이는 것입니다. 마음에서 들리는 소리를 들으세요. 실패하면 또 다시 해보세요. 위로하고 격려하는 음성을 들으세요. 주님은 위로하고 격려하시는 분, 편하신 분, 나를 편하게 해주시는 분입니다. 이 분을 편하게 찾아 나서세요. 하나님은 참으로 부드러운 분이십니다. 꿀보다도 더 달콤하고, 솜털보다 더 부드럽고, 더 따뜻한 분입니다. 이 분을 더 자주 찾으세요. 친절하신 분이며 겸손하신 분, 좋으신 분, 이 분을 찾아 나서세요. 기능보다 인격적인 하나님을 찾아 나서세요. 만나고, 교제하고, 느끼세요. 그럴 때, 그 성품이 나에게 베어 들어옵니다. 쑥쑥 나에게 밀려 들어옵니다. 하나님은 바로 이것을 원하십니다. 나도 남을 편안하게, 부드럽게 대해주게 됩니다. 나는 변

할 수 있습니다. 주님을 통해서, 주님의 마음을 옮겨 받음으로 변할 수 있습니다.

⑩ 기도는 사랑을 나누는 것입니다. 인격이신 주님과 사랑을 나누는 것입니다. 사랑을 주는 사람이 사랑을 받게 됩니다. 사랑의 말을 고백하세요. 인격적으로 사랑의 말을 나누세요. 주님의 사랑이 자신의 마음 안에 풍성하게 하세요.

셋째, 성령의 인도에 순종하라. 그리스도인은 성령에 의해 태어난 사람으로 성령은 그 사람 안에서 중생의 사역을 이루십니다. 성령으로 거듭나서 하나님의 자녀가 되는 것입니다. 그러나 사람이 성령에 의해 거듭났지만, 성령으로 세례 받지 못한 경우도 있습니다. 그러므로 중생과 성령세례는 동의어가 아니라는 뜻입니다. 불같은 성령으로 세례를 체험하시기를 바랍니다. 체험이라는 것은 내가 하나님의 역사하심을 눈으로 보게 된다는 뜻입니다. 성령의 세례를 받음으로 비로소 성령의 인도를 받을 수가 있습니다. 성령의 인도를 받아야 성령으로 깊은 영의 기도를 할 수 있게 되는 것입니다.

성령으로 깊은 영의기도를 함으로 성령의 불이 임하고, 심령에서 성령의 불이 올라오는 영의 기도를 할 수 있는 것입니다. 성령의 세례는 성령의 불로 사로잡히는 것이기 때문입니다. 기도는 내 안에 계신 하나님에게 하는 것입니다. 하나님은 영이시기 때문에 성령의 인도를 받아야 합니다. 그래서 기도는 영혼의 호흡이요 하나님과의 대화라 합니다. 이것은 가장 깊숙한 곳에 거하는 영의 흐름이 외부적으로 흘러나오는 것입니다. 영력이 흘러나오고 영적 생명이 흘러나옴으로 영에 몰입됨으로 인하여 성령 안에서 기도할 수 있게 되는 것입니다.

우리 몸의 지성소인 영속에 임재하시는 하나님의 성령이 흘러나오는 방편이기에 우리가 하나님을 만나기 위해서는 이 성령을 통하여 하나님으로부터 주어지는 각종 은혜와 능력과 응답을 받게 되는데, 이러한 기도를 통하여 하나님으로부터 주어지는 생명이 우리의 심령을 거룩하게 만들어가고, 영적인 생명과 능력을 키워나갑니다. 열매가 맺어지고 영적인 지각이 예민해지고 영성이 개발되어집니다.

그러므로 성령 안에서 기도하는 훈련이 필요합니다. 우리의 간구는 마음의 소원이나 원하는 바를 구함으로 성령 안에서 기도하기가 심히 어렵습니다. 그러나 영으로 기도하고 마음으로 기도하면 성령 안에서 기도하기가 쉬워집니다. 성령에 몰입되어 아무런 자신의 생각이나 욕심도 없이 오로지 하나님으로부터 주어지는 것을 받게 되는 기회가 되기 때문에 영으로부터 주어지는 각종 은혜와 은사가 넘치게 됩니다.

영적인 기능과 지각이 발달됨으로 성령의 인도함을 따르게 됩니다. 성령 안에서 기도하기 위하여 성전 뜰에서 먼저 육신의 생각으로 기도하지만, 시간이 흐르고 마음이 안정이 되고, 생각이 주님의 사랑과 말씀을 묵상하면서 진지하고 순전한 마음으로 하나님의 성소에서 깊어지는 기도를 하게 됩니다.

　그러나 하나님이 찾아오시는 경우에는 다르겠지만, 내가 하나님께 나아가는 경우가 대부분이기에 이때는 지성소로 나아가야 하는 것입니다. 내 생각과 구하는 것까지 모두 저 버리고, 오로지 성령 안에 깊이 사로잡히는 경지에 들어가서, 기도 줄을 잡고, 시간도 의식하지 않는 깊은 경지에 몰입되어지는 상태에서 주님과 더불어 주거니 받거니 하거나, 성령님과 주거니 받거니 하는 기도는 성령의 인도함을 따르는 가장 기본적인 훈련이 되는 것입니다.

　넷째, 자신의 심령을 성령으로 정화시켜라. 세상을 살아가다가 보면 찌꺼기가 자꾸 들어오게 마련입니다. 이 찌꺼기란 바로 스트레스를 말합니다. 영적인 성도가 세상을 살아가는 것이 스트레스입니다. 이런 찌꺼기(스트레스)를 바로바로 치유하지 않으면 쌓이게 됩니다. 찌꺼기가 쌓이면 그곳이 마귀의 거처가 되기 쉽습니다. 그래서 깊은 영의기도에 들어가지 못하게 됩니다. 무의식에 들어 있는 찌꺼기를 처리해야 깊은 영의기도가 가능합니다. 이는 성령의 불세례를 받고 배에서 나오는 소리로 기도를 하여 일단 영의 통로를 열어야 합니다. 그리고 강한 호흡을 하면서 깊은 영의 기도를 하면 성령의 불이 심령에서 올라와 이러한 찌꺼기는 밖으로 밀려나오는 것입니다.

　왜냐하면 내 안에 계신 성령님은 세상의 그 무엇보다도 강하고 크신 분이시기 때문입니다. 그러므로 영으로 기도하는 것은 심령을 치유하는 능력이 됩니다. 하루가 지나기 전에(잠자리에 들어가지 전에) 영으로 기도함으로 심령을 정화 하시기를 바랍니다. 그리하므로 항상 깨끗한 심령을 유지 하시기를 바랍니다. 깊은 영의기도로 성령이 충만한 상태에서 잠을 주무시는 습관을 드리시기를 바랍니다. 그러면 영성에도 좋고 건강에도 유익합니다. 성령의 인도를 받는 깊은 영의기도를 하려면 무엇보다도 마음 안에 있는 찌꺼기의 처리를 먼저 해야 합니다.

다섯째, 하나님의 음성(레마)을 들어라. 많은 분들이 기도를 독백으로 생각합니다. 그냥 막연하게 하나님에게 아뢰는 것이 기도인 것으로 착각하는 성도님들이 계십니다. 그러나 기도는 하나님의 소리를 듣는 시간입니다. 그러므로 "기도를 하나님에게 한다,"라는 표현 보다 "하나님의 소리를 듣는 것이다." 라고 표현하는 것이 맞습니다. 하나님은 영이십니다. 기도는 예수를 믿는 성도가 영이신 하나님에게 음성을 들으려는 적극적인 수단입니다. 그러므로 그분의 음성을 들으려면 나의 생각과 의지를 버리고, 오직 영이신 그분에게 집중해야 합니다. 아니 하나님에게 몰입한다는 표현이 맞습니다. 하나님이 영이시기 때문에 내가 성령으로 충만하여 영적인 상태가 되어야 하나님의 음성이 들리는 것입니다.

그러므로 하나님과 영적인 교통을 위해서는 우리의 육은 무익한 것입니다. 어찌하든지 영적인 상태가 되어야 하나님의 음성(레마)이 들립니다. 레마를 듣고 행동에 옮길 때 여러 가지 보이는 역사가 나타나는 것입니다. 그래서 바울은 "그러면 어떻게 할까 내가 영으로 기도하고 또 마음으로 기도하며 내가 영으로 찬송하고 또 마음으로 찬송하리라(고전14:15)."고 하는 것입니다.

여섯째, 끝장 보는 영의 기도를 하라. 깊은 영의 기도는 처음에 막연하고, 허무하고, 공백상태 같고, 시간낭비, 게으름 같은 느낌을 가집니다. 그러나 그렇게 생각하지 말아야 됩니다. 자꾸 하면 할 수록 자신의 영성과 성품의 변화를 체험적으로 느끼게 됩니다. 의지를 가지고 숙달하여 보시기를 바랍니다. 평소에 삶의 대부분을 정신 활동에 익숙해 왔기 때문에 마음의 활동이 무의미하거나, 이상하게 느껴질 수도 있습니다. 그러나 꾸준히 계속하면 놀라울 정도의 영적 발전을 하게 됩니다. 중요한 것은 불씨를 얼마나 귀하게 간직하고 키우는가 하는 것입니다. 지속적인 훈련이 중요합니다. 절대로 중간에 훈련을 놓치지 말아야 합니다. 깊은 영적 기도는 참으로 신앙생활의 보물이요 금맥입니다. 많은 것이 이 깊은 영적 기도를 통해 옵니다.

성령과 교제하는 깊은 영의 기도에서 중요한 것은 깊이 들어가는 것입니다. 깊이 들어가야 맑은 생수가 나오게 됩니다. 전에는 조금만 파도 되었으나, 이제는 오염되었으므로 깊이 파야합니다. 깊이 파는 훈련을 게을리 하지 말아야 합니다. 문제는 지속적인 훈련입니다. 얼마나 계속하느냐 입니다. 이것이 바로 믿음입니다. 믿음으로 계속하는 것입니다. 익숙해질 때까지 감각, 감정, 지성, 이

성, 의지, 상상력을 최대한으로 중지한 상태에서 기도하다보면, 자신의 깊은 곳에서 무엇인가 새롭고 신비스러운 능력이 활동하며, 그러는 사이에 자신도 모르는 사이에 내적, 육체적 상처가 치유되며, 성품이 새로워지며, 삶의 소망과 기쁨이 넘치며, 영성이 발달되며 영감과 지혜가 발달되며, 신앙의 궁극적 목적인 하나님을 뜨겁게 사랑하게 됩니다.

일곱째, 성령으로 깊은 영의기도하려면 이런 단계를 거치게 된다.

① 정화의 길: 우리의 심령은 자꾸 오염됩니다. 기도로 끊임없이 정화시켜야 합니다. 깊은 영의기도를 하면 성령의 임재로 충만하여 죄 성이 정화, 정돈되는 상태에 들어가는 것입니다. 처음 기도할 때에는 이것을 잘 느끼지 못하지만 점점 생명력을 얻게 됩니다. 고여 썩은 물에 맑은 물이 졸졸 흘러 들어가듯 차츰 심령이 정화되는 것을 스스로 느끼게 됩니다. 마음의 평안함은 심령이 정화되었음을 의미하는 것입니다. 심령이 정화되면, 그것으로 말미암아 혼과 육도 정화되는 것입니다.

② 조명의 길: 성령으로 충만하여 영혼이 맑아진 곳에는 빛이 비치게 됩니다. 생명이 살 수 있게 됩니다. 지혜가 떠오르게 됩니다. 깨달음이 올라오게 됩니다. 어느 한곳에 밝은 빛이 들어오게 됩니다. 어둠 속에서는 잘 볼 수 없습니다. 어둠을 빛인 줄 알게 됩니다. 그러나 그 속에 빛이 오면 무엇인가를 느끼게 됩니다. 평안을 느낌은 마음이 영의 활동을 느끼는 것입니다.

여기서 다시 시간이 더 지나면 머리가 맑아짐을 느끼게 됩니다. 빛이 들어온 상태입니다. 몸도 개운해지게 됩니다. 머리도 맑아지게 됩니다. 심령이 어두우면, 하나님의 뜻이 들어오지 못합니다. 하나님의 말씀, 하나님의 사랑을 깨닫지 못합니다. 심령에 빛이 들어와야 깊이 볼 수 있고 깊이 생각할 수 있게 됩니다.

③ 일치의 길: 성령으로 깊은 영의 기도를 하여 영의 상태에 들어가 하나님과의 영적인 깊은 교제로 일치를 이루는 단계입니다. 하나님의 성품을 닮아가며, 예수의 마음을 품는 단계입니다. 예수의 제자가 되는 것이며, 하나님을 떠나서는 살 수 없는 것이 실제적으로, 현실적으로 되어버리는 단계입니다. 하나님과 하나 됨을 외면하거나 부인할 수 없게 됩니다. 하나님과의 관계가 바로 이런 깊은 관계가 된다. 노력으로 이러한 단계에 이를 수 있습니다.

성령으로 하는 영의기도는 우리의 노력이 필요합니다. 부부가 같이 살기만 해서는 행복하지 않습니다. 일치되어야 행복한 것입니다. 성령으로 깊은 영의기도를 하여 점점 하나님과 가까이 가고, 하나가 되고, 하나님 안에서 평강을 누리고, 하나님과 있음으로 행복을 느끼게 되는 단계입니다. 그런 상태에서 내가 원하는 것을 다 얻게 되고, 그분이 원하시는 것을 내가 다 드리는 단계입니다. 이런 단계에서 성령의 도우심을 얻게 되는 것입니다. 누구든지 노력하면 이런 단계에 오를 수 있습니다.

8장 기도 쉽게 영으로 하는 비결

(유 1:20-22)"사랑하는 자들아 너희는 너희의 지극히 거룩한 믿음 위에 자신을 세우며 성령으로 기도하며, 하나님의 사랑 안에서 자신을 지키며 영생에 이르도록 우리 주 예수 그리스도의 긍휼을 기다리라."

기도는 성령으로 쉽게 해야 합니다. 어떻게 하는 것이 쉽게 기도하는 것인가? 항상 마음 안에 계신 하나님을 찾는 것입니다. 기도를 너무나 어렵게 생각하지 말아야 합니다. 크리스천들이 기도를 어렵게 생각하는 이유가 있습니다. 첫째로 기도의 언어구사를 잘하려고 하는 것입니다. 기도에 관한 고정관념에 잡혀서 외형적 모습, 언어의 구사에 너무 신경을 쓰고 있습니다. 기도는 언어의 구사가 아닙니다. 눈빛만 보아도 서로를 아는 관계에서 이루어지는 것이 바른 기도입니다.

둘째로 특정한 장소를 찾으려고 하는 것입니다. 기도는 교회, 산, 기도원, 새벽기도에서 하는 것이라는 기도에 대한 고정관념이 기도를 어렵게 만듭니다. 기도는 자신 안에 임재하신 하나님께 자연스럽게 어디서든지 기도할 수 있어야 합니다. 자신은 걸어 다니는 성전이라는 의식이 중요합니다.

셋째로 기도의 본질은 무엇을 비는 것이라는 생각 때문입니다. 우리가 무속적인 기도인 '비나이다 비나이다.' 식의 기도의 개념은 문제없는 사람은 기도의 필요가 없다는 그릇된 생각을 가져왔습니다. 기계 문명이 발달할수록 더욱 영성을 위하여 기도해야 하는데, 이러한 잘못된 생각 때문에 실상은 그 반대가 되었습니다. 문제가 하나님을 필요하게 만들어서는 안 됩니다. 하나님과 항상 교제함으로 문제가 해결되게 하세요. 기독교의 신앙의 본질은 예방 신앙이어야 합니다. 문제가 생기고 오기 전에 기도하여 예방하는 것이 바른 신앙입니다.

넷째로 문제가 생기면 최후수단, 비상 대책수단으로 하는 기도라고 의식하기 때문입니다. 기도에 관한 이러한 개념이 진정한 기도의 길을 막게 됩니다. 산소는 죽을 만 할 때만 취하는 것이 아닙니다. 늘 산소를 섭취하듯 아주 자연스럽게, 숨하듯 기도해야합니다. 문제가 생긴 다음에 문제 때문에 하는 기도보다 미리미리 하는 공격적인 기도를 하시기 바랍니다. 평안함 속에서 미리미리 준비하고 쌓고 채우는 기도를 하세요. 그래서 하나님은 우리를 위하여 이렇게 말씀하시는 것입니다. "항상 기뻐하라. 쉬지 말고 기도하라. 범사에 감사하라 이것이 그리스도 예수 안에서 너희를 향하신 하나님의 뜻이니라(살전5:16-18)."고 하시는 것입니다.

다섯째로 의무감으로 하는 기도이기 때문에 기도가 힘이 드는 것입니다. 기도는 항상 해야 하며 자연스럽고, 즐기는 기도를 해야 합니다.

여섯째로 하나님에게 기도한다는 사고방식 때문입니다. 아버지에게 기도한다는 기본자세를 분명히 하시기 바랍니다.

일곱째로 감정으로 기도하려고 하기 때문입니다. 기도는 감정으로 하는 것이 아닙니다. 기도에서 감정을 빼내야 합니다. 찬양에서도 감정을 빼세요. 감정은 될 수 있는 대로 낮추어야 합니다. 감정으로 확 타오르고, 확 식어버리지 않게 하세요. 신앙이 성품과 감정을 다스리게 하세요. 감정과 성품이 신앙을 다스리게 하지 말아야 합니다. 성령님이 역사하는 설교인가 감정이 역사하는 설교인가? 감정이 들끓어 오르는 기도나 찬양을 하지 말고, 믿음의 기도와 찬양을 하시기 바랍니다.

여덟째로 공동으로 모여서 하는 기도의 습관이 기도를 어렵게 합니다. 이러한 분위기가 아니면 기도할 수 없게 만드는 것은 좋은 기도의 습관이 아닙니다. 혼자서 조용히 어디에서나 하나님과 교제하고 대화할 수 있게 하는 기도가 되어야 합니다. 당신의 집에서도 마음으로 기도하시고, 차를 운전하시면서도 마음으로 기도하시고, 일을 하시면서도 마음으로 기도하시고, 전철을 타고 가시면서도 마음으로 기도하시기를 바랍니다. 기도는 이렇게 하나님에게 나의 생각과 마음을 집중하는 것이 바른 기도입니다.

아홉째로 기도의 개념, 동기, 목적을 잘 모르고 무조건 기도하기 때문입니다. 기도의 시간이 중요하지 않습니다. 바르게 기도하는 것이 중요합니다. 기도는 무조건 오래하면 좋다는 가르침이 기도를 더욱 못하게 하고 기도를 멀리 하게 합니다. 저에게 목사님들이 전화로 질문을 많이 하십니다. 목사님은 대관절 하루에 기도를 얼마나 하시기에 그렇게 능력이 강하게 나타납니까? 그러면 제가 다시 질문을 합니다. 목사님은 하루에 얼마나 기도하고 계십니까? 하면은 저는 하루에 7시간 이상씩 7년을 기도했는데 능력이 나타나지를 않습니다. 그래요, 많이 하십니다. 그렇게 대답을 합니다. 그리고 내가 24시간 기도한다고 대답을 하면 이분이 따라서 24시간 기도할 것 같아서 항상 기도하고 있습니다. 이렇게 대답을 합니다. 기도를 기도하는 시간을 가지고 따져서는 안 됩니다. 단 십 분을 하더라도 하나님의 보좌에 연결되는 기도가 되어야 합니다. 하나님은 내 안에 계시다고 했습니다. 저는 깊은 영의 기도를 숙달하려고 교회 안에서 자지 않으면서 기도했습니다. 어떻게 자지 않고 기도를 했느냐고요? 교회 강단 앞에 의자를 가져다 놓고 의자위에서 자면서 기도했습니다. 누워서 기도하면 잠이 들어버리기 때문에 의자위에서 불편한 가운데 기도를 했습니다. 의자위에서 기도하다가 떨어지기도 수없이 했습니다. 이렇게 약 7개월 정도 하니까, 서서히 깊은 영의 기도가 되었습니다. 그래서 기도는 바르게 배워야 하고 바르게 해야 쓸 데 없는 고생을 하지 않습니다. 이제 기도 많이 한다고 자랑하지 말고 기도하여 자신이 변한 모습을 보여 주려고 하시기를 바랍니다. 깊은 영의 기도를 하면 사람이 변합니다.

본문의 말씀을 보면 "거룩한 믿음 위에 자신을 세우라"는 말씀에 이어 "성령으로 기도하라"는 말씀이 기록되어 있습니다. 신앙의 기초를 다시 세우려면 기도부터 다시 시작해야 합니다. 기도란 신자가 예수 그리스도의 이름을 힘입어 하나님께 어떤 것을 아뢰고 또 그의 음성을 듣기도 하는 것입니다. 그러므로 참된 기도에는 신자와 하나님 간의 깊은 사귐이 있게 마련입니다(계 3:20). 모든 신자에게는 말씀을 통해 하나님과 교제하듯, 기도를 통해 하나님과 깊은 영적 교통을 나눌 수 있는 특권이 주어져 있는 것입니다(요 15:7). 그러므로 기도가 크리스천 영성의 필수요소라는 것은 너무나 자명한 것입니다. 그런데 유다서 20절에 보면 이러한 기도를 "성령으로" 하라는 구절이 나옵니다. "성령으로 기도하라!"는 말은 무슨 뜻일까요?

첫째, 성령의 인도하심에 따라하라는 것이다. 많은 크리스천들이 기도하면 자신의 생각으로 머리로 말로 하는 것으로 알고 있는 경우가 많습니다. 그렇기 때문에 성령의 인도 받는 기도를 할 수가 없는 것입니다. 자신의 생각이나 의지를 접고, 성령님의 인도를 받으면서 기도하라는 것입니다. 매사에 성령의 인도함을 받는 삶을 살라는 가르침은 유다서에만 나타나는 특별한 교훈은 아닙니다. 이것은 초대 교회가 공유하고 있던 중요한 신앙이라는 것은 "성령으로"라는 구절이 신약 성경 전반에 걸쳐 여러 저자들에게 나타난다는 것을 통해서도 확인할 수 있습니다(마 22:43; 갈 5:16). 이 구절은 우리말로 "성령에 감동하여" "성령으로"라는 말로 번역되어 이 구절이 뜻하는 바가 성령에 의해서 어떤 특별한 감정이 일어난다든가 혹은 성령에 의해서 인간의 이성을 잃어버린 상태라고 생각하기 쉽습니다. 하지만 이 구절은 문자 그대로는 "성령 안에서"라는 말로 신자가 인격이신 성령의 지배를 받는 상태를 말합니다.

그래서 이 구절은 우리말로는 "성령의 인도함을 받아" 혹은 "성령의 지배를 받아"라는 뜻이 더 적절한 번역입니다. 기도에 관계해서 쓰일 때 이 구절은 성령의 인도하심에 따라 하는 기도를 지칭합니다(엡 6:18; 롬 8:15-16).

둘째, 성령이 직접적으로 역사하심으로 하라는 것이다. 그렇다면 성령의 인도함에 따라 하는 기도는 일반 기도가 아닌 성령의 은사에 의해서 기도하는 것, 특별히 방언기도를 지칭하는 것일까요? 우선, 방언으로 기도하는 것은 성령으로 기도하는 것임에 틀림없습니다. 방언은 신자가 하나님께 성령을 통해서(혹은 영으로) 신비한 것을 말하는 것이기 때문입니다(고전 14:2, 15, 16). 바울은 신자 개인 영성을 위해서 이 은사를 모든 사람들이 경험하기를 소원하고 있으며(고전 14:5), 자기도 다른 모든 사람보다 이 은사를 더 많이 사용하여 기도하는 것에 감사하고 있다고 말합니다(고전 14:18).

그렇다면 방언으로 말하는 것만이 성령의 인도하심을 받아 기도하는 것일까요? 로마서 8장 26절에는 신자가 마땅히 기도할 내용을 정확히 알지 못하는 상황에서 성령이 직접 개입하여 신자를 위해서 "말로 표현할 수 없는 탄식"으로 신자를 위해서 친히 기도한다는 내용이 나옵니다. 여기에서 "말로 표현할 수 없는 탄식"에 방언으로 기도하는 은사도 포함될 수 있습니다. 방언이 기본적으로 사람이 알아들을 수 없는 말로 하나님께 기도하는 것이기 때문에 방언과 "말로 표현할 수 없는 탄식"에 공통점이 있는 것입니다. 하지만 이것이 방언으로 기도하는 것만을 의미하는 것은 아닙니다. 여기서 이 기도는 성령의 인도하심을 받아 신자가 기도하는 것도 은유적으로 표현하고 있지만 문자 그대로는 "성령이 하나님의 뜻대로 성도를 위하여 간구하는"것이기 때문입니다(롬 8:27). 이 기도는 성령 자신의 신자를 위한 기도인 것입니다. 그러면 왜 우리가 성령으로 쉽게 바르게 기도를 해야 합니까?

첫째, 기도는 신앙인에게 주어진 특권이기 때문에. 우리에게는 하나님을 믿는 자의 특권이 주어졌습니다. 그 특권은 '자녀의 특권'입니다. "영접하는 자 곧 그 이름을 믿는 자들에게는 하나님의 자녀가 되는 권세를 주셨으니(요1:12절)" 예수 그리스도를 믿는 모든 자는 하나님의 자녀가 되는 권세를 준다고 했습니다. 자녀의 특권 가운데 가장 큰 특권은 '청구권'입니다. 부모에게 청구할 수 있는 특권입니다. 우리가 가지고 있는 하나님의 자녀의 특권은 '청구권'입니다. 그 청구권을 '기도할 수 있는 특권'이라고 합니다. 하나님이 나의 아버지이시고, 내가 하나님의 자녀라는 확신이 있는 사람은 당당하게 청구할 수 있습니다. 이 사실을 예수님께서는 이렇게 설명하셨습니다. "너희 중에 누가 아들이 떡을 달라 하는데 돌을 주며 생선을 달라 하는데 뱀을 줄 사람이 있겠느냐. 너희가 악한 자라도 좋은 것으로 자식에게 줄줄 알거든 하물며 하늘에 계신 너희 아버지께서 구하는 자에게 좋은 것으로 주시지 않겠느냐

(마7:9-11절)"

　기도는 자녀의 입장에서 성령으로 아버지께 청구하는 것입니다. 가장 좋은 것을, 반드시 줄 것이라고 믿고 청구하는 것입니다. 어느 사람이 처음으로 외국여행을 가게 되었습니다. 비행기를 타고 가는데 식사 때가 되니까 스듀어디스가 와서 무엇을 드시겠느냐고 묻더랍니다. 그는 괜찮다고 사양을 했습니다. 그렇게 두 끼를 사양하고 나니 너무나 배가 고팠습니다. 옆에 앉은 사람이 맛있게 식사하는 것이 너무나 부러웠습니다. 하도 식사하는 모습을 부럽게 보고 있으니까 옆에 앉은 사람이 식사를 왜 안하시느냐고 물어보았답니다. 그러자 그는 여행경비가 넉넉하지 않아서 음식을 싼 것을 먹어야 하는데 비행기 안에서 파는 음식은 비쌀 것 같아서 못 먹는다고 했습니다. 옆에 앉은 사람은 배를 잡고 웃었습니다. 그리고 이렇게 대답을 했습니다."이 식사 다 공짜입니다. 비행기 요금에 식사비용도 다 포함된 것입니다" 그는 당당하게 먹고 싶은 것을 달라고 하면 되는데 그 사실을 몰랐기 때문에 청구하지 못하고 굶었던 것입니다.

　우리의 모습이 이러한 모습이 아닌지 모르겠습니다. 하나님의 자녀로서 하나님께 당당히 청구할 수 있는 특권이 있는데 그 청구권을 믿지 못해서 청구하지 못하는 삶을 살고 있지 않습니까? 신앙인은 '기도의 사람'이어야 합니다. 기도의 특권을 확신하고 당당하게 하나님께 기도할 수 있어야 합니다. 신앙의 기초는 '기도'입니다. 하나님께 기도할 수 있는 특권, 청구권을 믿고 다시 기도부터 시작하기 바랍니다.

둘째, 기도는 신앙인의 의무이기 때문에 기도해야 한다. 기도는 '신앙인의 특권'이지만 또한 '신앙인의 의무'이기도 합니다. 하나님을 믿는 사람은 하나님의 뜻대로 살아야 할 의무가 있습니다. "나더러 주여 주여 하는 자마다 다 천국에 들어갈 것이 아니요 다만 하늘에 계신 내 아버지의 뜻대로 행하는 자라야 들어가리라(마 7:21)" 입으로 하나님을 부른다고 하나님의 자녀가 아닙니다. 세상 사람도 위급하면 "아이고 하나님"하고 하나님을 부릅니다. 하나님의 뜻대로 행하는 자가 하나님의 자녀입니다. 신앙인은 하나님의 뜻대로 살아야 할 의무가 있습니다.

① 하나님의 뜻대로 살려면 두 가지가 있어야 합니다. 첫째는, 하나님의 뜻을 깨닫는 '지혜'가 있어야 합니다. 둘째는, 하나님의 뜻을 행하는 '능력'이 있어야 합니다. 우리가 하나님의 뜻대로 살기를 원하면서도 그렇게 살지 못하는 이유는 '지혜'와 '능력'이 없거나 부족하기 때문입니다.

② 그 지혜와 능력을 어떻게 얻을 수 있습니까? 기도해야 합니다. 기도하면 하나님의 뜻을 깨닫는 '지혜'를 얻습니다. "너희 중에 누구든지 지혜가 부족하거든 모든 사람에게 후히 주시고 꾸짖지 아니하시는 하나님께 구하라 그리하면 주시리라(약1:5절)" 또한 기도하면 하나님의 뜻을 행할 수 있는 '능력'을 주십니다. "우리가 많은 사람의 기도로 얻은 은사로 말미암아 많은 사람이 우리를 위하여 감사하게 하려 함이라(고후1:11)"

'기도로 얻은 은사'라고 했습니다. 은사라는 것은 '선물로 주어진 능력'을 말합니다. 하나님은 기도하는 자에게 은사 곧 하나님의 능력을 주십니다. 기도하면 지혜를 얻습니다. 또한 능력을 얻습니다. 그래서 하나님의 뜻을 깨닫고 그 뜻대로 행할 수가 있습니다. 그러기에 기도해야 합니다. 기도는 하나님을 믿는 성도가 하나님의 뜻을 알고 그 뜻을 행하기 위해서 반드시 해야 할 의무입니다. 기도가 신앙의 기초입니다. 기도를 통해 하나님의 뜻을 깨닫고 감당할 수 있기 때문입니다.

셋째, 기도는 하나님을 체험할 수 있는 방법이기에 기도해야 한다. 하나님은 '경배의 대상'만이 아니라 '체험의 대상'입니다. 하나님을 경배의 대상으로만 아는 신앙인들이 많습니다. 예배 외에는 신앙의 진전이 없습니다. 그러나 하나님은 체험의 대상입니다. 하나님을 예배만 하지 말고 체험하며 살아야 합니다. 그래야 신앙생활이 풍성해집니다. 어떻게 하나님을 체험할 수 있습니까? 영이신 하나님은 육적으로는 만질 수도 없고 볼 수도 없는데 어떻게 하나님을 체험할 수 있습니까? 그것은 기도로 가능합니다.

기도하여 응답을 받으면 하나님을 체험하게 되는 것입니다. 기도의 체험이 하나님 체험입니다. 우리는 체험적인 믿음을 갖기 위해서 기도해야 합니다. 왜 기도해야 합니까? 왜 기도가 신앙의 기초입니까? 왜 믿음의 기초를 다시 세우려면 기도부터 시작해야 합니까? 기도가 하나님 자녀의 특권이기 때문입니다. 기도가 성도의 의무이기 때문입니다. 기도가 하나님을 체험할 수 있는 방법이기 때문입니다. 기도하되 성령으로 기도해야 합니다. 기도해야 합니다. 아니 기도를 바르게 잘 해야 합니다. 기도를 잘 한다는 것은 오늘 말씀에 의하면 '성령으로 기도하는 것'입니다. 왜 성령으로 기도해야 할까요?

넷째, 어떤 기도가 성령의 기도일까요?

① 자신의 생각이나 언어나 머리나 육신의 생각에 얽매이지 않고 성령에 이끌리는 기도가 '성령의 기도'입니다. 기도의 가장 큰 장애는 '육신의 문제'입니다. 바쁘거나 피곤하거나 나태함이라는 육신의 문제가 기도의 장애가 됩니다. 이러한 육신의 문제에 얽매여 있으면 기도하지 못합니다. 예수님께서는 겟세마네 동산에서 베드로 야고보 요한에게 함께 기도하기를 원했으나 그들은 잠들고 말았습니다. 그들의 그러한 모습을 보면서 예수님은 "마음은 원이로되 육신이 약하다"고 하셨습니다. 예수님께서 광야에서 40일을 금식하며 기도할 수 있었던 것은 성령의 인도함이 있었기 때문입니다. "그 때에 예수께서 성령에게 이끌리어 마귀에게 시험을 받으러 광야로 가사 사십일을 밤낮으로 금식한 후에 주리신지라(마 4:1)" 우리는 성령으로 기도해야 합니다. 그리하지 않으면 육신의 문제인 바쁨과 피곤함과 나태함 때문에 늘 기도에 실패하기 때문입니다.

② 이기적인 욕망에 붙잡히지 않고 성령에 이끌리는 기도가 '성령의 기도'입니다. 사람은 본질적으로 이기적입니다. 우리의 기도

역시 다분히 이기적입니다. 이기적인 기도는 내 중심의 기도입니다. 내 뜻대로 되기를 원하는 기도입니다. 성령의 기도는 이기적인 기도가 아닙니다. 이기적인 것을 극복할 수 있는 기도가 성령의 기도입니다. 내 뜻보다 하나님의 뜻을 구하는 기도가 성령의 기도입니다. 내 유익만 구하지 않고 다른 사람도 유익하기를 구하는 기도가 성령의 기도입니다. 그래서 성령으로 기도해야 합니다.

③ 의심에 빠지지 않고 믿음으로 드리는 기도가 '성령의 기도'입니다. 우리는 신앙이라는 밭에 기도의 씨를 뿌립니다. 그리고 믿음이라는 거름을 주어야 합니다. 그런데 의심이라는 잡초가 자꾸 자라게 됩니다. 그래서 응답이라는 열매를 맺지 못하게 합니다. 의심에 빠지지 않고 믿음으로 기도해야 합니다. 믿음으로 기도할 수 있는 기도가 성령의 기도입니다. 믿음은 성령의 은사이기 때문입니다.

④ 마음의 기도에 머물지 않고 영으로 기도하는 기도가 '성령의 기도'입니다. "내가 만일 방언으로 기도하면 나의 영이 기도하거니와 나의 마음은 열매를 맺지 못하리라. 그러면 어떻게 할까 내가 영으로 기도하고 또 마음으로 기도하며 내가 영으로 찬송하고 또 마음으로 찬송하리라(고전14:14-15)"

이 말씀에 보면 '마음으로 하는 기도'와 '영으로 하는 기도'가 있다고 하였습니다. 마음으로 하는 기도는 내가 기도하는 것입니다. 나의 의식으로 기도하는 것입니다. 어떤 기도를 어떻게 해야 되겠다고 생각하면서 하는 기도입니다. 그러나 영으로 하는 기도는 내가 기도하지만 사실은 내가 아니라 내 안에 계신 성령께서 기도하는 것입니다. 어떤 기도를 어떻게 해야겠다고 생각해서 하는 기도가 아니라 성령께서 인도하시는 대로 기도하게 되는 기도입니다. 나의 의식으로 기도하는 것이 아니라 성령에 취해서 하는 기도입니다. 그것은 깊은 영의 기도입니다.

그 기도가 필요합니다. 기도할 내용을 내가 다 알지 못하기 때문입니다. 이 기도는 성령의 충만함을 입은 자의 기도입니다. 방언의 기도는 이러한 기도를 할 수 있는 방법 중의 하나입니다. 성도는 기도해야 합니다. 기도하되 성령으로 기도해야 합니다. 육신에 얽매이지 않고 성령에 이끌려 기도해야 합니다. 이기적인 욕망에 붙잡히지 않고 성령에 이끌려 기도해야 합니다. 의심하지 않고 믿음으로 기도해야 합니다. 마음의 기도에 머무르지 않고 영으로 기도해야 합니다. 신앙의 기초를 다시 세워야 합니다.

그러기 위해서는 거룩한 믿음 위에 자신을 세워야 합니다. 그리고 기도해야 합니다. 기도부터 다시 시작해야 합니다. 성도의 특권이며 의무인 기도부터 다시 시작해야 합니다. 하나님을 체험하기 위해서 기도부터 다시 시작해야 합니다. 성령으로 기도해야 합니다. 육신의 약함에 얽매이지 않기 위해서, 이기적인 욕심에 얽매이지 않기 위해서, 의심의 마음에 붙잡히지 않기 위해서, 마음의 기도에 머물지 않기 위해서 성령으로 기도해야 합니다. 그러기 위해서는 기도훈련에 힘써야 합니다. 기도가 습관이 되어야 합니다. 기도에 젖어 살아야 합니다. 다윗은 아침마다 이렇게 기도했습니다. "아침에 내가 주께 기도하고 바라리이다(시5:3)."

다윗은 기도하고 소망했습니다. 기도하지 않고 바라지 않았습니다. 우리는 기도는 하지 않고 바라기만 하지 않습니까? 그리고 바라는 대로 되지 않는다고 낙심하고 불평하지 않습니까? 기도 없는 소망은 허망할 뿐입니다. 기도하고 바라십시오. 그러면 이루어질 것입니다. 소망을 갖는 것은 귀한 일입니다.

그러나 기도를 다짐하는 것은 더 귀한 일입니다. "아침에 내가 기도하고 바라리이다."고 고백한 다윗의 고백이 우리 모두의 고백이 되기를 바랍니다. 기도부터 다시 시작하기 바랍니다.

결론적으로 기도는 자신 안에 계신 하나님을 찾는 것입니다. 자신 안에 계신 하나님께 집중하는 것입니다. 무엇보다도 자신 안에 하나님께서 좌정하고 계신다는 믿음이 중요합니다. 자신 안에 좌정하고 계시는 하나님께서 자신의 주인이라는 의식이 중요합니다. 자신 안에 주인으로 임재 하여 계시는 하나님께서 자신의 대소사 모든 문제를 해결하여 주신다는 믿음이 있어야 기도를 쉽게 할 수가 있습니다.

기도는 어린아이가 부모에게 물어보는 것과 같이 물어보는 것입니다. 하나님 이것을 어떻게 해야 합니까? 내가 왜 이렇게 힘이 드는 것입니까? 이렇게 스스럼없이 자연스럽게 하는 것이 성령으로 기도하는 것입니다. 기도 너무 어렵게 생각하시지 말기를 바랍니다. 많은 크리스천들이 주일날 예배 때에 대표기도를 하는 것과 같이 기도를 하려고 하니까, 힘이 들고 머리를 써야 하는 것입니다. 바르게 알아야 할 것은 머리를 써서 아무리 장구하게 기도해도 하나님은 듣지 못하십니다. 성령으로 충만한 영의 상태에서 기도해야 하나님이 들으십니다.

충만한 교회에서는 매주 화-수-목 성령치유 집회를 11:00-16:30까지 진행을 합니다. 무료집회입니다. 단 교재를 매주 구입을 해야 입장이 가능합니다. 매주 다른 과목을 가지고 집회를 인도합니다. 우리 교회 집회는 "성령의 불세례, 내적치유, 귀신축사, 신유, 성령의 은사 전이, 깊은 영의기도"는 기본으로 깔아놓고 집회를 인도합니다. 어느 집회에 오시더라도 "성령의 불세례, 내적치유, 귀신축사, 신유, 성령의 은사 전이, 깊은 영의기도"를 받을 수 있다는 말입니다

병원이나 세상 방법으로 해결하지 못하는 15가지 질병과 문제도 해결 받겠다는 믿음과 의지를 가지고 참석하면 모두 해결 받습니다. 단 성령께서 자신을 장악해야 치유가 되기 때문에 성령이 장악하는 기간이 사람마다 다릅니다. 그래서 무슨 문제이든지 믿음을 가지고 오시면 해결이 된다는 것입니다. 오셔서 모두 치유와 능력을 받으시기를 바랍니다.

9장 성령으로 기도훈련 하는 비결

(눅 11:1)"예수께서 한 곳에서 기도하시고 마치시매 제자 중 하나가 여짜오되 주여 요한이 자기 제자들에게 기도를 가르친 것과 같이 우리에게도 가르쳐 주옵소서"

기도는 바르게 훈련을 받아야 합니다. 지금 한국에 방황하는 목회자, 방황하는 성도, 방황하는 교회가 많은 것은 기도를 바르게 하지 못한 연고도 한몫을 차지하고 있다고 생각됩니다. 한국 교회의 성도들이 변화되지 않는 것도 기도를 바르게 하지 못하는 것에서 기인한 것입니다. 기도를 하라고만 하지 어떻게 하라고 구체적인 방법을 알려주지 않기 때문입니다. 얼마 전에 안수집사라는 분이 저에게 이렇게 말했습니다. 목사님 제가 믿음 생활을 20년 이상을 했는데요. 어느 목회자 한분이 기도는 이렇게 하는 것입니다. 하나님의 음성은 이렇게 듣습니다. 하고 명확하게 가르쳐 주는 분이 없어서 그냥 기도를 하면서 여기까지 왔습니다. 목사님 기도에 대하여 명확하게 알려주셔서 감사합니다. 목사님이 알려주신 대로 기도를 하니 성령도 충만해지고 마음도 평안해졌습니다.

기도가 바르게 되어야 모든 영적인 것이 바르게 됩니다. 기도가 바르지 못하니 모든 것이 잘못되어 열심히 신앙생활을 하면서도 세상 사람들과 똑같은 고통을 당하는 것입니다. 기도를 바르게 알고 바르게 하시기를 바랍니다. 기도에도 원칙과 절차가 있습니다.

그것은 성경에 기록되어 있습니다. 영안을 열고 성경을 보면 모든 법칙이 보일 것입니다. 기도에는 다음과 같은 원칙이 있습니다.

첫째, 기도의 원리를 가지고 기도하라. 크리스쳔은 세상에서 하는 기도방법이 아니라 영이신 하나님께 기도하는 것입니다. 그래서 기도훈련을 하기 전에 기도에 대한 바른 원리를 알고 기도해야 합니다. 제일 문제가 되는 것이 자신은 기도하기 때문에 바른 기도에 관심을 갖지 않는 것입니다. 기도야말로 관심을 가져야 중요한 것입니다. 반드시 크리스쳔의 기도는 세상에서 하는 것과 같은 기도가 아니라는 것을 알고 기도훈련을 하라는 것입니다. 바르게 알고 기도해야 합니다. 기도는 영의 활동이므로 자신이 어떤 원리와 방법을 가지고 기도하느냐에 따라서 성령의 역사도 일어날 수도 있고, 귀신의 역사도 불러드릴 수가 있다는 것을 명심해야 합니다.

① 크리스쳔의 기도는 세상에서 하는 기도와 다르다는 것입니다. 성경적이고 복음적인 기도는 나와 하나님의 인격적 교제입니다. 내가 하나님 안에 하나님이 내안에 들어오시는 인격적인 교재입니다. 서로의 사정을 알고 대화하는 것입니다. 반드시 하나님과 같은 영적인 상태가 되어야 하나님과 인격적인 교제가 가능한 것입니다. 그러므로 성령의 임재가운데 기도를 해야 영이신 하나님이 들어주시는 기도가 될 수 있는 것입니다. 성령 안에서 성령으로 기도하려고 해야 합니다.

② 기도의 대상이 하나님이십니다. 그러므로 성령 안에서 예

수이름으로 기도하야 합니다. 복음적인 성령으로 기도하는 것입니다. 그래서 기도는 성령님의 도움과 교통함으로 이루어집니다. 기도의 대상이 하나님이십니다. 그런데 하나님은 영이 십니다. 영이신 하나님과 대화하려면 내가 영적인 상태가 되어야 하는 것입니다. 내가 영적인 상태가 되는 것은 성령으로 충만해야 합니다. 하나님의 사정은 하나님의 영외에는 아무도 알지 못합니다. 하나님의 영은 성령 이십니다. 한마디로 자신의 생각과 머리로 기도하지 말고 성령이 감동하시는 내용으로 기도하라는 것입니다.

③ 기도의 방법을 바르게 알고 기도해야 합니다. 기도는 기도의 대상을 설득시키는 것이 아니고 하나님의 뜻에 의해서 내가 나를 설득하는 것이며 고백하는 것입니다. 감사와 사랑을 드리는 것입니다. 하나님은 이미 가장 소중하신 것, 자기를 우리에게 주셨습니다. 하나님께 드리면 드릴수록 더 받게 됩니다. 마음을 드리세요. 마음을 담는 그릇인 시간과 물질, 헌신, 몸을 드리세요. 이미 가장 귀중한 것을 받았으니, 드리세요. 하나님에게 쓰임 받다가 갑시다. 하나님은 우리를 쓰시려고 부르셨습니다. 쓰임 받기 위해서 드리세요. 드리고 또 드려야 합니다. 드려야 하나님으로부터 받게 됩니다.

④ 기도는 하나님의 거룩한 뜻을 나의 뜻에 접목시키는 것입니다. 기도는 하나님에게 집중하여 그분의 뜻을 아는 것입니다. 내 뜻을 아뢰는 것이 아니고 하나님의 뜻에 내가 순종하기 위해

서 기도하는 것입니다. 하나님의 음성을 듣는 기도를 하려고 하세요. 하나님의 음성은 하나님과 같은 영의 상태가 되어야 들립니다. 깊은 영의기도를 하여 하나님과 같은 영의 상태에 들어가려고 해야 합니다.

⑤ 기도는 하나님으로부터 심령의 상처, 질병을 치유 받는 것입니다. 기도는 회복입니다. 실로 깊은 경지에 들어가면 성령의 역사로 마음 안에 스트레스와 세상 노폐물들이 나갑니다. 세상을 살아가다가 보면 찌꺼기가 자꾸 들어오게 마련입니다. 이 찌꺼기란 바로 스트레스를 말합니다. 영적인 성도가 세상을 살아가는 것이 스트레스입니다. 이런 찌꺼기(스트레스)를 바로바로 치유지 않으면 쌓이게 됩니다. 찌꺼기가 쌓이면 그곳이 마귀의 거처가 되기 쉽습니다. 그래서 깊은 영의기도에 돌입하지 못하게 됩니다. 무의식에 들어있는 찌꺼기를 처리해야 깊은 기도가 가능합니다.

이는 성령의 불세례를 받고 배에서 나오는 소리로 기도를 하여 일단 영의 통로를 열어야 합니다. 그리고 강한 호흡을 하면서 깊은 영의 기도를 하면 성령의 불이 심령에서 올라와 이러한 찌꺼기는 밖으로 밀려 나오는 것입니다. 왜냐하면 내 안에 계신 성령님은 세상의 그 무엇보다도 강하고 크신 분이시기 때문입니다. 그러므로 영으로 기도하는 것은 심령을 치유하는 능력이 됩니다. 하루가 지나기 전에(잠자리에 들어가지 전에) 영으로 기도함으로 심령을 정화 하시기를 바랍니다. 그리하므로 항상 깨끗한 심령을 유지 하시기를 바랍니다. 깊은 기도로 성령이 충만한 상태에서 잠을 주무시는 습관을 드리시기를 바랍니다. 그러면 영성에도 좋고 건강에도 유익합니다. 성령의 인도를 받는 깊은 기도를 하려면 무엇보다도 마음 안에 있는 찌꺼기의 처리를 먼저 해야 합니다.

⑥ 기도는 기도의 대상에게 집중하는 것입니다. 하나님은 쉬지 말고 기도하라고 하십니다. 쉬지 말고 기도하라는 것은 쉬지 말고 하나님에게 집중하라는 것입니다. 기도는 하나님에게 집중하는 것입니다. 하나님에게 집중하려니 항상 하나님을 찾는 습관이 되어야 합니다. 무시로 하나님을 찾는 습관이 되어야 합니다.

⑦ 기도는 마음으로 하는 것입니다. 마음을 열고 성령의 인도를 받으며 마음으로 하는 것이 기도입니다. 마음 안에 영이 있습니다. 영 안에 성령이 계십니다. 그러므로 기도는 머리로 하는 것이 아닙니다. 마음을 열고 마음 안에 계신 성령의 인도를 받으며 하는 것입니다. 머리로 생각으로 아무리 많은 시간을 기도해도 영이신 하나님은 응답하실 수가 없습니다. 성령으로 충만한 가운데 마음으로 기도를 해야 합니다. 평소에 마음으로 기도하는 습관을 들여야 합니다.

⑧ 기도는 진실, 단순해야 합니다. 순수하게 하나님을 찾는 것이 기도입니다. 목마른 사슴이 물을 찾는 것과 같이 단순하게 하나님을 찾는 것입니다. 하나님은 장구한 내용의 기도를 좋아하시지 않습니다. 고로 장구한 내용은 들어주시지 않는 다는 것

입니다. 단순하게 하나님 사랑합니다. 하나님 감사합니다. 하나님 도와주세요. 하나님 용서하여 주세요. 이렇게 진실하고 단순하게 하세요. 그러면 영적으로 깊이 들어가게 됨으로 하나님의 응답을 받을 수가 있습니다.

⑨ 기도는 말하기보다는 듣는 것입니다. 말하고 듣고, 묻고 듣는 것입니다. 내 안에서 음성이 들리게 될 때까지 귀를 기울이는 것입니다. 마음에서 들리는 소리를 들으세요. 실패하면 또 다시 해보세요. 위로하고 격려하는 음성을 들으세요. 주님은 위로하고 격려하시는 분, 편하신 분, 나를 편하게 해주시는 분입니다. 이 분을 편하게 찾아 나서세요. 하나님은 참으로 부드러운 분이십니다. 꿀보다도 더 달콤하고, 솜털보다 더 부드럽고, 더 따뜻한 분입니다. 이 분을 더 자주 찾으세요. 친절하신 분이며 겸손하신 분, 좋으신 분, 이분을 찾아나세요. 기능보다 인격적인 하나님을 찾아나세요. 만나고, 교제하고, 느끼세요. 그럴 때, 그 성품이 나에게 배어 들어옵니다. 쑥쑥 나에게 밀려들어옵니다. 하나님은 바로 이것을 원하십니다. 나도 남을 편안하게, 부드럽게 대해주게 됩니다. 나는 변할 수 있습니다. 주님을 통해서, 주님의 마음을 옮겨 받음으로 변할 수 있습니다.

⑩ 기도는 사랑을 나누는 것입니다. 인격이신 주님과 사랑을 나누는 것입니다. 사랑을 주는 사람이 사랑을 받게 됩니다. 사랑의 말을 고백하세요. 인격적으로 사랑의 말을 나누세요. 주님의 사랑이 자신의 마음 안에 풍성하게 하세요. 하나님 사랑합니다.

하나님 감사합니다. 하나님은 반석이십니다. 요새십니다. 피난처입니다. 하나님 저에게 능력을 주시어 사명을 감당하게 하세요. 내거 너의 손에 권능을 주리라. 내가 너의 말에 권세가 나타나게 하리라.

둘째, 성령의 인도에 순종하라. 처음부터 머리로 생각으로 기도하려고 하지 말고 성령의 이끌림을 받으려고 해야 합니다. 그리스도인은 성령에 의해 태어난 사람으로 성령은 그 사람 안에서 중생의 사역을 이루십니다. 성령으로 거듭나서 하나님의 자녀가 되는 것입니다. 그러나 사람이 성령에 의해 거듭났지만, 성령으로 세례 받지 못한 경우도 있습니다. 그러므로 중생과 성령세례는 동의어가 아니라는 뜻입니다. 불같은 성령으로 세례를 체험하시기를 바랍니다. 체험이라는 것은 내가 하나님의 역사하심을 눈으로 보게 된다는 뜻입니다. 성령의 세례를 받음으로 비로소 성령의 인도를 받을 수가 있습니다. 성령의 인도를 받아야 성령으로 깊은 영의 기도를 할 수 있게 되는 것입니다. 성령으로 깊은 영의기도를 하므로 성령의 불이 임하고, 심령에서 성령의 불이 올라오는 영의 기도를 할 수 있는 것입니다. 성령의 세례를 성령의 불로 사로잡히는 것이기 때문입니다.

기도는 내 안에 계신 하나님에게 하는 것입니다. 하나님은 영이시기 때문에 성령의 인도를 받아야 합니다. 그래서 기도는 영혼의 호흡이요 하나님과의 대화라 합니다. 이것은 가장 깊숙한 곳에 거하는 영의 흐름이 외부적으로 흘러나오는 것입니다. 영력이 흘러나오고 영적 생명이 흘러나옴으로 영에 몰입됨으로 인하여 성령 안에서 기도할 수 있게 되는 것입니다. 우리 몸의 지성소인 영속에 임재하시는 하나님의 성령이 흘러나오는 방편이기에 우리가 하나님을 만나기 위해서는 이 성령을 통하여 하나님으로부터 주어지는 각종 은혜와 능력과 응답을 받게 되는데, 이러한 기도를 통하여 하나님으로부터 주어지는 생명이 우리의 심령을 거룩하게 만들어가고, 영적인 생명과 능력을 키워 나갑니다. 열매가 맺어지고 영적인 지각이 예민해지고 영성이 개발되어집니다.

그러므로 성령 안에서 기도하는 훈련이 필요합니다. 우리의 간구는 마음의 소원이나 원하는 바를 구함으로 성령 안에서 기도하기가 심히 어렵습니다. 그러나 영으로 기도하고 마음으로 기도하면 성령 안에서 기도하기가 쉬워집니다. 성령에 몰입되어 아무런 자신의 생각이나 욕심도 없이 오로지 하나님으로부터 주어지는 것을 받게 되는 기회가 되기 때문에 영으로부터 주어지는 각종 은혜와 은사가 넘치게 됩니다.

영적인 기능과 지각이 발달됨으로 성령의 인도함을 따르게 됩니다. 성령 안에서 기도하기 위하여 성전 뜰에서 먼저 육신의 생각으로 기도하지만, 시간이 흐르고 마음이 안정이 되고, 생각이 주님의 사랑과 말씀을 묵상하면서 진지하고 순전한 마음으로 하나님의 성소에서 깊어지는 기도를 하게 됩니다.

그러나 하나님이 찾아오시는 경우에는 다르겠지만, 내가 하나님께 나아가는 경우가 대부분이기에 이때는 지성소로 나아가야 하는 것입니다. 내 생각과 구하는 것까지 모두 저 버리고, 오로지 성령 안에 깊이 사로잡히는 경지에 들어가서, 기도 줄을 잡고, 시간도 의식하지 않는 깊은 경지에 몰입되어지는 상태에서 주님과 더불어 주거니 받거니 하거나, 성령님과 주거니 받거니 하는 기도는 성령의 인도함을 따르는 가장 기본적인 훈련이 되는 것입니다.

셋째, 편안한 자세로 기도하십시오. 우리는 일반적으로 기도할 때 무릎을 꿇고 반듯한 자세로 기도해야 한다는 생각을 가지고 있습니다. 이렇게 하는 것이 주님에게 공손한 예의가 된다고 보기 때문입니다. 사실 이런 마음가짐은 있어야 하지요. 마음은 주님 앞에서 엄숙하고 단정하여야 하지만 자세는 굳이 그럴 필요가 없습니다. 물론 자세가 발라야 마음가짐도 바르게 되는 것은 사실입니다. 그래서 주님 앞에 나올 때 몸가짐을 반듯이 하려고 자세를 올바르게 취하는 거지요. 그러나 자세를 바르게 하면 오래 기도하는데 방해가 됩니다. 특히 젊은 세대들은 가부좌하고 앉는 것에 익숙하지 못합니다.

종일 의자에 앉아 생활하기 때문에 무릎을 꿇고 앉기가 불편하며, 오랜 시간 이런 자세를 유지하기란 불가능하기도 합니다. 그래서 몸을 뒤틀게 됩니다. 기도하다가 무릎과 관절이 상합니다. 많은 분들이 기도하다가 무릎이 상해서 앉지도 걸어 다니지도 못한다고 합니다. 이렇게 됨으로 깊은 영의 상태에 들어갈 수가 없습니다.

그래서 기도할 때 전통적인 자세가 문제가 되는 것이지요. 기도할 때 굳이 정좌하고 앉을 필요는 없습니다. 마찬가지로 기도가 숙달이 되었다면 눈을 감을 필요도 없습니다. 저는 성도들에게 주일날도 앞에 나와서 누워서 기도를 하라고 합니다. 누워서 기도를 하면 쉽게 영의 상태에 들어갈 수가 있습니다. 치유도 잘됩니다. 그래서 반듯이 누워서 기도를 하라고 합니다.

당신에게도 이 방법을 권합니다. 반듯이 누워서 기도하다보면 잠들기 쉽습니다. 그러나 상관없습니다. 잠도 주님이 주시는 것이지요. 잠들면 꿈을 통해서 주님과 교제하지 않습니까? 잠이 들지 않아도 좋고 잠들어도 좋습니다. 성도들 가운데 기도는 꼭 말로 해야 하는데 잠들면 하고자 하는 말을 다하지 못하는 것이 아니냐고 반문할 사람도 있겠습니다.

그러나 기도는 말을 많이 하는 것이 목적이 아니지요. 주님과 친밀함을 느끼는 것입니다. 주님의 평안 속에서 잠드는 것도 매우 중요한 기도의 한 부분입니다. 그래서 주님은 사랑하는 자에게 잠을 주신다고 하지 않습니까? 그렇다고 눕자마자 잠드는 것은 좀 곤란하지요. 처음에는 잠에 쉽게 빠져들겠지만 주님의 임재가 쉽게 이루어지면 잠들 여지가 없습니다. 정신이 매우 맑아지고 피곤이 사라지면서 주님과의 깊은 교제를 나눌 수 있게 되는 것입니다.

눈은 굳이 감을 필요가 없습니다. 천장이 보이면 보이는 데로 기도하십시오. 이것도 처음에는 방해가 되지만 익숙하면 전혀 방해가 되지 않습니다. 누웠다가 불편하면 일어나 앉고, 그리고 불편하면 서서도 하고, 걸으면서도 하고, 그리고 다시 눕고 자신이 편한 대로 하는 기도의 습관이 좋습니다. 한 가지로 고정시키면 사고(thinking)가 굳어집니다. 생각이 굳어지는 것 이상 위험한 것이 없습니다. 그렇기 때문에 젊은이일수록 고정관념에서 벗어나는 노력을 항상 해야 하고 실천해야 합니다. 오늘 밤에는 누워서 기도해 보십시오. 얼마나 편한지 모릅니다. 지금까지 들어가 보지 못한 깊은 경지에 들어갈 수가 있습니다. 기도하는 자세는 편안해야 깊은 경지에 들어갈 수가 있는 것입니다.

넷째, 무시로 하나님을 찾는 습관을 들이세요. 성도는 무시로 성령 안에서 기도하라고 부름을 받았습니다. 무시로 성령 안에서 기도한다는 것은 항상 하나님과 동행의식을 가지고 하나님을 찾으라는 것입니다. 기도 어렵게 생각할 필요가 없습니다. 자녀가 부모에게 물어보며 대화하는 것과 같이 하나님을 찾으면서 물어보는 것입니다. 하나님 아버지를 찾지 않고 기도하지 않고 사는 자는 자만하고 교만하고 목이 곧은 자들입니다. 무슨 재주와 능력으로 자신의 힘과 능력을 의지하여 이 땅에 살려고 하십니까? "모든 기도와 간구로 하되 무시로 성령 안에서 기도하고 이를 위하여 깨어 구하기를 항상 힘쓰며 여러 성도를 위하여 구하고(엡 6:18)." 성도들은 영혼의 아버지를 날마다 구하며 살아야 합니다. 하나님 아버지께서 무엇을 자신에게 원하시는지 묻고 구하고 간구하며 살아야 합니다. 그 구하는 통로가 기도입니다.

예수님이 이 세상이 계실 때 아버지 하나님께 어떻게 나아갔습니까? 기도란 통로를 통해서 아버지께 나아갑니다. 기도를 통해 자신의 심령을 아버지께 아뢰고 간구하셨습니다. 심지어 주님은 십자가상에서 아버지! 아버지! 어찌하여 저를 버리십니까! 라고 간청하셨습니다.

기도는 성도가 환난과 곤고와 힘이 들 때 땅을 치고 애를 쓰며 하는 것이 기도가 아닙니다. 크리스천이 하는 기도는 하나님 아버지의 마음을 구하는 것입니다. 항상 자신을 향한 아버지의 마음이 어떠한지 묻고 간구하는 것이 기도입니다. 항상 하나님을 찾는 것입니다. 자신 안에 계신 하나님을 외롭지 않게 하는 것이 기도입니다.

성도가 기도를 통해 하나님의 마음을 헤아립니다. 성도가 기도가 없이는 자신의 의와 자랑과 욕심만 가득 흘러나옵니다. 성령 안에 기도를 통해 복음의 능력을 체험합니다. 그리스도의 십자가의 실제적인 의미와 내용을 통찰하고 복음의 삶으로 이끌어 갑니다.

복음이 지식이 아니듯이, 기도도 지식이 아닙니다. 복음이 죄인을 의인되게 하는 하나님의 능력이듯이 기도 또한 우리의 왜곡된 사고와 타락한 생각을 주님께 고정시켜 주님의 생각과 기쁨과 감사의 삶을 살게 만듭니다. "시험에 들지 않게 깨어 기도하라 마음에는 원이로되 육신이 약하도다 하시고(마 26:41)"

우리를 일반적으로 기도를 내가 원하는 것을 아버지 하나님께 의탁하고 부탁한 것을 응답으로 받아내는 것으로 이해하고 있습니다. 그것이 기도의 본질이 아닙니다.

기도의 본질은 아버지의 마음을 구하는 것입니다. 주님의 생각과 뜻과 마음을 나의 것으로 갖는 것입니다. 한 가정의 자식이 아버지의 마음을 알고 살듯이, 예수로 말미암아 형성된 믿음의 가족도 아버지의 마음을 알고 사는 것입니다.

예수께서 십자가의 피로 죄인이었던 우리에게 은혜의 세계를 허락하신 이유도 이것입니다. 아버지의 마음을 당신의 십자가로 알라는 것입니다. 아버지의 마음을 당신의 희생을 통해 기억하고 믿음으로 살라는 것입니다. 예수님 자신도 우리에게 그 본을 친히 보여주시고, 지금은 하나님 보좌 우편에서 우리를 위해 아버지께 중보기도하고 계십니다.

성도는 성령님 안에서 무시로 하나님 아버지께 기도해야 합니다. 자기 잘난 맛에 사는 자가 성도가 아님을 알라. 성도는 예수님을 자랑하기 위해서 이 땅에 존재하는 것입니다. 이 복음의 삶을 살기 위해 무시로 성령님 안에서 성도는 아버지 하나님께 기도로 날마다 나아가야 할 것입니다. "소망 중에 즐거워하며 환난 중에 참으며 기도에 항상 힘쓰며(롬 12:12)"

성령님 안에서 무시로 하는 기도는 하늘세계와 이 땅을 연결하는 생명줄과도 같음을 날마다 기억해야 합니다. 내가 혹은 우리가 무엇을 받기 위해서 하나님께 간구하고 기도하는 것이 아니라, 아버지의 마음을 가진 자녀로서 이 땅에서 하늘세계에 속한 주님의 자녀로 살기 위함입니다.

성령으로 기도하기 위하여 바른 기도 훈련을 받아야 합니다. 기도는 반드시 훈련을 받아야 합니다. 이유는 세상 이방신에게도 기도하기 때문입니다. 예수를 믿고 교회에 들어와 성령으로 하나님께 기도하는 것은 이방신에게 기도하는 것하고 전적으로 다르기 때문입니다. 세상에서 이방신에게 기도하는 식으로 교회에서 성도가 기도 한다면 여전하게 이방신이 역사 할 수밖에 없습니다. 바르게 깨달아야 합니다. 이는 정말로 중요한 것입니다. 그래서 기도는 바르게 훈련을 받아야 합니다. 반드시 성령으로 기도를 해야 합니다. 그래야 하나님과 관계가 돈독해질 수가 있습니다.

충만한 교회에서는 매주 토요일 10:00-12:30까지 각각 2시간 30분씩 개별 특별집중 기적치유 시간을 갖고 있습니다. 한번에 4-6명밖에 할 수 없으므로 1주일 전에 지정된 선교헌금을 입금하시고 예약을 합니다.

*대상은 이렇습니다. 여기서도 저기서도 치유와 능력을 받지 못한 분/ 불치병, 귀신역사를 빨리 치유 받을 분/ 목과 허리디스크, 허리어깨통증, 근육통, 온몸이 아프고 무거움에서 치유해방 받고 싶은 분/ 자녀나 본인의 우울증, 공황장애, 조울증, 불면증을 빨리 치유 받을 분/ 가슴이 답답하고 기도하기가 힘이 드는 분/ 축복과 영의 통로를 뚫고 싶은 분/ 성령의 불세례를 체험하고 싶은 분/ 최단기간에 현실문제 해결과 성령치유 능력 받고 싶은 분입니다. 반드시 일주일 전에 전화 확인하시고 선교헌금을 입금 후 예약해야 합니다(전화 02-3474-0675).

10장 침묵기도가 습관이 되게 하는 비결

(마6:7) "또 기도할 때에 이방인과 같이 중언부언하지 말라 저희는 말을 많이 하여야 들으실 줄 생각하느니라."

하나님은 필요할 때 침묵으로 기도하라고 하십니다. 침묵을 통하여 자신의 진면모를 볼 수가 있기 때문입니다. 침묵기도는 자신을 비우고 성령님으로 채우는 적극적인 수단입니다. 침묵은 하나님의 존전으로 나가게 하는 기초적인 수단입니다. 기도하는 습관이 되게 하려면 침묵기도를 먼저 숙달해야 합니다. 침묵은 침묵을 통해서만 이해할 수가 있습니다. 그런데 일부 목회자나 성도들이 침묵기도를 마음의 기도와 영의 기도와 묵상기도가 거의 침묵기도라고 알고 있습니다. 이는 침묵기도의 개념을 이해하지 못하고 하는 말입니다. 침묵이란 세상 소리에 귀를 기우리지 않는 것에서부터 시작이 됩니다. 자신의 내면에서 올라오는 잡념에도 관심을 기우리지 않고 예수님을 부르면서 하는 것을 침묵이라고 하는 것입니다. 그러므로 침묵이 없이는 성령님의 지배와 충만에 이르지 못하며 깊은 영성에 들어갈 수가 없습니다. 침묵의 기도야말로 영성을 발전시키는 깊이 있는 기도라고 할 수 있습니다. 기도 속에서 나의 연약함을 보고, 기도 속에서 하나님을 만나고, 기도 속에서 나의 영을 치료하는 기도입니다.

성숙한 삶은 이러한 침묵의 기도에 의하여 이루어집니다. 도시화, 산업화에 따른 혼잡과 시끄러움으로 우리의 영이 상처를 입고 있습니다. 산업화, 기계화로 말미암아 정신적인 피로를 풀 수 있는 기회가 없어지게 됩니다. 이러한 삶은 쉽게 스트레스와 상처를 받고 넘어지는 연약한 삶이되기 쉽습니다. 이러한 영의 상처는 성령의 깊은 임재 하에 침묵기도로 마음속의 영 안에서 올라오는 초자연적인 예수님의 권능으로 치유함을 얻어야 합니다. 그리함으로 영적인 삶, 깊은 삶, 승리하는 삶, 성숙한 삶을 살아야 합니다. 뇌만 사용하고 마음은 사용하지 않음으로 우리의 뇌는 점점 더 스트레스를 받고, 마음은 굳어집니다. 뇌(이성)는 감정에 직접 연결되어 있습니다. 뇌를 쉬게 해야 감정을 제어할 수 있습니다. 감정이 제어되어야 깊은 영성을 유지할 수가 있습니다. 영성 있는 성도는 뇌는 쉬고 감정은 죽이고 마음을 활성화시키는 성도가 영성 있고 영적인 성도입니다.

뇌는 판단할 뿐이지 아무런 힘도 없습니다. 감정은 무식한 힘입니다. 그러므로 영의 초자연적인 활동으로 뇌와 감정을 제어하게 해야 합니다. 뇌와 감정을 죽이고, 쉬게 하고, 마음을 활성화시켜야 영성이 깊은 성도가 되어 세상을 이길 수가 있습니다. 영을 활성화시키려고 하시기를 바랍니다. 영은 지혜의 무한한 힘이 됩니다. 이를 위해서 내 안에, 내 마음에 계시는 성령님을 자꾸 찾으세요. 그분이 활동하시게 하세요. 눈을 감고 마음에 집중함으로 성령님이 일어나시게 해야 합니다.

적어도 하루에 한 시간, 두 시간, 될 수 있는 한 많은 시간을 침묵의 시간으로 보내면서 영을 활성화시키는데 사용하세요. 마음으로 예수님을 생각하면서 입술로는 예수님을 부르면서 성령님을 만나는 시간을 가져 보세요. 그러면 자신의 영성과 성품에 많은 변화가 있을 것입니다. 마음으로 예수님을 생각하며 묵상기도를 하는 것에 대하여 설명합니다. 생각은 마음에서 나옵니다. 말을 생각에서 나옵니다. 영의 상태에서 말을 하면 말한 대로 창조물이 생겨납니다. 그래서 말의 근원은 마음에서 시작된 것입니다.

그러므로 생각을 어떻게 하느냐에 따라서 대상의 영적인 존재가 침입하는 것입니다. "마귀가 벌써 시몬의 아들 가룟 유다의 마음에 예수를 팔려는 생각을 넣었더라(요 13:2)" 마귀가 유다의 생각에 예수님을 팔려는 생각을 집어넣으니 유다가 생각을 따라 예수님을 은 30에 팔아버립니다. 그러므로 생각이 아주 중요합니다. 히브리서기자는 예수를 깊이 생각하라고 합니다. "그러므로 함께 하늘의 부르심을 받은 거룩한 형제들아 우리가 믿는 도리의 사도이시며 대제사장이신 예수를 깊이 생각하라(히 3:1)" 생각하는 것은 이렇게 중요합니다.

하나님을 믿고만 있지 말고, 자신 안에 성전삼고 계신 하나님과 연결되어야 합니다. 하나님과 하나가 되어야 합니다. 그리하여 그분으로부터 올라오는 초자연적인 기름부음(은혜)을 받아야 합니다. 침묵은 하나님께 접근하는 첫걸음입니다. 침묵은 자신의 본질로 돌아가는 것입니다. 영적인 존재, 영적인 가치를 되찾는 것입니다. 침묵 그 자체가 하나의 세계입니다. 내면의 무한한 세계를 향한 출발입니다.

침묵에서 새로운 말을 배우게 됩니다. 내면의 말, 진정 필요한 지혜로운 말을 배우게 됩니다. 침묵은 기도이며, 평화이며, 자유함입니다. 침묵은 가장 효과적인 휴식입니다. 침묵은 인간의 시야를 넓혀주는 적극적인 수단이 됩니다. 침묵할 때 마음의 소리가 떠오르게 됩니다. 침묵이 시작되면 혼란, 무질서와 공허의 안개가 걷히고 깊은 지혜가 떠오릅니다. 침묵과 묵상기도는 연결해서 할 수도 있고 별도로 할 수도 있습니다. 그런데 우리가 주의해야 할 것은 앞 과정에서 설명한 바와 같이 성령으로 세례 받지 못하여 영의 통로와 영계가 열리지 않은 성도가 침묵기도와 묵상기도를 하는 것은 무리가 있습니다.

우선 배에서 나오는 통성으로 기도하여 영의 통로가 열리고 영계가 열린 다음에 하는 것이 필자의 경험으로 보아서 맞는다고 생각합니다. 잘못하면 내 안에 있는 상처와 혈통으로부터 내려온 악한 영과 자아가 연합하여 심령에 단단하게 악한 영의 견고한 진을 구성하여 영성발전에 큰 지장을 초래할 수가 있습니다. 여기서 제가 권면하고 싶은 것은 아직 통성기도를 유창하게 하지 못하고, 영의 통로가 완전하게 뚫리지를 않아서, 예수 생명이 심령에서 올라오지 못하는 성도는, 먼저 영의 통로가 열리는 통성기도를 한 다음 어느 정도 숙달이 되고, 영계가 열린 다음에 하는 것도 늦지 않으니, 통성기도 훈련을 받은 다음에 침묵기도와 묵상기도로 넘어가 숙달할 것을 권면 드립니다.

침묵과 묵상기도를 바르게 하면 뇌파가 안정이 되어 영의 상태인 세타파가 됩니다. 뇌파란 뇌에 나타나는 전기적인 신호입니다. 우리는 뇌파 분석으로 내면의 정신상태가 어떠한지 측정할 수 있습니다. 평상시 우리가 일상생활을 영위할 때 나타나는 뇌파는 베타파입니다. 베타파는 거친 의식, 안정을 모르고 이리저리 요동하는 의식, 산란하고 분산된 의식을 나타냅니다. 이렇게 몰입이 되지 않은 상태에서는 좋은 답을 얻을 수 없습니다.

베타파보다 훨씬 고요하고 편안하고 집중된 뇌파가 바로 알파파입니다. 알파파가 활성화한 뇌는, 최적의 조건에서 공부를 하고 생각을 진행할 수 있습니다. 몸과 마음이 편안하고 쾌적하여 집중적인 생각을 하기에 최적입니다. 알파파가 지속되는 한 이러한 상태를 유지하면서 자유롭게 공부하고 연구할 수 있습니다. 이 단계에서 몰입이 더욱 가속화되고 이제 세타파가 나타나기 시작합니다. 세타파는 신비의 뇌파로 슈퍼의식의 영감이 극도로 발휘되는 뇌파 단계입니다. 세타파에 이르게 하는 훈련이 깊은 영의기도 단계입니다. 이 단계에서 우리는 놀라운 영감과 창조적인 답안을 얻을 수 있습니다. 우리가 언제 어디서든지 자유롭게 몰입할 수 있다면, 뇌파를 자유롭게 조절할 수 있습니다. 몰입으로 뇌파를 고요하게 할 수 있다면, 우리의 뇌 전체를 활성화 시킬 수 있습니다.

좌우지간 제가 지금까지 성령치유사역과 깊은 영의기도 훈련을 통하여 체험한 바로는 침묵과 묵상기도를 통해서 깊은 영성의 개발과 깊은 상처의 치유, 성품의 변화를 경험할 수 있는 좋은 기도임이 분명하다는 것을 밝히고 싶습니다.

첫째, 깊고 초자연적인 영의 상태에 들어가는 침묵기도

1) **외적 침묵**: 말하고 듣는 것을 절제함을 말합니다. 밖에서 무슨 일이 생기더라도 거기에 마음을 빼앗기지 않고, 오직 침묵에 집중할 수 있는 안정된 심령을 말합니다.

2) **내적 침묵**: 자신 안에서 올라오는 습관적인 생각과 편견(아픔, 상처)등을 모두 씻어버리게 함으로 성경의 말씀에 고요히 귀 기울이게 하는 것입니다. 자신의 모든 것을 하나님에게로 집중하며 인도하는 것입니다. 침묵의 목적은 하나님의 말씀을 보다 잘 듣고, 하나님께 집중하고, 그 분의 현재 존재 안에 머무르는 것입니다. 말을 하지 않고 듣지 않는 것은 물론이고 생각이나 상상, 기억 등을 절제하는 것이 내적 침묵입니다. 나쁜 기억 등은 몰아내려고 하지 말고, 지속적으로 예수님의 이름을 부르다가 보면 초자연적인 영적인 상태가 되면 잡념이나 나쁜 기억 등이 물러가게 됩니다. 억지로 예수 이름으로 몰아내려고 하면 시간이 많이 소요되고 잡

념이 물러가지도 않습니다. 숨을 쉬는 것이 맞추어서 예수님의 이름을 부르면 점차 성령님이 장악을 하여 잡념이나 나쁜 기억 등이 정화되어 없어지게 됩니다. 자신의 마음 안을 성령을 채우는 것을 침묵기도라고 합니다.

3) 침묵 기도 진행요령.

① 최대한 편안한 자세가 좋습니다. 자세가 편안해야 깊은 경지에 이를 수가 있습니다.

② 손을 무릎에 올려놓고, 손바닥은 자유롭게 해도 됩니다.

③ 성령께 도움을 구하는 기도를 드립니다. 일단 배에서 나오는 통성으로 기도를 한 후. 마음으로 기도하며. 숨을 쉬는 것에 맞추어서 성령님 임하소서.

④ 숨을 쉬는 것에 맞추어서 마음으로 예수님을 부르는데, 숨을 코로 들이쉬고 내쉬면서 악습과 마음의 짐, 집착 등을 내보내고, 마음으로 예수님을 부르면서 하나님으로부터 오는 것을 받아들입니다. 밖의 공기가 뱃속 깊은 곳(배꼽 아래)에까지 들어가고 올라오게 이것이 잘되어야 됩니다. 배꼽 아래까지 숨이 잘 쉬어지지 않는 것은 무엇이 잘못된 것입니다. 숨을 깊게 쉬면서 계속하게 되면 풀어집니다.

⑤ 숨을 가다듬으면서 (숨을 들이쉬고 내 쉬면서) 차츰 고요 속으로 들어갑니다. 계속 마음으로 예수 이름을 부르면서(예수님 사

랑합니다) 15-20분 정도, 이때 안과 밖에서 들려오는 소음을 감지하더라도 그것들이 고요를 방해하는 문젯거리라고 생각 말고, 예수님의 이름을 부르면서 성령의 권능으로 그 소음이 물러가거나 소음에 관심을 두지 말고 마음을 이탈하려고 노력해야 합니다. 생각, 기억 등을 하나씩 내보냅니다. 하나님에게 드립니다. 마음을 비우고 하나님의 영으로 채웁니다.

⑥ 지속적으로 내 안에서 일어나는 잡념과 말과 소리를 계속 마음 중심에서 밖으로 내보냅니다. 내 안에서 일어나는 말과 소리는 의도적으로 밖으로 내보내려고 하지 않아도 성령으로 충만해지면 성령의 능력으로 자동으로 밖으로 나가게 됩니다. 그것들에 대한 생각에서 자신을 이탈시키고 하나님 존전으로 들어가는 것입니다. 마귀는 어찌하든지 하나님의 존재에 들어가지 못하게 방해합니다. 자신은 어찌하든지 하나님의 존재에 들어가야 합니다. 이것이 영적싸움입니다.

⑦ 성령님의 역사로 마음 중심에서 일어나는 생각이나 상상, 기억 등을 하나씩 마음 중심에서 자꾸 내보냅니다. 성령이 충만하면 자연스럽게 마음 중심에서 밖으로 물러가게 됩니다. 점진적으로 마음을 비워가며 성령으로 충만하게 채웁니다. 그래서 지속적으로 성령의 충만한 영적인 상태에 머물게 합니다. 이렇게 진행이 되면 속에서 평안하고 뜨거운 기운이 속에서 올라옵니다. 이때 하나님에게 아뢸 것을 아뢰고 응답을 받을 수도 있습니다.

⑧ 끝내야겠다고 생각하면 끝내고 느낀 점을 기록하는 것이 좋습니다. 계속적으로 실천해야 합니다. 절대 단시일 내에 효과를 기대하지 말고 의지를 가지고 꾸준히 해야 효과를 볼 수가 있습니다. 효과는 영력이 강해집니다. 기도할 때 영권역사가 강하게 일어납니다. 하나님의 말씀에 대한 영적인 비밀이 깨달아집니다. 하나님께 몰입 집중이 잘 됩니다. 사람의 심령이나 현재 일어나는 일의 문제를 정확히 판단할 수 있습니다.

반드시 침묵기도가 된 다음에 묵상기도로 옮겨가야 합니다. 침묵기도가 잘 되어 안정한 심령이 된 다음에 묵상기도나 다른 기도의 단계로 가야 합니다. 왜냐하면 침묵기도가 잘되지 않는다고 하면 잡념이 많다는 것입니다. 아직 마음이 하나님의 나라가 되지 못했다는 것입니다. 잡념은 상처에서 올라오는 것도 있기 때문입니다. 마귀가 깊은 영의기도에 들어가지 못하도록 방해 할 수가 있습니다. 조치하는 방법은 잡념에 신경을 쓰지 말고 하나님을 찾는 것입니다.

그래서 침묵 기도가 잘되지 않는 사람은 숨을 크게 들이쉬고 내쉬면서 아랫배에서 나오는 소리로 주여! 주여! 주여! 하면서 기도하는 편이 훨씬 좋습니다. 하나님은 우리가 숨을 크게 들이쉬고 내쉬면서 주여! 주여! 주여! 하면서 기도해도 우리의 심령을 밝히 아시는 하나님이십니다. 절대로 잡념이 있는데 침묵기도나 묵상기도, 또는 다른 기도에 들어가지 말기를 부탁드립니다. 왜냐하면 저의 체험으로 보면 절대로 잡념이 많으면 성령의 깊은 영적인 상태에 들어가는 기도가 되지를 않습니다. 잡념이 없어지고 외적침묵과 내적침묵이 된 다음에 묵상기도도 하고 깊은 영의기도도 해야 합니다.

성령의 임재 가운데 할 수 있는 침묵하면서 기도할 수 있는 기도문은 이렇습니다. 참고하시기를 바랍니다.

1) 하나님을 높이는 기도: 하나님은 산성이 십니다. 하나님은 반석이 십니다. 하나님은 요새십니다. 하나님은 천지를 주관하십니다. 하나님은 능력이 십니다. 하나님은 권세이십니다. 하나님은 소망이 십니다. 하나님은 치료자이십니다. 하나님은 찬송이 십니다. 하나님은 나의 꿈이십니다. 하나님은 영광이 십니다. 하나님은 권능이십니다. 하나님은 힘이 십니다. 하나님은 희망이 십니다. 하나님은 비전이십니다.

2) 하나님이 나에게 하는 기도: 내가 너를 사랑한다. 내가 너를 귀하게 여긴다. 내가 너를 보호하리라. 내가 너를 도우리라. 내가 너를 이끌고 가리라. 내가 너에게 능력을 주리라. 내가 너에게 소망을 주리라. 내가 너를 굳세게 하리라. 내가 너를 강이 침몰치 못하게 하리라. 내가 너를 불이 사르지 못하게 하리라. 네가 너를 붙들리라. 네가 너에게 지혜를 주리라. 내가 너에게 손에 능력을 주리라. 내가 너에게 입술에 권세를 부여하리라. 내가 너를 높여 주리라. 내가 너를 보호하리라. 강하고 담대 하라.

3)자신이 자신에게 하는 기도: 나는 강하다. 나는 하나님의 자녀다. 나는 권능이 있다. 예수 안에서 할 수 있다. 예수 안에서 불가능이 없다. 예수님은 나의 주인이다. 하나님은 나의 피난처이다. 하나님의 나의 문제의 해결책을 주신다. 내 앞에 있는 문제는 예수님이 해결하신다. 내가 예수님께 지혜를 구하여 순종하면 해결된다. 나는 손에 치유의 능력이 있다. 내가 성령으로 충만하면 잠재의식을 치유하는 능력이 흘러나온다. 성령님이 나를 통하여 일하신다. 나는 대단한 사람이다. 나는 하나님의 택함 받은 하나님의 자녀다. 나는 특별한 사람이다. 하나님께서 나를 통해 일하시는 선택된 사람이다.

성령의 임재가운데 자신에게 기도하는 것입니다. 나는 특별한 존재이다. 나는 하나님의 사랑하는 자녀이다. 나는 걸어 다니는 성전이다. 하나님께서 내 안에 주인으로 계신다. 하나님께 기도로 물어보면 언재라도 응답하신다. 나는 건강한 사람이다. 나의 마음은 하나님의 성전이다. 지속적으로 마음으로 기도하여 잠재의식에 심기도록 합니다. 성령으로 충만한 상태에서 자신을 바라보면서 기도하는 것입니다.

11장 묵상기도가 습관이 되게 하는 비결

(시 62:5)"나의 영혼아 잠잠히 하나님만 바라라 무릇 나의 소망이 그로부터 나오는도다"

하나님은 침묵과 묵상을 통하여 내면을 강화하기를 원하십니다. 침묵과 묵상을 통하여 하나님의 응답을 이끌어 낼 수가 있습니다. 침묵과 묵상을 통하여 내면이 성령으로 충만하게 채워졌을 때 영이신 하나님의 음성을 들을 수가 있습니다. 침묵기도와 묵상기도의 차이점은 침묵기도는 아무런 자료 없이 예수님을 부르면서 침묵의 상태로 들어가는 것이고, 묵상기도는 묵상의 자료를 가지고 하는 것이 다릅니다. 반드시 침묵이 된 다음에 묵상기도로 들어가야 합니다. 그렇기 때문에 묵상기도는 침묵 기도묵상기도를 생활화함으로써 크리스천들의 가장 큰 질병인 스트레스에 적절하게 대응하고 통증이나 신체적 고통, 심리적 고통을 줄이는 체험을 하게 됩니다.

또한, 자기 자신을 돌아보는 묵상기도를 통해 자기 자신을 바로 보게 하고, 스스로 자기 자신의 마음을 치유하는 것입니다. 자기 삶의 묵상이란 성령의 임재가운데 자기 자신에서 시작하여 주변 식구들과 친구들, 모든 생명을 지닌 존재들이 행복하고, 평화롭고, 모든 괴로움으로부터 벗어나기를 기원하는 것입니다. 처음에는 어색하지만 마음으로 영상을 그리면서 자꾸 하면 마음이 부드러워지는 것을 느낄 수 있습니다.

필자는 가끔 이렇게 말합니다. 교회 주보의 순서를 보면 묵도라고 적어져 있는 것을 볼 것입니다. 처음에는 무슨 뜻인지 잘 모르다가 시간이 지나면 알게 됩니다. 묵도란 묵상기도란 뜻입니다. 이 주보에 기록된 묵상기도란 성령의 임재가운데 자신의 일주일 동안 삶을 돌아보면서 회개하고 용서하여 잠재의식을 정화하는 것입니다. 잠재의식을 정화하여 성령으로 장악된 영의 상태에서 영과 진리로 예배를 드리는 것입니다.

거룩한 산재물이라는 말을 종종 들었을 것입니다. 거룩한 산 재물이란 자신이 성령으로 충만하여 살았으나 자신의 의지와 생각과 행위가 성령의 지배를 받아 하나님과 같은 영적인 상태가 되었다는 뜻입니다. 자신이 죽었다는 것입니다. 산재물이 되었다는 것은 성령으로 영적인 상태가 되었다는 말입니다.

이렇게 성령으로 충만한 영적인 상태에서 예수님의 자비와 사랑의 마음을 마음에 가득하게 채우면, 성령의 초자연적인 치유의 능력으로 분노 불안 우울 등의 부정적인 감정이 마음과 육체에서 사라지면서, 마음에 평안과 안정을 찾아 예수님과 같은 영적인 상태가 됨으로 예수님의 뜻(레마)을 알고 순종 하는 것입니다.

또한 말씀 묵상으로 내안의 잠재력이 커지고 내면의 성령의 초자연적인 힘이 강해지면서 일상생활 속에서도 생활 속의 문제를 하나님의 방법으로 해결하고 목표를 이루는데 큰 도움이 될 수 있습니다. 묵상기도의 방법은 ①말씀을 묵상하여 기도하는 것과 ②지나온 삶을 뒤돌아보면서 하는 방법, ③잠자리에 들어가기 전에 하루를 뒤돌아보면서 묵상하는 방법 등이 있습니다. 를 숙달한 다음에 하는 것이 맞습니다.

첫째, 단순묵상기도. 언어나 다른 수단을 사용하지 않고 단순한 마음으로 하나님에게 집중하는 기도로서 묵상을 통하여 하나님의 사랑 안에 머무는 것입니다. 세상은 육체의 본능과 이성을 자극함으로 자연히 이 부분이 활성화됩니다. 그러나 하나님은 우리의 마음만이 활성화되기를 원하십니다. 그래서 하나님은 마음을 달라고 하시는 것입니다. 마음에서 생각이 나오고 생각에서 말이 나오고 말이 나가면 열매가 나타나기 때문입니다. 우리는 기도로 이 벽을 넘어야 합니다. 묵상기도는 절대로 시간낭비가 아닙니다. 묵상기도는 비록 제목기도가 아니라도 절대로 시간낭비가 아닙니다. 잠자는 것이 시간낭비가 아니듯, 묵상기도에서 제목기도를 안했더라도 오히려 우리의 영을 강하게 하는 매우 유익한 것입니다. 묵상기도, 깊은 영적기도, 이 모든 것이 매우 유익한 시간을 보내고 있다는 사실을 기억하시기를 바랍니다.

어머니 품안의 갓난아이들은 잠을 많이 자면서 순진하고, 맑게 자랍니다. 주님은 우리에게 어린 아이가 되라고 하십니다. 순수해지고, 단순해지며, 오직 하나님만 바라보라는 것입니다. 하나님을 부르라는 것입니다. 세상에 영향을 받지 말고, 복잡해지지 말며, 혼잡해지지 말라는 것입니다. 오직 하나님만을 사랑하고 하나님만을 바라보라는 것입니다. 이런 상태의 훈련을 받아야 하나님을 진정으로 사랑하게 됩니다. 그렇지 않으면 하나님을 믿을 수는 있으나, 진정 하나님을 사랑하기는 어렵습니다. 단순 묵상 기도 속에서 하는 대부분이 하나님을 사랑한다는 고백입니다. 우리의 이성은 사랑의 기능이 없습니다. 사랑은 심령이 하는 것입니다. 굳어진 심령은 하나님을 사랑할 수 없습니다. 하나님을 진정으로 사랑하는 것은 내면이 깨어나야만 합니다.

사랑하는 하나님을 위하여 무슨 일을 할까? 하나님이 주시고자 하는 것이 많은데, 그것을 어떻게 받을까? 전에는 하나님과의 관계가 그냥 수박 겉핥기식의 관계였는데, 하나님과의 깊은 관계가 이루어지고, 하나님을 만나게 되고, 하나님을 사랑하게 되고, 하나님의 사랑을 받게 되면, 그 동안의 많은 스트레스, 고정관념들, 불안들이 치유가 됩니다. 전에는 내 차원에서 다 해결하려고 함으로 힘이 들었지만, 이제는 더 깊은 차원에서 해결함으로 자연스럽게 됩니다.

둘째, 묵상기도 순서

1) 몸과 마음의 준비: 정해진 장소에서 초보자는 방해받지 않는

장소를 선택해야 합니다. 전화, 사람, 소음 등등.

2) 준비한 묵상자료를 천천히 읽습니다. 성경 말씀이나 미루어 상상하는 등등의 방법으로 뒤에 설명이 됩니다.

3) 성령께 도움을 구하는 기도를 드립니다. 침묵이 된 상태에서 마음으로 기도하며, 성령님 도우소서. 성령님 인도하소서.

4) 상상과 추리를 통해 말씀 안으로 들어갑니다. 자료에 따라서 하는 것입니다.

5) 예수님 사랑합니다. '나도 너를 사랑한다.' 예수님 감사합니다. '그래 나도 너를 귀하게 여긴다.' 예수님 도와주세요. '내가 너를 도우리라.' 상상과 추리를 통해서 이렇게 주님과 대화를 할 수도 있습니다.

6) 주님을 부르면서 바라봅니다. 이는 내안에 주님이 계신다고 믿고 주님을 부르면서 바라보라는 말입니다. 애정 어린 눈으로 주님을 부르면서 바라보면 그분의 현존 안에 들어갈 수 있습니다.

7) 하나님이 주시는 말씀에 귀 기울입니다. 성령의 감동을 받기도 합니다. 분별력이 있어야 합니다.

8) 말씀생활로 연결하고 적용합니다. 감동받은 내용을 말씀으로 분별하여 적용하라는 것입니다.

9) 실천을 위한 결심을 합니다. 그리고 지속적으로 실천합니다.

10) 감사기도를 드린 후 묵상을 마칩니다.

11) 묵상일지에 묵상내용을 기록하고 실천하려고 노력합니다.

묵상의 가장 좋은 방법은 스스로가 터득하는 방법입니다. 어느 누구도 묵상기도에 대가가 없습니다. 그리고 확실한 비법도 없습니다. 단지 본인이 스스로 묵상기도를 하면서 터득하는 것입니다. 의지를 가지고 스스로 터득하려고 하시기를 바랍니다.

셋째, 성경을 통한 복음 묵상 훈련. 말씀을 읽고 묵상하면서 말씀에 깊이 잠기어서 말씀의 참뜻과 하나님의 뜻을 찾는 기도입니다. 말씀 한마디 한마디를 깊이 음미할 때, 같은 단어를 여러 가지 다른 단어를 사용하여 표현하는 것입니다. 그리함으로 그 내용을 나의 마음에 자꾸 더 확실하게 심어주고 새겨주는 것입니다.

"여호와는 나의 목자시니 내게 부족함이 없으리로다. 그가 나를 푸른 풀밭에 누이시며 쉴 만한 물 가로 인도하시는 도다. 내 영혼을 소생시키시고 자기 이름을 위하여 의의 길로 인도하시는 도다. 내가 사망의 음침한 골짜기로 다닐지라도 해를 두려워하지 않을 것은 주께서 나와 함께 하심이라 주의 지팡이와 막대기가 나를 안위하시나이다. 주께서 내 원수의 목전에서 내게 상을 차려 주시고 기름을 내 머리에 부으셨으니 내 잔이 넘치나이다. 내 평생에 선하심과 인자하심이 반드시 나를 따르리니 내가 여호와의 집에 영원히 살리로다(시23:1-6)"

1) 예수님께서 로마 병사들로부터 모욕과 채찍을 당하심을 묵상합니다(마27:26-30).

2) 예수님께서 십자가를 친히 짊어지시고 골고다로 올라가심을 묵상합니다(요19:17).

3) 예수님께서 십자가위에 못 박히심을 묵상합니다(눅23:33, 요19:18).

4) 예수님께서 십자가에서 고통당하는 것을 묵상합니다(요19:28-30).

5) 예수님께서 십자가에서 숨을 거두심을 묵상합니다(막15:33).

6) 예수님께서 무덤에 묻히심을 묵상합니다(요19:38-42).

7) 예수님이 부활하심을 묵상합니다(눅24:46).

8) 부활하신 후 갈릴리 바다에 가서 베드로를 부르시는 상황을 묵상합니다(요21:15-18).

넷째, 추리묵상기도. 하나님이 주신 은혜를 상상을 통해서 마음속에서 영상화하는 것입니다. 이렇게 하면 차츰 상상한대로 좋은 상황이 일어납니다. 나의 변화된 모습을 상상하세요. 정결해져 있는 모습, 모든 사람을 사랑으로 포용해주는 모습, 하나님께 헌신하는 모습, 하나님이 원하시는 나의 모습을 상상하세요. 나를 향한 하나님의 마음을 읽으면서 그 모습을 영상화하세요. 그 모습에서 하나님을 만나세요. 이러한 기도는 진실로 보물창고가 됩니다. 이러한 묵상기도의 바다는 깊고 넓습니다. 들어갈수록 더욱 풍성하고 아름다운 것을 발견하고 꺼낼 수가 있습니다.

1) 성경의 장면을 추리할 수도 있습니다.

2) 성경의 말씀 속에 들어가는 추리도 할 수가 있습니다.

3) 상상하고 미루어 생각하는 추리도 할 수가 있습니다. 나무가 사시사철 변하고, 교회가 성장하고, 사업이 발전하고, 성경의 장면이 변하는 모습을 상상하면서 추리할 수도 있습니다.

4) 자신의 삶을 돌아보면서 추리할 수도 있습니다. 지난 세월 동안 하나님의 함께 하심을 묵상하며 추리할 수도 있습니다.

5) 생활의 변화로 연결하고, 자신이 변화되는 모습을 그리면서 추리할 수도 있습니다.

다섯째, 대화묵상기도. 부부나 친구가 마주 앉아서 대화하는 것처럼 묵상 중에 주님과 대화하는 기도입니다. 진실하고 순수한 믿음으로 하나님이 지금 나와 가장 가까운 거리에 계심을 믿고 진실하게 고백, 회개하며, 마음으로 그분의 반응, 응답을 받는 것입니다. 실제적인 일을 가지고, 말씀을 가지고 묵상하세요. 하나님의 결정, 하나님의 의견, 하나님의 뜻을 받게 됩니다. 그 일과 나를 분리시키세요. 3자의 위치에 서게 하세요. 그리할 때, 하나님으로부터 오는 뜻을 받게 됩니다. 마리아의 남편 요셉의 결정은 감정으로 처리하지 않고, 깊은 묵상 중에 하나님의 뜻을 받은 후에 내린 것입니다. 깊은 묵상은 하나님의 지혜를 받게 해줍니다.

여섯째, 묵상기도 준비.

1) 시기: 가장 좋은 시간을 선택합니다.

2) 시간: 초보자 30분 정도, 적극적 1시간 정도. 더해도 좋습니다(시간을 지키라).

3) 장소: 방해 받지 않는 곳. 전화, 사람. 등등.

4) 자료준비: 성경이나 필요 자료, 노트를 준비하세요.

5) 묵상방법의 선택: 자신에게 알맞은 것을 택하여 하면 됩니다.

6) 자세: 편안하게, 의자나 방석에 앉아서. 허리를 곧게 펴고 의자에 기대지 말고 하는 것이 좋습니다. 왜냐하면 시간이 많이 소요되고, 집중을 해야 하기 때문에 자세가 중요합니다. 잘못하면 조금 지나서 잠을 잘 수도 있기 때문입니다.

여섯째, 묵상 기도할 때 유의사항.

1) 졸음을 예방하세요.

2) 잡념을 제거하세요.

3) 성경 말씀에 나오는 사람과 같이 되려고 하지말고, 말씀으로 자신을 비추어 회개합니다.

4) 묵상에 특별히 재능을 가진 자가 있을 것이라는 생각을 버려야 합니다. 묵상은 누구나 할 수 있는 것입니다.

5) 어려워도 지속적으로 합니다. 의지를 가지고 해야 숙달할 수 있습니다.

6) 아무런 느낌을 얻지 못해도 때를 얻기 위해서 계속합니다. 계

속하다가 보면 자신의 변화되는 모습을 스스로 발견하게 될 것입니다. 진정한 기도 응답은 자신이 예수님의 인품으로 변화되는 것입니다. 그 것이야 말로 최고의 기도 응답이라고 할 것입니다.

일곱째, 묵상 잘되지 않을 때 점검

1) 침묵 상태를 살핍니다. 외적 내적 침묵이 지켜지지 않으면 묵상을 잘 할 수 없습니다.

2) 지나치게 피곤하지 않는가, 몸의 상태를 살핍니다.

3) 준비가 부족하지 않는가 살핍니다.

4) 자세가 나쁘지 않는가 살핍니다.

5) 묵상을 너무 잘하겠다는 의욕이 너무 강하거나 건강 상태가 나쁘지 않는가 살펴봅니다.

여덟째, 묵상기도의 실천

1) 조용한 장소에서 식사전후를 피한 1-2시간의 시간을 내세요.

2) 편안한 자세를 취해야 합니다.

3) 조용한 찬양으로 마음을 안정시키시오. 그래야 쉽게 깊은 임재 가운데 영적인 상태에 들어갈 수 있습니다.

4) 하나님이 함께 하신다는 믿음으로 성령님의 임재하심을 간구하며 기다리세요.

숨을 쉬는 것에 맞추어서 하면 효과적입니다. 숨을 깊게 들이쉬

고 내쉬면서 '성령님 나타내주시옵소서' '성령님 도와주시옵소서' '성령님 역사하여 주시옵소서'

5) 어떤 다른 생각의 물결도 일으키지 말고 마음을 호수의 표면처럼 잔잔하게 하세요. 호수에 자신의 모습이 비추이지 않는 이유는 호수의 표면이 출렁거리고 있기 때문입니다. 어떤 생각의 물결도 일으키지 말고 마음을 호수의 표면처럼 잔잔하게 하세요.

6) 성령님의 지배를 받아야 합니다. 성령님의 체험을 기다리라. 침묵은 침묵으로만 이해됩니다. 묵상기도는 반드시 침묵이 된 다음에 해야 합니다. 묵상기도는 지속적으로 많이 해보아야 합니다. 처음에는 무료하게 느낄 수도 있습니다. 그러나 포기하지 않고 지속적으로 하다보면 자신의 몸에 베이게 되고 습관이 될 것입니다. 자신이 변화되는 것을 몸과 마음과 생각과 말을 통하여 알 수가 있습니다. 자신도 알 수 있지만 다른 사람이 알게 됩니다. 처음부터 묵상기도의 대가는 없습니다. 많이 해보면서 시행착오를 겪어보아야 합니다. 많이 하다가 보면 숙달하게 되어 있습니다. 깊은 영성은 단 시간에 목표에 도달할 수가 없습니다. 지속적으로 하다가 보면 어느 날부터 묵상이 쉽게 되는 것을 느끼게 될 것입니다. 절대로 몇 번 해보다가 포기하지 말고 지속적으로 해 보시기를 바랍니다. 그러면 숙달하게 됩니다.

12장 영의기도가 습관이 되게 하는 비결

(유 1:20-21)"사랑하는 자들아 너희는 너희의 지극히 거룩한 믿음 위에 자신을 세우며 성령으로 기도하며, 하나님의 사랑 안에서 자신을 지키며 영생에 이르도록 우리 주 예수 그리스도의 긍휼을 기다리라."

성령의 이끌림에 의한 깊은 영의기도가 본래의 크리스천의 기도입니다. 깊은 영의기도에 들어가기 전에 자신의 기도를 평가해야 합니다. 바른 영적인 원리를 가지고 기도해야 깊은 영의기도가 되기 때문입니다. 바른 영적인 원리를 가지고 기도해야 영-혼-육이 변화되기 때문입니다. 기도를 해도 영-혼-육이 변화되지 않는 것은 기도가 바르지 못하기 때문입니다. 깊은 영의기도를 하려고 하기 전에 자신이 지금하고 있는 기도를 클리닉 해 보아야 합니다.

○자신이 하고 있는 기도가 바른 가, 바르지 못한가를 평가해야 합니다. 기도는 영적체험이 기준이 아니라, 삶이 평가의 기준이 되어야 합니다. 삶에 열매가 나타나야 한다는 말입니다. 작은 체험이라도 삶에 열매가 좋아지면서 체험과 삶이 연결될 때, 그 기도는 바른 기도입니다. 바른 기도에는 기쁨, 평화, 자유 함, 애통, 거룩한 하나님의 사랑, 치유와 같은 신비한 체험이 따릅니다. 체험 자체가 기도의 목적이 되어서는 안 됩니다. 몸으로 평안을 느끼면서 예수님의 인격으로 변해야 됩니다. 기도의 평가는 체험이 아니라, 기도

가 삶에 영향을 끼치는 것으로 합니다. 기도후의 삶과 성품에 변화가 없다면 그 기도는 문제가 있는 것입니다.

○기도를 통하여 내가 받은 은혜, 체험이 내 삶에 얼마큼 영향을 주는가, 다른 사람에게 얼마나 영향을 끼치는가? 수시로 평가해야 합니다. 반드시 성령으로 기도하면 다른 사람에게 전해지고 풍기는 인상이 달라지게 되어있습니다. 영적인 것과 현실적인 것은 별개의 것이 아니라, 긴밀한 관계가 있어야 합니다. 영적인 것이 현실적인 것으로 표현되어야 합니다. 현실적인 삶과 행동에 하나님의 은혜가 나타나야 합니다. 영적 세계와 현실세계 두 세계에 우리는 동시에 살고 있다는 것을 알아야 합니다. 능력기도를 하면 할 수 록 영적으로 바뀌어야 합니다. 하나님이 사용하시는 사람으로 바뀌어야 합니다.

○기도에서의 하나님과의 일치는 삶에서의 하나님과의 일치로 나타나야 합니다. 하나님과 친밀하게 지내는 성도가 되어야 한다는 뜻입니다. 삶에서 받은 아픔을 하나님께로 들고 가서 치유 받고, 하나님에게서 받은 은혜는 삶으로 들고 가서 적용하는 것입니다. 이것이 바로 능력 있는 기도입니다. 기도 속에서 하나님과 일치되고, 하나님의 은혜와 능력과 성품을 받되, 그것을 들고 와서 세상 사람들에게 나누어주어야 합니다. 세상 사람들에게 뿌려주어야 합니다. 그들도 같은 은혜를 누리도록 도와주어야 합니다.

○기도를 통하여 얻은 체험이 겸손, 순결, 단순, 순종, 회개, 정직, 사랑, 온유 등의 열매로 맺혀져야 합니다. 자신의 기도가

성령의 인도를 받는가, 자의적으로 기도를 하는가 수시로 분별하여 교정해 나가는 성도가 영적인 성도입니다. 아무리 기도에 많은 시간을 투자하여 기도해도 자신의 성격과 삶에 변화가 없다면 육적인 기도를 하고 있는 것입니다. 기도는 많이 하는데 삶에서 교만, 독선, 불순종, 시기, 질투, 다툼, 경솔, 미움, 불안이 나타나면 잘못된 기도를 하고 있는 것입니다. 이렇게 삶과 인품에 변화가 일어나지 않는다면 기도하며 어떤 신비한 체험을 하더라도 잘못된 기도입니다.

○생활, 활동을 기도하는 마음으로 살아가야 합니다. 쉬지 말고, 항상 깨어서 영으로 기도해야 합니다. 앉으나 서나 걸어가나 기도하는 습관이 되어야 합니다. 기도는 내 안에 계신 예수님을 찾는 것입니다. 마음으로 자신 안에 계신 하나님에게 집중하는 것입니다.

○기도를 통하여 내면의 영적인 변화를 향해서, 변화산을 향하여 한걸음, 한걸음 올라가야 합니다. 그리고 다시 내려와서 이웃을 변화시켜야 합니다. 성령으로 기도하며 심령 정화의 길에서 조명의 길로, 다시 성령과 일치의 길로 계속 걸어가야 합니다. 이것을 위해서 우리는 능력 있는 기도를 해야 합니다. 성령으로 기도하여 영이 깨어 있어야 합니다. 하나님과 하나가 되고, 하나님에게 깊이 묻히는 것을 기뻐해야 합니다. 하나님은 자신의 마음 안에 있는 영 안에 임재하여 계십니다. 자신의 영 안에 임재하신 하나님을 자연스럽게 찾으세요. 하나님에게 찾음을 당하세요. 그와 같은 깊은 영

적인 수준에까지 이르려고 훈련해야 합니다. 그렇게 하여 내가 모르는 생명수를 내 안에서 받아 마셔야 합니다. 축복중의 가장 위대한 축복은 자신의 안에서 생명수가 올라오는 것입니다. 자신의 마음 안에 계신 성령으로부터 성령의 권능(불)이 올라오는 것입니다. 이를 위하여 성령으로 능력 기도하여 영의통로를 뚫어야 합니다. 이는 포도나무의 열매는 가지가 포도나무 되신 예수님에게 붙어있음으로 맺게 됩니다.

가지처럼 나무이신 예수님에게 붙어있는데 집중하세요. 온 마음과 힘과 뜻과 목숨을 다하여! 예수님을 무시로 찾아야 합니다. 그렇게 하면 자신 안에 계신 주님이 우리를 깨끗케 해주시고, 저절로 열매를 맺게 됩니다. 그러면 주님이 더 열심을 내게 됩니다. 그러한 사람에게 집중적으로 더 은혜를 베풀어주십니다. 열매를 맺으려고 우리 모두를 부르신 것이고, 열매를 맺게 하려고 우리에게 은총을 공급해주시려고 애를 쓰십니다.

한 마디로 우리가 잘되게 하려고 불러서 성령으로 훈련하고 계시는 것입니다. 그런데 우리가 성령으로 기도하지 않음으로 마음이 굳어져서 주님의 은총을 받아들이지 못하고 있는 것입니다. 주님은 이러한 사람에게는 관심이 없으십니다. 대신에 진정 좋은 열매를 맺을 수 있는 자들을 불꽃같은 눈으로 찾으십니다. 주님의 눈에 들어오는 성도가 되려고 해야 합니다.

그러므로 누구든지 마음을 열고, 영적기도로 마음을 준비하여 이 은총을 받아들일 수 있게 되면 그러한 사람에게 주님은 더 큰 은총을 베푸시게 되는 것입니다. 하나님이 하시는 일을 아는 성도들, 하나님의 뜻을 알고 하나님의 일을 하려고 하는 성도들에게 하나님은 진정 놀라운 은총을 베푸시는 것입니다. 놀라운 축복인 것입니다. 기도를 많이 해서, 달라고 해서 우리를 축복해 주시는 것이 아니라, 성령으로 기도하여 예수님의 성품으로 변화되어 주님의 음성을 듣고 순종하는 성도를 축복하십니다. 하나님의 음성을 듣고 순종하는 쓸모 있는 자가 될 때, 하나님이 축복해 주시는 것입니다.

하나님의 마음에 합하여 하나님 쓰시는 사람에게 하나님께서 축복을 주시는 것입니다. 물질도, 건강도 축복해 주십니다. 과실을 맺는 가지를 더 깨끗케 하시는 것입니다. 하나님이 쓰시는 사람, 열매를 맺는 사람에게 더 열매를 맺게 하시려고 하나님이 간섭을 하십니다. 더 좋은 열매를 맺게 하기 위해서 문제가 있으면 하나님의 질책이 올라오게 됩니다. 그래서 처음에는 내가 주님을 찾지만, 일단 주님이 쓰시는 사람이 되면, 주님이 찾아오십니다. 깨끗케 하시고, 양분을 더 주시려고 주님이 몸이 달아서 쫓아오시고, 자꾸 잘해주시고, 자꾸 잘되게 해주시고, 문제 같은 것도 그다지 기도하지 않아도 자꾸 풀어주십니다.

나의 조건을 좋게 해주셔야 내게서 좋은 열매를 맺게 될 것이기 때문입니다. 하나님이 기뻐하시는 열매를 맺음으로 하나님이 나에게 몸이 달게 만들어야 합니다. 하나님께서 나에게 자꾸 더 잘해주시게 만드세요. 하나님이 나를 기뻐하시고, 나를 더 간섭하시면서,

축복하시고. 나는 더 많은 사람에게 영향을 나누어주는 관계가 되세요.

하나님의 은혜는 많은 사람에게 나누어 주라고 주시는 것입니다. 이런 사람의 환경을 하나님은 정화시키십니다. 깨끗케 하시고, 간섭하시며, 축복하십니다. 내가 성령으로 기도하며 정화되지 않으면 내 가정, 내 교회, 내 환경이 정화되지 않습니다. 자신이 성령으로 기도하며 정화되어야 합니다. 그리고 성령의 조명을 받으라는 것입니다. 하나님과 일치되려고 하세요. 하나님께서 나를 귀하게 여기십니다. 열매를 맺게 되면 하나님은 너무나 우리를 귀하게 여기시고 축복을 주십니다.

거지처럼 달라고 해서 받으려하지 말고, 하나님이 몸이 달아서 주시게 하세요. 우리가 아쉽지 말고 하나님이 아쉽게 하세요. 달라고 하지 않아도 하나님은 우리에게 필요한 것을 다 아시고 오히려 하나님께서 몸이 달아서 우리에게 필요한 것을 채워주십니다. 이는 성령의 인도를 받으며 성령으로 기도하는 사람에 되었을 때 가능합니다. 우리가 하나님의 마음에 들도록 성령으로 기도하여 영성이 깊어져서 하나님이 지시한 일을 잘하면 하나님은 얼마나 서비스가 좋으신 분인가! 이것이 바로 하나님의 기적을 체험하는 길입니다.

더 많은 사람에게 은혜, 은총을 나누어 주세요. 더 많은 사람에게 나누어주려는 자세로 사역을 하라는 것입니다. 그런 마음을 가진 자를 하나님은 무한히 축복해주십니다. 나에게 있는 것을 조금도 아끼거나 감추지 않고 나누어주려고 하라는 것입니다. 성령의 은혜와 권능은 다른 사람에게 전이가 가능한 것입니다. 하나님이 주신 성령의 은사와 권능을 하나님이 지정한 사람에게 나누어주는 성도가 되기를 바랍니다.

머리로 알아서 가르치려고 하지 말고 성령으로 기도하여 체험으로 깨달아서 가르치려고 하라는 것입니다. 그래야 생명력이 있게 됩니다. 성령으로 깨닫고 체험한 일들을 전할 때 사람들의 마음을 움직이게 됩니다. 머리가 아니라, 자신의 마음 안, 영에서 나오는 것으로 가르치고 나누어 주려고하세요. 그래서 하나님의 귀하게 여기는 사람이 되세요. 불기둥과 구름기둥으로 인도함을 받는 이가 되세요. 성령이 역사하는 교회시대인 지금은 성령이 불기둥과 구름기둥이 되십니다. 인생을 성공하려면 어찌하든지 성령의 인도를 받아야 합니다.

다윗은 이처럼 성령으로 충만하여 하나님의 마음을 가지고, 하나님을 위해서 늘 마음을 열어놓고, 하나님이 없으면 못사는 사람이었기에 특별한 하나님의 사랑을 받았습니다. 하나님과 일치된 마음을 가지세요. 이제 그 방법은 알게 되었으니, 훈련으로 그렇게 되어야 합니다. 노력해야 합니다. 그러면 당신도 하나님에게 귀하게 쓰임을 받을 수가 있습니다.

성령으로 깊은 영의기도를 함으로 성령의 불이 임하고, 심령에서 성령의 불이 올라오는 영의 기도를 할 수 있는 것입니다. 성령의 세례는 성령의 불로 사로잡히는 것이기 때문입니다. 기도는 내 안에 계신 하나님에게 하는 것입니다. 하나님은 영이시기 때문에 성령의 인도를 받아야 합니다. 그래서 기도는 영혼의 숨이요 하나님과의 대화라 합니다. 이것은 가장 깊숙한 곳에 거하는 영의 흐름이 외부적으로 흘러나오는 것입니다. 영력이 흘러나오고 영적 생명이 흘러나옴으로 영에 몰입됨으로 인하여 성령 안에서 기도할 수 있게 되는 것입니다.

우리 몸의 지성소인 영속에 임재하시는 하나님의 성령이 흘러나오는 방편이기에 우리가 하나님을 만나기 위해서는 이 성령을 통하여 하나님으로부터 주어지는 각종 은혜와 능력과 응답을 받게 되는데, 이러한 기도를 통하여 하나님으로부터 주어지는 생명이 우리의 심령을 거룩하게 만들어가고, 영적인 생명과 능력을 키워나갑니다. 열매가 맺어지고 영적인 지각이 예민해지고 영성이 개발되어집니다.

그러므로 성령 안에서 기도하는 훈련이 필요합니다. 우리의 간구는 마음의 소원이나 원하는 바를 구함으로 성령 안에서 기도하기가 심히 어렵습니다. 그러나 영으로 기도하고 마음으로 기도하면 성령 안에서 기도하기가 쉬워집니다. 성령에 몰입되어 아무런 자신의 생각이나 욕심도 없이 오로지 하나님으로부터 주어지는 것을 받게 되는 기회가 되기 때문에 영으로부터 주어지는 각종 은혜와 은사가 넘치게 됩니다.

우리가 깊은 기도의 단계에 들어가기 전에 통과해야 할 관문이 있습니다. 이는 부르짖는 기도의 단계입니다. 부르짖는 기도를 하지 못하는 성도가 깊은 기도를 하면 영이 막힐 수가 있습니다. 반드시 부르짖는 기도를 하여 막힌 영의 통로를 연 다음에 깊은 기도의 단계에 들어가야 한다는 것을 강조하고 싶습니다. 부르짖는 기도를 너무나 어렵게 생각할 필요는 없습니다. 숨을 배꼽아래까지 들이쉬고 내쉬면서 주여! 하면서 연속적으로 하면 영의 통로가 열리게 됩니다. 숨을 배꼽아래까지 들이쉬고 내쉬면서 주여! 주여! 주여! 를 연속적으로 하면 되는 것입니다.

예수를 믿고 성령으로 거듭난 크리스천의 기도는 이런 단계를 거치면서 발전해야 합니다. 첫째, 육의기도입니다. 머리로 생각으로 지식으로 기도합니다. 둘째, 마음의 기도입니다. 배꼽아래 15센티에 의식을 두고 마음으로 기도를 합니다. 셋째, 영의기도입니다. 마음으로 지속적으로 기도를 하면 발전하여 자신도 느끼지 못하는 순간 영으로 기도를 하게 됩니다. 넷째, 영-혼-육의 전인격이 기도하는 것입니다. 영의 기도를 지속적으로 하다가 보니 한 차원 발전하여 온몸으로 기도하는 것입니다. 온몸으로 기도하는 것이 영의 사람의 기도입니다. 온몸으로 기도하는 단계까지 발전해야 합니다.

첫째, 육의기도입니다. 심령에서 불이 나오는 깊은 영의기도의 1단계는 소리 내어 하는 기도입니다. 깊은 영의기도의 첫 단계는 소리를 내어 또박또박 천천히 기도하는 것입니다. 이때 급하게 하지 말고 정신을 집중하여 기도 문장의 의미를 깊이 의식하면서 반복해야 합니다. 이 단계는 영-혼-육 중에서 "육으로 기도하는 단계"입니다. 영-혼-육이란, 사람을 삼등분(삼분)하여 표현한 말입니다. "평강의 하나님이 친히 너희를 온전히 거룩하게 하시고 또 너희의 온 영과 혼과 몸이 우리 주 예수 그리스도께서 강림하실 때에 흠 없게 보전되기를 원하노라(살전 5:23)" 이는 앞으로 깊은 영의기도를 배우는데 핵심적이고 가장 중요한 요소이며 구별하고 알기가 무척 어려운 부분입니다. 다음은 필자가 깊은 영의기도를 숙달하기 위하여 훈련할 때 현실 수행에 맞게 효과적으로 만들어 사용한 기도문입니다. "하나님 사랑합니다." "하나님 도와주세요." "하나님 용서해 주세요." "하나님 감사합니다."

여러 문장을 가지고 기도해 보았으나, 너무 길어서 효율이 떨어지고 나중에 자동으로 반복할 시에도 장애가 됩니다. 한번 자신이 정한 문장을 자주 바꾸면 반복하는데 어렵고 습관화시키는데 오랜 시간이 걸리므로 한번 정할 때에 간단명료하게 정하고 자주 바꾸지 말아야 합니다. 나중에 이 "한번 기도하는데 걸리는 시간"이 "걸을 때에 오른발과 왼발을 한번 내딛는데 걸리는 시간"과 또는 "숨 시 들이쉬고 내쉬는 시간"과 잘 맞아야 합니다.

그래서 필자가 바로 전에 말씀드린 간단한 기도문이 적절하다고 생각합니다. 자기 나름대로 기도문을 만들어 사용해도 됩니다. 자주 바꾸지는 마세요. 나중에 힘들어집니다. 이 음성기도는 무의식에 심겨져 자동으로 반복되어지는 것을 경험할 때까지는 계속되어야 합니다. 나중에 2, 3단계 기도에 어려움이 생길 때에는 다시 1단계의 음성기도로 돌아와서 집중력을 길러 다시 올라가야 합니다.

깊은 영의기도의 원리는 자신 안에 계신 하나님께 몰입하는 것입니다. 그렇기 때문에 간단한 분장을 가지고 자신의 배꼽 아래 10센티 아래에 의식을 두고 지속적으로 하나님을 찾는 것입니다. 다른 잡념이 오더라도 거기에 상관하지 말고 오로지 하나님을 찾는 것에 지중하여 영적인 상태에 들어가는 것입니다.

둘째, 마음의 기도입니다. 심령에서 불이 나오는 깊은 영의기도 2단계는 마음의 기도합니다. 깊은 영의기도 2단계 기도를 숙달 할 때 "숨을 쉬는 법"을 기도와 연결하면 쉽게 습관화시킬 수 있습니다. 즉 숨을 들이쉬고 내쉬는 동작을 한 사이클로 해서 반복합니다. 조용하고 편안한 곳, 기도에 방해받지 않고 집중하여 기도할 수 있는 자세를 취하시기를 바랍니다. 의자 등받이에 등과 엉덩이를 밀착하여 앉거나, 무릎을 꿇고 하는 것도 좋습니다. 본인이 하기 좋고, 편안하고, 자기를 낮추어 겸손하게 만드는 자세를 취하는 것이 좋습니다. 예를 들면, 숨을 들이쉬면서 "하나님"하고, 숨을 천천히 내쉬면서 "사랑합니다." 하세요. 숨을 내쉴 때에 더 천천히 하여, "사랑합니다." 라고 말한 뒤에도 계속 기도 내용에 집중하여 머물러 있으면 좋습니다.

또 다른 방법은 숨을 들이쉬면서, "하나님 도와주세요." 하고, 숨을 천천히 내쉬면서 "하나님 용서해 주세요." 이렇게 하는 것은 특별한 왕도가 없고 본인이 편안하고 오래 집중적으로 할 수 있으면 됩니다. 절대로 남이 그렇게 했다고 따라서 할 필요는 없다는 것입니다.

2단계는 목소리를 죽이고 우리 머리의 생각을 죽이고 배꼽아래의 마음에 의식을 두고 고도로 집중하여 기도합니다. 방법은 자신의 배꼽아래 15센티에 의식을 두고 "마음"을 이용하여 집중하는 기도입니다. 1단계 음성기도가 깊어지면 2단계 마음의 기도는 자연스럽게 반복됩니다. 오랜 시간 기도할 때 소리 내어 기도하는 발성기도로 오래하면 피곤하고 지치므로 1시간은 발성기도, 1시간은 마음의 기도를 하면 서로 조화를 이루는 기도가 됩니다.

이 마음의 기도가 안 되고 정신이 산란해지면 발성기도로 다시 돌아가야 합니다. 잘못하면 잡념에 사로잡히고 기도문이 막히는 경우도 생깁니다. 잡념을 해결하는 방법은 잡념에 관심을 두지 말고 하나님을 찾는 기도에 집중하는 것입니다. 기도에 집중하여 기도하다가 보면 잡념이 성령의 역사로 물러가는 것입니다. 절대로 인간의 힘이나 행동으로 잡념이 물러가는 것이 아니고 성령의 역사에 의하여 물러가는 것입니다. 잡념은 떠나가라, 떠나가라, 한다고 잡념이 물러가지 않는 것입니다. 그러므로 잡념이 들어오면 아랫배에 힘을 주고 강하게 숨을 하면서 마음 안의 하나님을 찾는 것입니다. 다른 방법은 소리를 내어 발성 기도를 하든지, 또는 찬양을 하든지, 성경을 읽고 잡념을 몰아내든지, 지옥이나 예수님의 십자가 죽음을 묵상하든지 등등으로 해결책을 찾아야 합니다.

셋째, 영의기도입니다. 심령에서 불이 나오는 깊은 영의기도 3단계는 가장 어려운 단계로 영으로 하는 기도입니다. "정신의 핵심" 영이 거처하는 마음 안에 내려가 영과 하나가 되는 성령의 기도입니다. 즉 혼의 가장 깨끗한 핵심 부분인 "누스(Nous):마음의 눈"가 영과 결합하여 성령으로 느리는 엉의기도입니다. 이 기도는 1,2단계 기도가 충분히 발전되어 자동으로 깊은 영의기도가 24시간 쉼 없이 이루어질 때에 일어납니다. 쉬지 않고 하나님을 찾으며 기도하는 단계입니다. 항상 성령의 임재 가운데 있는 상태입니다. 즉 회개와 겸손과 희생으로 영-혼-육이 충분히 정화되고 성령의 조명을 받을 때에 일어납니다.

이때에 하나님을 대면하며 그의 현존과 임재를 느끼며, 우리의 영-혼-육의 전인적인 부분이 치유되고 통합되는 신비한 체험을 합니다. 쎄오리아(Theoria), 즉 하나님을 "관상(Contemplation: 봄, 임재 하심을 느낌, 현존을 체험)"하는 최고의 단계에 이릅니다. '쎄오리아'의 의미는 '묵상, 들여다보기'라는 뜻입니다. 다시 말해 '묵상'이란 '자신의 처지를 하나님의 눈으로 보는 시선'을 의미합니다. 묵상은 자신 안에 감금된 자기를 관찰자의 눈으로 보고 자신만의 길을 찾기 위한 연습입니다. '마음의 눈'이라고 불리는 '누스'를 통해 사물을 경험하고, 관찰하고 이해하는 것이 바로 '쎄오리아'입니다. 쎄오리아는 궁극적으로 신과 합일되는 '쎄오시스'의 과정입니다. 결국 인간은 '쎄오리아'를 통해 자기를 완전히 버리고 신의 경지에 도달할 수 있게 됩니다.

이것은 어떤 부정적 의미의 신비주의나 엑스타시가 아니라, 내 전인이 변화를 받아 지혜와 사랑을 얻기 위한 성령 하나님의 은총의 체험입니다. 이 '쎄오리아'의 결과로 하나님이 주신 성령의 불과 기름부음과 능력이 흘러나오며, 하나님이 주시는 참 지혜가 생기며, 세상을 향해 베풀 수 있는 사랑을 하나님으로부터 받게 됩니다. 저는 이 기도를 통하여 저의 영육의 치유와 깊은 영성을 유지하며 사역을 하고 있습니다. 이 깊은 영의기도 3단계에 의식적으로 들어가야 하겠다고 생각하면 절대 들어갈 수 없습니다. 2단계 마음의 기도를 집중적으로 몰입해서 계속하다가 보면 어느 순간에 영의기도에 들어갑니다. 영의 기도의 최고의 경지로서 여러 가지 영적 체험을 할 수 있습니다. 이 단계에 들어가려면 많은 훈련과 의지와 노력이 필요합니다.

넷째, 영-혼-육의 전인격이 기도하는 것입니다. 영의 기도를 지속적으로 하다가 보니 한 차원 발전하여 온몸으로 기도하는 것입니다. 전인격이 하나님께 기도하는 것입니다. 쉽게 설명하면 성령께서 영-혼-육의 전인격을 지배하여 온몸으로 기도드리는 것입니다. 하나님과 대면하면서 하나님의 마음으로 자신을 보면서 기도하는 것입니다. 마치 예수님께서 새벽 오히려 미명에, 밤이 맞도록, 또한 겟세마네동산에서 땀방울이 핏방울이 되도록 기도하신 것과 같은 기도입니다. 예수님께서 그렇게 기도하신 것은 오로지 하나님이 자녀들을 위해 본(本)을 보이신 것입니다. "너희들이 이렇게 기도해야 마귀를 진멸할 수 있고, 영혼을 살릴 수가 있고, 십자가를 질 수 있고, 하나님의 음성을 들을 수가 있고, 하나님의 뜻에 순종할 수 있고, 사명을 감당할 수 있다"는 것을 친히 몸으로 보여주신 것입니다. 이렇게 영-혼-육의 전인격으로 기도해야 하나님과 대면할 수기 있고 하나님과 대화할 수가 있는 것입니다.

예수님께서 겟세마네동산의 기도를 하신 후 어떤 일이 벌어졌습니까? 바로 가룟 유다가 군사들을 이끌고 예수님을 잡으러 왔고, 제자들은 다 도망갔고, 예수님은 다음날 십자가에서 달려 죽으셨습니다. 예수님도 십자가의 고통이 얼마나 큰 것인 줄 아셨기에 "심히 고민하여 죽게 되었다. 이 잔을 내게서 옮기시옵소서!"라고 기도하셨습니다. 예수님은 육신을 입고 오셨기에 십자가의 고통이 너무나 힘드셨던 것입니다. 하지만 겟세마네동산의 피땀 어린 기도를 하신 후에 잠잠히 십자가의 길을 가시는 모습을 볼 수 있습니다. 이것이 온몸으로 드리는 피땀 어린 기도의 능력입니다. 온몸으로 기도하는 것이 영의 사람의 기도입니다. 온몸으로 기도하는 단계까지 발전해야 합니다.

3부 방언기도를 클리닉 하라.

13장 방언기도에 숨어있는 신비

(고전 14:14-15)"내가 만일 방언으로 기도하면 나의 영이 기도하거니와 나의 마음은 열매를 맺지 못하리라. 그러면 어떻게 할까 내가 영으로 기도하고 또 마음으로 기도하며 내가 영으로 찬송하고 또 마음으로 찬송하리라"

하나님은 영이시면서 살아계십니다. 하나님이 영이시니 영적인 기도가 되어야 하나님께서 들으시고 응답하십니다. 방언기도가 영적인 기도입니다. 방언기도를 바르게 하면 참으로 좋습니다. 영으로 하나님과 교통할 수가 있기 때문입니다. 하나님은 고린도전서 14장 14절에서 "내가 만일 방언으로 기도하면 나의 영이 기도하거니와 나의 마음은 열매를 맺지 못하리라." 말씀하십니다. 하나님과 교통하는 기도를 하려면 방언기도를 해야 합니다. 영으로 기도할 때 영이신 하나님께서 들으시고 응답을 할 수 있기 때문입니다.

방언기도는 성령의 은사입니다. 은사는 받겠다고 해서 다 받아지는 것은 아닙니다. 아무리 그 은사를 사모하고 오랫동안 기도해도 하나님의 뜻이 아니라면 그 은사는 나타나지 않습니다. 그러나 예외가 하나 있습니다. 방언의 은사는 달라고 간절히 기도하기만 하면 누구에게나 주십니다. 방언의 은사는 누구나 받는 은사이고,

누구에게나 주시는 은사이고, 누구나 받아야 하는 은사인 것입니다. 방언의 은사는 기도의 은사이기 때문입니다.

　방언의 은사는 제일 작은 은사, 별로 귀한 은사가 아닌 것같이 생각하는 사람이 많습니다. 물론 방언의 은사는 성령의 모든 은사 중 가장 흔한 은사입니다. 그러나 어느 면에서는 성령의 모든 은사 중, 가장 귀한 은사가 방언의 은사라고 말할 수도 있을 것입니다. 사람의 생각으로는 희귀한 것이 귀한 것처럼 보이지만, 하나님은 인간이 사는데 꼭 있어야 하는 귀한 것일수록 그것을 아주 흔하게 공급해 주십니다. 그것 없이는 단 몇 분도 살지 못하고 죽고 마는 공기 같은 것은 하나님은 무한량으로 공급해 주십니다.

　방언의 은사는 매우 흔한 은사이고, 누구나 원하기만 하면 주시는 것은 그것이 우리가 신앙생활을 해 가는데 있어서 꼭 필요한 아주 귀중한 은사이기 때문입니다. 방언의 은사는 기도의 은사이기 때문입니다. 그런데 제가 지난 16년간 성령치유 사역을 하면서 체험한 바로는 방언기도를 바르게 하지 못하는 분들이 있다는 것입니다. 분명하게 영으로 기도하려면 심령 깊은 곳에서 기도가 올라와야 맞습니다. 그런데 목으로 기도를 하는 분들이 있습니다.

　이런 분들이 이구동성으로 하는 말이 마음이 답답하고 기도응답이 되지 않는 다고 하소연을 합니다. 그래서 안수를 해보면 영의 통로가 막혀있는 분들이 많습니다. 영의 통로가 열려 심령 깊은 곳, 영에서 방언기도가 올라와야 하는데 목에서 기도를 하기 때문에 기도는 많이 하는데 비하여 심령이 변하지 않고 기도응답을 받지 못합니다.

방언기도는 반드시 성령으로 해야 합니다. 그래야 영이신 하나님과 교통하면서 하나님의 음성을 들을 수가 있습니다. 그리고 방언기도하면서 성령의 역사로 심령을 정화할 수가 있습니다. 좌우지간 방언기도를 바르게 성령으로 하면 영적인 유익이 참으로 많습니다.

첫째, 영의 보화를 나타낸다. 우리 마음 안에 영이 있습니다. 영 안에 성령께서 좌정하고 계십니다. 영 안에 보화가 있습니다. 그래서 성경은 마태복음 13장 44-46절에서 "천국은 마치 밭에 감추인 보화와 같으니 사람이 이를 발견한 후 숨겨 두고 기뻐하며 돌아가서 자기의 소유를 다 팔아 그 밭을 사느니라. 또 천국은 마치 좋은 진주를 구하는 장사와 같으니, 극히 값진 진주 하나를 발견하매 가서 자기의 소유를 다 팔아 그 진주를 사느니라" 말씀하시는 것입니다. 마음 안에 보화가 있습니다.

마음 안에 있는 보화는 성령으로 충만한 영의 상태가 되어야 나타나는 것입니다. 방언으로 기도하여 성령으로 충만한 영의 상태가 되니 하나님의 나라에 있는 보화가 나타나는 것입니다. 하나님의 나라가 어디에 있습니까? 성경 누가복음 17장 21절에 보면 "또 여기 있다 저기 있다고도 못하리니 하나님의 나라는 너희 안에 있느니라" 말씀하십니다. 이와 같이 말씀은 "우리 마음 안에 하나님의 나라 보화가 있다"고 말씀하고 있습니다. 하나님의 나라 천국이 우리 마음 안에 있습니다. 이 천국에서 세상을 이기는 영적인 권능인 에너지가 올라오는 것입니다. 보화는 영의 통로가 열려 성령으로 충만한 영적인 상태에서 영에 연결되어 접근이 가능합니다. 이 보화는 세상을 이길 수 있는 권능입니다. 세상 어디에서 느낄 수 없는 참 평안입니다. 이 보화는 하나님의 영감입니다. 영감이 있어야 하나님의 마음을 알 수가 있습니다.

그러나 우리가 그 보화에 접근하지 못한다면 무슨 소용이 있을까요? 보화가 있는 영 안에 접근이 가능한 방법은 성령으로 방언기도를 하는 것입니다. 성령으로 방언기도를 하여 충만한 상태가 되면 자신의 안에 하늘나라가 있다는 것을 느낄 수가 있습니다. 이는 체험해 본 성도만 이해할 수가 있습니다. 마음 안에 있는 하나님의 나라에 접근하는 방법은 어렵지 않습니다. 먼저 코로 숨을 깊게 들이쉽니다. 내쉬면서 방언으로 기도합니다. 이렇게 지속적으로 하다 보면 성령으로 충만한 영의 상태가 되어 자신 안에 하나님의 나라에 들어간 것을 알 수가 있습니다. 우리가 방언을 사용하여 우리 몸 안 하나님의 나라에 있는 보화에 들어가 보화를 케네면서 기도한다면 우리의 삶은 더욱 풍성해집니다. 지속적인 노력을 해서 숙달을 해야 가능한 것입니다.

둘째, 성령으로 충만 받는다. 자신의 영 안에 있는 하나님의 나라에 들어가면 초자연적인 에너지가 올라옵니다. 이것이 예수님의 성령입니다. 지속적으로 기도하면 성령이 충만해집니다. 성도들이 보통 말하는 불입니다. 성령이라고 하기도 합니다. 성령의 불이라고 합니다. 방언기도하면서 성령으로 충만 받기 위하여 우리가 바르게 정립해야 할 것이 있습니다. 보통 목회자들이나 성도들이 말하기를 성령의 불을 받아야 한다. 그곳에 가면 성령의 불을 받는다. 이렇게 성령의 불을 받는다고 표현을 많이 합니다. 그래서 성도들이 불을 받는 것으로 알고 있는 경우가 많습니다. 과연 성령의 불을 받는 것이 맞을까요? 아닙니다. 예수를 믿고 성령으로 거듭난 성도는 성령의 불이 마음 안에서 나오는 것이 맞습니다. 지금 성령은 성도의 마음속에 계시기 때문입니다. 하나님의 나라가 성도 마음 안에 있기 때문입니다.

오순절 마가의 다락방에서 성령이 하늘로부터 임했습니다. 사도행전 2장 1-4절을 보겠습니다."오순절 날이 이미 이르매 그들이 다같이 한 곳에 모였더니, 홀연히 하늘로부터 급하고 강한 바람 같은 소리가 있어 그들이 앉은 온 집에 가득하며, 마치 불의 혀처럼 갈라지는 것들이 그들에게 보여 각 사람 위에 하나씩 임하여 있더니, 그들이 다 성령의 충만함을 받고 성령이 말하게 하심을 따라 다른 언어들로 말하기를 시작하니라." 불의 혀처럼 갈라지는 것들이 그들에게 보여 각 사람 위에 하나씩 임하였다고 합니다. 성령은 개별적으로 마음 안에 있는 하나님의 나라인 심령 성전에서 나타나야 합니다.

이후로는 오순절 날 마가의 다락방에서 성령의 불을 받은 사람들이 기도할 때 임했습니다. 사도행전 4장 28-31절을 보겠습니다.

"하나님의 권능과 뜻대로 이루려고 예정하신 그것을 행하려고 이 성에 모였나이다. 주여 이제도 그들의 위협함을 굽어보시옵고 또 종들로 하여금 담대히 하나님의 말씀을 전하게 하여 주시오며, 손을 내밀어 병을 낫게 하시옵고 표적과 기사가 거룩한 종 예수의 이름으로 이루어지게 하옵소서 하더라. 빌기를 다하매 모인 곳이 진동하더니 무리가 다 성령이 충만하여 담대히 하나님의 말씀을 전하니라" 오순절 날 성령의 세례를 받은 성도들이 뜨겁게 기도할 때 성령이 충만해졌다는 말입니다.

위로부터 임하는 오순절 날로 종료되었습니다. 오늘날은 성령을 받은 사람에게 안수 받을 때 성령을 받을 수 있습니다. 지금은 혼자 기도할 때 하늘에서 성령의 불이 임하지 않습니다. 성령 받은 사람에게 안수를 받을 때 성령의 불이 임합니다. 한마디로 성령의 불을 처음은 받을 수가 있다는 말입니다. 그러나 계속 성령의 불을 받으면 안 됩니다. 영적자립을 할 수 없는 성도가 되기 때문입니다. 영으로 기도하여 자기 안에 있는 성령의 불을 밖으로 나오게 해야 합니다. 자기 마음 안에 있는 불을 밖으로 나오게 하는 것이 성령의 세례입니다.

자신 안에 계신 성령이 순간 자신을 장악하는 것을 성령의 세례라고 합니다. 성령의 세례를 받은 후에는 성령의 불세례가 임하면서 자신을 완전하게 장악을 합니다. 그러므로 한번 성령세례 받았다고 다된 것은 아니라는 것입니다. 성령의 충만이 계속 되어야 합니다. 성령으로 충만하게 하는 적극적인 방법이 방언으로 기도하는 것입니다. 성령으로 방언 기도할 때 자신 안의 하나님의 나라에서 성령의 불이 올라옵니다. 고로 방언으로 기도하여 성령의 충만을 받아야 우리가 정말 하나님이 살아 계신 것을 체험하게 됩니다. 성령의 역사로 능력과 권세가 자신 안에 있는 하나님의 나라에서 나타나서 우리의 모든 유혹을 물리치고 하나님의 위대한 일꾼이 될 수가 있는 것입니다.

그리고 성령으로 방언기도를 하면 우리의 영이 하나님의 능력과 권능으로 강해집니다. 세상을 변화시키려면 우리는 하나님의 능력과 기름부음이 필요합니다. 또한, 우리가 방언으로 기도하면 우리 주변의 공기가 하나님의 임재, 하나님의 기름부음, 하나님의 권능으로 충만해집니다. 성경에 강조되지 않아서 숨겨져 있지만, 우리가 복음의 역사를 통해 성령님의 역사를 연구해 보면 주님 안에서 엄청난 권능을 행했던 사람들은 모두 다 방언으로 기도했습니다. 필자역시 방언기도를 통하여 영안에 임재하신 성령으로부터 권능을 받아가며 치유사역을 감당하고 있습니다. 믿음으로 초자연적인 언어, 방언으로 기도하시기 바랍니다. 성령의 권능은 우리의 혼이 아니라, 성령으로 기도할 때 영으로부터 올라오는 것입니다. 반드시 성령으로 방언기도를 해야 성령의 권능이 자신의 영 안에서 나타나는 것입니다.

셋째, 말씀의 비밀을 깨닫게 된다. 하나님의 말씀은 반드시 성령으로 충만한 영의 상태에서 깨달을 수가 있습니다. 하나님은 성경의 모든 예언은 사사로이 풀 것이 아니라고 강조 하십니다(벧후 1:20). 예언은 언제든지 사람의 뜻으로 낸 것이 아니고 오직 성령의 감동하심을 받은 사람들이 하나님에게 받아 말한 것이라고 합니다(벧후1:20). 고로 성경 말씀의 뜻을 바르게 알려고 하면 성령의 충만함을 받아야 합니다. 성령으로 방언기도를 하여 성령의 충만한 상태에서 성령의 감동을 받아 풀어야 하는 것입니다. 성령이 충만한 상태가 되면 영안이 열리게 됩니다. 영안이 열려야 하나님의 말씀의 비밀을 깨달을 수가 있습니다.

영안은 자신이 열고 싶다고 열리는 것이 아닙니다. 성령의 세례를 받아야 합니다. 방언으로 기도하여 성령의 충만함을 받아야 열립니다. 성령으로 충만한 상태에서 말씀을 삶에 적용하면서 체험함으로 열리는 것입니다. 그것도 단번에 열어주시는 것이 아니고 말씀과 성령으로 영적인 수준이 자라는 만큼씩 열어주십니다. 영안은 전적으로 말씀과 성령으로 열리는 것입니다.

그러므로 방언으로 기도하여 성령의 충만함으로 영안이 열려야 정확한 하나님의 말씀의 비밀을 알 수가 있습니다. 성경은 하나님의 말씀입니다. 방언으로 기도하여 성령으로 충만한 영안으로 말씀을 보면 말씀 속에 있는 영적인 비밀이 보입니다. 자신의 나약한 모습이 보여 집니다. 자신이 예수를 믿으면서도 육신에 속한 그리스도인인가, 아니면 예수 그리스도의 보혈로 새롭게 태어난 영적인 그리스도인 인가가 밝히 보여 집니다.

그리고 자신이 교만한 사람인가 겸손한 사람인가가 보여 집니다. 말씀 속에서 영적인 세계가 보여 집니다. 성령의 역사가 보여 집니다. 천사의 세계가 보여 집니다. 악령의 세계가 보여 집니다. 사람의 역사가 보여 집니다. 그리하여 자신이 하나님을 역사를 따라가는 성도인가 아닌가가 보여 집니다. 영안으로 자신을 보면 자신이 사람을 두려워하는 성도인가 아닌가가 보여 집니다. 그리고 예수를 믿더라도 육신에 속하고 세상을 즐기면 마귀가 가차 없이 침입하는 것도 알고 깨닫게 됩니다.

하나님은 말씀만 하시는 하나님이 아니라, 말씀하시고 이루시는 하나님이라는 것도 알게 됩니다. 그리고 성경 말씀 속에서 각종 영적인 원리들을 발견하게 됩니다. 영안으로 말씀을 보면 하나님의 음성을 듣는 원리가 보입니다. 영안으로 말씀을 보면 예언하는 원리와 중요성이 보입니다. 영안을 열어 말씀을 보면 영적인 전쟁을 하는 비결이 보입니다. 영안이 열리면 말씀 안에서 하나님의 복을 받는 방법이 보입니다. 말씀 안에서 성도를 하나님의 군사로 훈련시키는 방법을 깨달아 알고 성령의 역사를 따라갑니다. 그래서 연단이나 훈련의 의미를 깨닫고 하나님에게 감사하며 훈련을 달게 받게 됩니다. 영안에 대하여 자세하게 알고 싶은 분은 "영안을 밝게 여는 비결" 책을 읽어보시기를 바랍니다.

성령으로 방언 기도하여 성령으로 영안을 열어 말씀 속에서 하나님의 살아 역사하심을 눈으로 보시기를 바랍니다. 방언으로 기도하여 성령으로 충만한 영의 상태에서 열린 영안으로 말씀을 보니 예수를 믿으면 죽어서 천국 가는 것만 보이는 것이 아니라, 이 땅에서도 심령에 천국을 이루면서 영과 진리로 하나님을 예배하면서 아브라함의 복을 받아 세상에 하나님의 나라를 건설하다가 천국에 들어가는 것을 하나님은 기쁘시게 여기신다는 것을 깨달아 알게 합니다. 방언으로 기도하여 성령으로 충만한 영의 상태에서 영안으로 말씀을 보아야 비밀이 보입니다.

넷째, 하나님의 음성을 듣는다. 예수를 믿고 성령으로 거듭난 하나님의 자녀는 하나님의 음성을 듣는 것은 생 사간에 문제입니다. 하나님의 음성을 듣고 행해야 기적으로 체험하며 살아갈 수가 있습니다. 하나님의 음성은 방언 기도하여 성령으로 충만한 상태에서 들리는 경우가 보통입니다. 방언으로 기도할 때 하나님의 음성이 들린다는 것입니다. 방언으로 기도하여 성령으로 충만해지니 하나님과 교통할 수 있다는 것입니다. 하나님은 영이시기 때문에 우리가 하나님과 같은 영적인 상태가 되어야 대화가 가능한 것입니다. 그러므로 방언기도를 하나님의 음성을 듣게 하는 적극적인 방법이 될 수가 있습니다. 그래서 성경에 보면 바울은 방언을 통해 우리가 하나님과 직접 대화한다고 말했습니다.

예수를 믿고 성령으로 거듭난 성도들은 사람에게 말하는 것이 아니라, 하나님에게 말하는 것입니다. 하나님의 음성을 듣고 순종해야 하나님과 동행할 수가 있는 것입니다. 세상의 모든 사람들이 하나님에게 말하는 것을 원할 것입니다. 그렇지만 어떻게 하나님과 대화하는지를 알지 못합니다. 우리가 방언을 하는 것은 직접 보좌에 계신 하나님과의 대화를 하는 특권을 가질 수 있다는 말입니다.

많은 분들이 방언 기도를 독백으로 생각합니다. 그냥 막연하게 하나님에게 아뢰는 것이 기도인 것으로 착각하는 성도님들이 계십니다. 그러나 방언 기도는 하나님의 소리를 듣는 시간입니다. 그러므로 "기도를 하나님에게 한다." 라는 표현 보다 "하나님의 소리를 듣는 것이다." "하나님의 눈으로 자신을 바라보는 것이다." 라고 표현하는 것이 맞습니다. 하나님은 영이십니다. 방언기도는 예수를 믿는 성도가 영이신 하나님에게 음성을 들으려는 적극적인 수단입니다. 그러므로 그분의 음성을 들으려면 나의 생각과 의지를 버리고, 오직 영이신 그분에게 집중해야 합니다. 아니 하나님에게 몰입한다는 표현이 맞습니다. 하나님이 영이시기 때문에 내가 방언으로 기도하여 성령으로 충만한 영적인 상태가 되어야 하나님의 음성이 들리는 것입니다.

그러므로 하나님과 영적인 교통을 위해서는 우리의 육은 무익한 것입니다. 어찌하든지 영적인 상태가 되어야 하나님의 음성(레마)이 들립니다. 레마를 듣고 행동에 옮길 때 여러 가지 보이는 역사가 나타나는 것입니다. 그래서 바울은 (고전14:15)"그러면 어떻게 할까 내가 영으로 기도하고 또 마음으로 기도하며 내가 영으로 찬송하고 또 마음으로 찬송하리라." 고 하는 것입니다. 방언으로 가도하여 마음 안에 임재하신 하나님의 나라와 연결이 되어야 하나님의 음성을 들을 수가 있는 것입니다. 방언기도는 마음 안, 영속에 있는 보화가 나타나게 하는 수단입니다. 성령으로 방언기도를 많이 하시기를 바랍니다. 자신의 영속의 보화를 자꾸 나타내시기를 바랍니다. 그리하여 삶이 하늘나라가 되어 아브라함의 복을 누리시기를 바랍니다.

다섯째, 마음의 상처가 치유된다. 생명을 가지고 세상을 살아가는 성도라면 상처가 없는 사람은 극소수입니다. 모두가 상처가 있다는 말입니다. 필자는 성령으로 치유하는 사역을 전문으로 하는 사람입니다. 사역을 하다가 보면 마음의 상처는 오만 가지 문제의 원인이 됩니다. 세상을 살아가다가 보면 찌꺼기가 자꾸 들어오게 마련입니다. 이 찌꺼기란 바로 스트레스를 말합니다. 영적인 성도가 세상을 살아가는 것이 스트레스입니다. 이런 찌꺼기(스트레스)를 바로바로 치유하지 않으면 쌓이게 됩니다. 찌꺼기가 쌓이면 그곳이 마귀의 거처가 되기 쉽습니다. 그래서 깊은 영성을 유지하지 못하게 합니다. 성령으로 깊은 방언기도를 하지 못하게 방해합니다. 무의식에 들어있는 찌꺼기를 처리해야 성령으로 깊은 방언기도가 가능합니다. 이렇게 마음의 상처가 쌓였다면 배에서 나오는 소리로 기도를 하여 일단 영의 통로를 열어야 합니다.

그리고 강한 숨을 하면서 깊은 방언 기도를 하면 성령의 불이 심령에서 올라와 이러한 찌꺼기는 밖으로 밀려 나오는 것입니다. 왜냐하면 내 안에 계신 성령님은 세상의 그 무엇보다도 강하고 크신 분이시기 때문입니다. 그러므로 성령으로 방언 기도하는 것은 심령을 치유하는 능력이 됩니다. 성령으로 방언기도를 하면 무의식과 잠재의식에 있는 묵은 상처들이 성령의 역사로 밀려나옵니다. 이렇게 지속적으로 깊은 영의 상태에서 마음에서 올라오는 방언으로 기도할 때 수많은 상처들이 치유됩니다. 상처가 치유되면서 자연스럽게 귀신들도 떠나갑니다. 자신의 마음 안에 역사하는 귀신은 성령으로 충만한 상태에서 마음으로 방언기도를 할 때 제일 무서워합니다. 그래서 지속적으로 마음으로 방언기도를 하면 귀신들이 성령의 권능으로 밀려서 떠나갑니다.

마음에 상처가 쌓이지 않기 위하여 이렇게 하시기 바랍니다. 하루가 지나기 전에(잠자리에 들어가지 전에) 마음의 방언으로 기도함으로 심령을 정화 하시기를 바랍니다. 그리하므로 항상 깨끗한 심령을 유지 하시기를 바랍니다. 깊은 영의상태에서 마음으로 방언 기도하여 성령이 충만한 상태에서 잠을 주무시는 습관을 드리시기를 바랍니다. 그러면 영성에도 좋고 건강에도 유익합니다. 성령의 인도를 받아 깊은 영의상태에서 마음으로 방언기도를 하면 마음 안에 있는 찌꺼기가 쌓이지 않습니다. 방언기도는 마음의 상처를 치유하여 주는 중요한 영의 활동입니다. 더 상세한 것은 "방언기도로 분출되는 카리스마" 책을 참고하시기를 바랍니다.

14장 방언기도하면 얻게 되는 유익

(고전14:39-40) "그런즉 내 형제들아 예언하기를 사모하며 방언 말하기를 금하지 말라 모든 것을 적당하게 하고 질서대로 하라"

하나님은 성도들이 방언으로 기도하여 영적으로 성숙하기를 원하십니다. 방언에 대한 성경의 기록은 예수님의 십자가와 부활 사건 이후 50일 만에 예수님의 제자들이 마가 요한의 다락방에 모여 간절히 기도할 때 강한 바람 같은 소리가 나고 불의 혀같이 갈라지는 것이 각 사람 머리위에 하나씩 임하여 있더니 모두다 성령의 충만함을 받고 성령이 말하게 하심을 따라 방언으로 말하기 시작했다고 기록되고 있습니다. 그 후에 베드로가 이탈리아의 백부장 고넬료의 집에 가서 말씀을 전할 때 듣는 자들 위에 성령이 임하시고, 그들이 방언도 하고 예언도 했다고 성경은 기록하고 있습니다. 그일 후에 상당한 기간이 지난 때에 바울이 에베소에 가서 그곳에 모인 제자들에게 말씀을 증거하고 안수하매 성령이 임하시므로 그들이 성령을 받고 방언도 하고 예언도 했다고 기록하고 있습니다.

하나님은 성령으로 기도하라고 하십니다. 하나님께서 영이시기 때문입니다. 방언기도에 대하여 오해가 많습니다. 지방에서 목회하는 목회자가 저에게 이렇게 말합니다. 방언기도를 그렇게 열심히 해대도 변화되는 것이 없어서 방언기도를 하지 못하게 해야겠다고 말합니다. 그래서 필자가 이렇게 말해드렸습니다. 기도시간에 목사님이 돌아다니면서 안수를 하여 막힌 영의통로를 열어주면 변화되지 말라고 해도 변화됩니다. 방언기도를 하지 못하게 하면 성도들의 영이 죽습니다. 방언 기도하던 성도가 방언기도 하지 못하게 하면 얼마가지 않아서 영육에 질병이 생길 수가 있습니다. 절대로 방언기도 하지 못하게 하면 안 됩니다. 성령의 역사가 일어나서 전인격을 지배하는 방언기도를 하도록 지도하십시오. 이와 같이 방언기도를 유창하게 해도 성령으로 전인격이 지배되지 못하면 인격이 변화되지 못합니다. 기도 시간에 담임목사님이 돌아다니면서 안수하여 영의통로를 뚫어서 성령님이 전인격을 장악하게 하면 됩니다. 그러면 서서히 성령님이 전인격을 장악하여 평안한 예수님의 성품으로 인격이 변합니다.

첫째, 방언은 성령 충만의 확신을 준다. 사도행전 2장 1절로 4절에 "오순절 날이 이미 이르매 그들이 다 같이 한 곳에 모였더니 홀연히 하늘로부터 급하고 강한 바람 같은 소리가 있어 그들이 앉은 온 집에 가득하며 마치 불의 혀처럼 갈라지는 것들이 그들에게 보여 각 사람 위에 하나씩 임하여 있더니 그들이 다 성령의 충만함을 받고 성령이 말하게 하심을 따라 다른 언어들로 말하기를 시작하니라"고 기록되어 있는 것입니다. 사도행전 2장 33절에도 "하나님이 오른손으로 예수를 높이시매 그가 약속하신 성령을 아버지께 받아서 너희 보고 듣는 이것을 부어 주셨느니라" 말씀하셨습니다.

성령이 감화, 감동하고 우리 마음에 임하신 것과 성령 세례 받는 것은 또 다른 체험인 것입니다. 성령 세례 받으면 눈으로 보고 귀로 들을 수 있는 증거로써 방언이 나타났다고 성경은 말하고 있습니다. 마가복음 16장 17절에도 "믿는 자들에게는 이런 표적이 따르리니 곧 저희가 내 이름으로 귀신을 쫓아내며 새 방언을 말하며"라고 성경은 분명히 말하고 있는 것입니다.

왜, 방언을 말하느냐고 사람들이 묻습니다. 그 대답은 방언을 말하게 되면 내가 성령으로 충만했다는 확증이 마음속에 생겨나기 때문입니다. 필자도 성령세례 받기 위해서 오랫동안 기도를 했습니다. 어떤 날은 성령이 충만한 것 같아서 기분이 매우 좋다가 어떤 날은 기운이 스산하고 괴로울 때는 '아~ 성령 안 받았구나!' 하루에도 몇 번이나 성령 받은 것 같기도 하고 안 받은 것 같기도 하고 그러다가 제가 방언을 말하기 시작하자 비로소 마음속에 확증이 생겼습니다. 사도들이 성령 받고 방언을 말한 것처럼 나도 방언을 말했으니 기분이 좋든 나쁘든 날이 맑은 날이나 날이 흐린 날이나 나는 성령세례 받은 사람이다. 성령님이 동행하는 사람이다. 왜, 그 증거가 내 입에서 나오는 방언이 있지 않느냐. 그래서 방언을 말하면 성령세례를 받았다는 확실한 증거를 가지고 의심하지 않고 믿음으로 나갈 수가 있기 때문입니다.

둘째, 방언은 하나님과 깊은 교통을 나누는 비밀한 언어이다. 고린도전서 14장 2절에 "방언을 말하는 자는 사람에게 하지 아니하고 하나님께 하나니 이는 알아듣는 자가 없고 그 영으로 비밀을 말함이니라" 말씀을 했고, 고린도전서 14장 14절에도 "내가 만일 방언으로 기도하면 나의 영이 기도하거니와 나의 마음은 열매를 맺히지 못하리라" 한다고 말했습니다. 방언기도는 알아듣는 자가 없습니다. 내가 방언을 해도 나도 못 알아들으니까. 내 마음이 하는 것이 아니라, 내 영이 성령으로 더불어 하나님께 기도하고 그것은 하나님과 우리 사람 사이에 비밀의 기도이기 때문에 사탄도 알아듣지 못합니다.

비밀이란 누가 알아들으면 비밀이 안 됩니다. 공개된 것입니다. 방언기도만은 내 마음도 알아듣지 못하고 사탄도 알아듣지 못합니다. 비밀하게 하나님과 교통하는 것입니다. 요사이 젊은이들이 말하는 것을 들으면 사실 못 알아듣는 말이 많이 있습니다. 우리 어른들에게는 비밀스러운 말입니다. 젊은이들은 선생님을 요사이 '샘'이라고 말하고 있습니다. 정말 좋다. 최고다. 라는 표현으로는 '짱'이라고 말합니다. 그래서 얼굴이 예쁘면 '얼짱' 몸이 좋으면 '몸짱' 그렇게 말합니다.

우리가 알아들을 수 없습니다. 그리고 반가워요 하는 말은 '방가' 그렇게 말합니다. 그리고 '썰렁하다'하면 재미없다는 말입니다. '얄딱꾸리하다'는 것은 이상하다는 말인 것입니다. '열 받는다. 뚜껑이 열린다'는 것은 화가 난다는 말입니다. '초딩, 중딩, 고딩' 하면 초등학교, 중등학교, 고등학교라는 것입니다.

알아들을 수가 없습니다. 자기들끼리 비밀을 말하는 것입니다.

컴퓨터 채팅을 하거나 핸드폰으로 문자를 보내는 것을 보면 기가 막힙니다. 글자는 하나도 없고 기호나 그림 같은 것을 서로 주고받는데 나 같은 사람이 보면 그게 글인지 그림인지 도무지 알 수가 없습니다. 그런데도 젊은이들끼리는 서로 잘 통합니다. 왜 그렇습니까? 그것은 그들만이 주고받는 언어이기 때문입니다.

이처럼 우리가 방언을 말하면 우리와 하나님 사이에만 통하는 말이 됩니다. 우리의 영은 우리의 사정을 알기 때문에 마귀가 알아듣지 못하게 하나님께 우리를 위해서 간절히 기도를 해주는 것입니다. 사탄이 알면 미리 가서 다 방해를 하기 때문에 안 됩니다. 우리가 말로 하면 마귀가 알아듣고서 미리 훼방을 놓을 수 있지만 우리의 영이 마귀도 알아듣지 못하고 우리 마음도 알아듣지 못하게 우리의 속사정을 하나님께 방언으로 다 아뢰면 하나님이 알아들으시고 우리를 위해서 역사해 주기 때문에 마귀도 속수무책이고 훼방할 수가 없게 되는 것입니다. 그러므로 하나님과 비밀적인 언어로써 기도한다는 것은 굉장히 중요하고 그 비밀의 언어가 바로 방언인 것입니다.

셋째, 방언은 자기 신앙의 덕을 세운다. 고린도전서 14장 4절에 "방언을 말하는 자는 자기의 덕을 세우고 예언하는 자는 교회의 덕을 세우나니"라고 말한 것입니다. 덕이란 말은 헬라어로 '호이코스 데모'라고 말합니다. 그것은 두 단어로 되어 있는데 '호이코스'라는 말은 '집'이라는 말이고 '데모'라는 말은 '집을 지어 올라간다'

는 말입니다. 그러므로 방언을 말하는 사람은 자기의 신앙의 덕을 세운다는 것은 방언으로 계속 기도하면 자기 신앙의 집이 점-점-점 더 강하게 지어진다는 것입니다. 방언으로 기도를 많이 하면 마음속에 성령으로 믿음의 기운이 꽉 들어차게 되는 것입니다.

필자는 제 개인의 체험으로 언제나 치유집회에 나가서 말씀을 전하기 전에 30분 내지 1시간동안 마음속에서 올라오는 방언으로 기도하면 마음속에 성령이 충만하게 됩니다. 성령으로 말미암아 믿음이 충만하게 들어차는 것입니다. 치유집회 할 때 대중 앞에서 귀신도 쫓아내야 되고, 내적치유도 하여 많은 병자를 고쳐야 되는데 그때 방언으로 기도하지 아니하면 마음에 불안과 두려움이 찾아옵니다. 두려움이 마음에 들어차기 때문에 말씀이 있어도 실천을 할 수가 없습니다. 그러나 마음속에서 올라오는 방언으로 30분 내지 1시간 기도하고 나면 마음에 평안이 찾아옵니다. 마음에 담대함이 생깁니다. 담대함으로 대중 앞에서 두려움 없이 귀신을 쫓아내고 병자를 위해 기도하고 내면의 상처를 치유하는 치료의 역사를 베풀 수가 있는 것입니다.

그러므로 방언기도는 목회하는 우리들에게는 얼마나 절실한지 모릅니다. 필자가 지금 원고를 적으면서도 마음속에서 올라오는 방언으로 기도하고 있습니다. 방언기도는 내가 다 아는 하나님 말씀, 내가 이미 믿고 있는 사실이지만, 그것이 하나님의 성령의 능력으로 내 마음에 꽉 들어차게 만들어 주는 놀라운 역사를 일으켜 주는 것입니다. 그렇기 때문에 방언 기도를 하면 자기의 신앙의 덕이 세워지고 예언을 하면 교회의 덕이 세워집니다. 예언은 오늘날 설교의 말씀을 말하는 것입니다.

설교를 깊이 있게 은혜롭게 하면 성도들이 설교를 듣고 마음속에 믿음이 쌓아지고 힘이 있어지지 않습니까? 좋은 설교를 들으면 믿음이 덕이 세워지는 것입니다. 믿음이 강해지고 믿음이 높아지는 것입니다. 이처럼 방언기도는 다른 사람 들으라고 하는 것이 아닙니다. 자기와 하나님 사이에 기도하지만, 방언기도는 자기의 신앙의 집이 쌓아져 가는 것입니다. 그러므로 이 세상에 살면 마귀는 우리의 신앙의 집을 자꾸 허물려고 합니다. 마귀를 통해서 신앙의 집이 무너지고 문드러지지만은 방언을 말하면 신앙의 집을 자꾸 지어가는 것입니다. 그렇기 때문에 우리는 이 어려운 세상에 살면서 매일매일 방언기도를 함으로써 자기 신앙의 덕이 꽉 들어차서 자기도 신앙에 튼튼하고 다른 사람에게도 신앙을 전달할 수 있는 믿음의 기가 꽉 들어찬 사람이 되어야 합니다.

넷째, 방언은 마음의 허전함에서 해방시켜 준다. 이사야 28장 11절로 12절을 보겠습니다. "그러므로 생소한 입술과 다른 방언으로 이 백성에게 말씀하시리라 전에 그들에게 이르시기를 이것이 너희 안식이요, 이것이 너희 상쾌함이니 너희는 곤비한 자에게 안식을 주라 하셨으나 그들이 듣지 아니하였으므로" 생소한 입술과 다른 방언이라고 말한 것입니다. 생소한 입술을 영어로는 "스테머링 립스"라고 하는데 푸~우 하는 이것이 생소한 입술입니다.

어떠한 사람은 방언으로 기도한다고 하면서 '따따따따따'하는 사람이 있습니다."저게 무슨 소리냐. 저게 무슨 방언이냐?" 그러나 생소한 입술입니다. 성령이 오시면 방언을 말할 때 그렇게 우리가 듣기에는 입술 떠는 어린 아이의 소리 같지만 그러나 그것도 하나님이 우리에게 말씀하시는 일종의 방법인 것입니다. 생소한 입술과 다른 방언으로 이 백성에게 말씀하시리라. 전에 그들에게 이르시기를 이것이 너희 안식이요, 이것이 너희 상쾌함이라고 말한 것입니다. 방언은 우리에게 안식을 주고 우리에게 상쾌함을 준다고 말하고 있는 것입니다. 오늘날 많은 사람들은 마음에 상쾌함이 없고 여유와 기쁨을 잃은 채로 살아갑니다. 스트레스를 받아서 마음에 병이 들어차고 염려, 근심, 불안, 초조, 절망이 가득 들어찹니다. 아무리해도 마음에 다가오는 불안과 공포, 염려가 사라지지 않습니다. 오늘날 같이 경제적으로 어렵고 내일을 바라볼 수 없는 불안에 싸였을 때 모든 사람들은 스트레스에 처해 있고 즐거움이 없습니다. 슬픔이 꽉 들어차고 조금만 잘못하면 서로 분쟁을 하고 논쟁을 하게 되는 것입니다. 어떻게 하면 우리는 이 마음속에 깊이 있는 스트레스 염려, 근심, 불안, 초조, 절망에서 해방되어 마음에 상쾌함을 가지고 평안을 얻을 수가 있겠습니까? 마음속에서 올라오는 방언으로 기도하면 마음에 상쾌함을 가지고 평안을 얻을 수가 있습니다.

오늘날 우리 모든 사람들은 무의식에 상처를 가지고 있습니다. 심리학자들은 말하기를 우리는 현재의식과 잠재의식이 있는데 우리가 깨닫지 못하는 우리의 의식 10분의 9가 잠재의식이라고 말합니다. 우리가 이 세상에서 당하는 염려, 근심, 불안, 초조, 절망, 고통을 현재에 감당하지 못하니까 전부 잠재의식 속에 밀어 넣습니다. 마음의 잠재의식 속에 모두 다 밀어 넣어 놓고 있습니다. 마음의 잠재의식 속에 밀어 넣은 염려, 근심, 불안, 초조, 절망, 고통, 괴로움이 냄새를 풍깁니다.

아무 일도 없는 것 같은데 냄새가 납니다. 마음에 슬프고 고통스럽고 혹은 머리가 아프고 관절염이 다가오고 가슴이 두근거리고 소화가 안 됩니다. 그런데 아무 이유가 없습니다. 왜 그럴까? 왜 그럴까? 왜 그럴까? 사람들은 그 마음속에 잠재의식 속에서 이러한 모든 것들이 부패하고 썩어져가고 있다는 것을 모르고 있는 것입니다. 우리의 잠재의식 속에 상처 입은 모든 것들이 어떻게 청소될 수 있습니까? 우리가 현재 생각하기 싫은 것은 전부다 밀어 넣고 있습니다. 나는 잊어 버렸다고 하지만 잊어버린 것은 하나도 없습니다. 모두다 우리의 잠재의식 속에 밀어 넣고 있는 것입니다. 이것을 청소할 수 있는 길이 어디 있습니까?

요사이는 정신분석학자나 심리학자를 찾아가서 꿈 해석을 해주고 여러 가지 질문을 해서 속에 감추어진 것을 풀어내 주어서 마음을 고치고 마음으로 말미암아 다가온 질병들을 고치려고 합니다. 그러나 마음속에서 올라오는 방언으로 기도하면 방언은 우리가 알지 못하는 말로써 우리 안에 계신 성령이 우리 마음의 잠재의식 속에 역사하셔서 청소해 주는 것입니다. 성령이 방언이란 빗자루를 들고 들어가서 깨끗하게 우리의 마음속에 있는 무의식과 잠재의식 속에 있는 모든 불안, 초조, 절망, 미움, 원한, 상처 입은 것을 다 쓸어서 청산해 주는 것입니다.

그렇기 때문에 쾌쾌한 냄새가 없어지는 것입니다. 마음이 평안해지고 상쾌해지는 것입니다. 방언기도를 오래하면 마음이 상쾌해지고 날이 갈 듯이 기뻐지는 것은 아주 어두컴컴한 방에 썩어져가는 것이 잔뜩 있던 것들을 청소하고 나면 방안이 상쾌해지고 즐거워지는 것과 똑같은 것입니다. 내 마음의 무의식이 청소가 되고 깨끗해지면 마음속에서 향기가 나고 즐거움이 있습니다.

미국의 어느 종교단체에서 발표한 것을 보니까 방언을 말하는 사람 중에는 정신병을 앓고 있는 사람이 하나도 없었다고 말했습니다. 왜냐하면 방언기도를 하므로 성령이 역사하여 정신병을 유발할 수 있는 마음의 상처가 다 치료되고 청소되어 버리기 때문인 것입니다. 그렇기 때문에 마음속에서 올라오는 방언기도는 개인의 마음을 청소하고 내 마음에 감추어진 상처를 치료하는데 많은 도움이 되고 축복이 되는 것입니다. 왜 방언을 말하는가. 알아듣지도 못하는 것을 왜 하느냐?

우리 진공청소기로 청소 같은 것 할 때 어떻게 진공청소기가 작동하는지 모릅니다. 요란한 소리가 나지만 청소가 됩니다. 왜 그런지 이유는 몰라도 기계가 돌아가서 청소가 됩니다. 마음속에서 올라오는 방언으로 기도하는 이유가 뭐냐, 알아듣지도 못하는데 왜 하느냐? 몰라도 우리 마음속에 청소가 되니까 하는 것입니다. 내 마음에 숨은 곳이 청소가 됩니다. 마음에 숨은 사람이 목욕을 하고, 청소가 되고, 건강하게 되고, 치료에 대해서 우리가 상쾌하고 평안하고 즐거운 긍정적인 신앙을 가질 수가 있게 되는 것입니다.

다섯째, 방언은 말할 수 없는 탄식의 기도이다. 로마서 8장 26절로 27절을 보십시다. "이와 같이 성령도 우리 연약함을 도우시나니 우리가 마땅히 빌바를 알지 못하나 오직 성령이 말할 수 없는 탄식으로 우리를 위하여 친히 간구하시느니라 마음을 감찰하시는 이가 성령의 생각을 아시나니 이는 성령이 하나님의 뜻대로 성도를 위하여 간구하심이니라" 성령도 우리 연약함을 도우십니다. 우리는 연약합니다. 우리는 미래에 한 치도 내다보지 못하고 있습니다. 앞날에 우리에게 무슨 일이 일어날지 모르죠. 자기 스스로 아무것도 할 수 없는 너무나 연약한 존재요. 그렇기 때문에 언제나 불확실 속에 살고 있기 때문에 늘 불안하죠. 그런데 이런 연약함을 성령이 우리를 도와주기 위해서 와서 친히 도와주십니다. 성령이 말할 수 없는 탄식으로 우리를 위해서 기도해 주므로 미래에 불확실성 속에 불안을 가지고 있는 우리 마음속에 평안을 주는 것입니다. 성령이 어떻게 말할 수 없는 탄식으로 기도합니까? 성령의 기도는 방언기도인 것입니다. 방언을 통하여 아주 탄식하듯이 간절한 마음으로 기도하는 것입니다.

성경은 약속해 주지 않습니까? 우리가 마땅히 빌 바를 알지 못하나 성령도 우리 연약함을 도우시나니. 성령이 말할 수 없는 탄식으로 우리를 위해서 친구 간구하시나라. 얼마나 좋습니까? 그러므로 성령은 우리를 돕기 위해서 24시간 우리와 함께 계시면서 우리가 성령께 맡기면 말할 수 없는 탄식으로 기도해 주시므로 위험에서 벗어날 수 있도록 도와주시는 것입니다.

여섯째, 방언은 통역이 따르면 예언과 같다. 고린도전서 14장 13절에 "그러므로 방언을 말하는 자는 통역하기를 기도할찌니"라고 말했고, 고린도전서 14장 3절에 "그러나 예언하는 자는 사람에게 말하여 덕을 세우며 권면하며 안위하는 것이요"라고 말했습니다. 방언을 통역하면 예언과 같습니다. 방언을 하면 성경에는 통역하기를 간구하라고 말씀하셨습니다. 방언을 직접 통역 안 해도 그 나라 말로써 알아듣게 할 때도 있고 또 통역을 통해서 예언처럼 알려 드릴수도 있는 것입니다.

일곱째, 방언은 깊고 오랜 기도를 가능하게 한다. 고린도전서 14장 15절에 "그러면 어떻게 할꼬 내가 영으로 기도하고 또 마음으로 기도하며 내가 영으로 찬미하고 또 마음으로 찬미하리라" 말씀합니다.

바울선생은 방언기도를 많이 하신 분입니다. 기도란 오래하면 오래할수록 신령해지고 오래하면 오래할수록 하나님과 깊은 교제를 합니다. 바닷물도 찰랑거리는 해변에 있는 것보다도 자꾸 깊이 걸어서 들어가면 나중에 깊은 물속에 헤엄을 치게 됩니다. 에스겔의 환상에서 보면 그가 강을 건너는데 제일 처음에는 발목에 채입니다. 그 다음에는 무릎에 채입니다. 그 다음에는 강물이 허리에 채입니다. 그 다음 헤엄치게 되었다고 했습니다.

오늘날 성령이 충만한 것도 발목에 충만한 정도는 교회에 끌려다니는 사람이고 무릎까지 충만한 사람은 꿇어 앉아 기도하는 사람이고 허리까지 충만한 사람은 이제 주님께 맡긴 사람이고 헤엄치는 사람은 충만한 사람인 것입니다.

성령이 충만해지려면 오래 기도해야 합니다. 한 5분 10분 기도해서는 성령 충만할 수 없습니다. 적어도 40분 이상을 해야 성령으로 충만 받을 수 있습니다. 오래 기도할 수 있으려면 어떻게 해야 합니까? 내가 아는 말로만 오래 기도할 수가 있을까요? 바울은 말하기를 "내가 아는 말로 기도하고 영으로 방언으로 기도하고 아는 말로 찬송하고 영으로 방언으로 찬송한다." 방언기도를 하면 내가 알아듣지 못하지만 오래오래 기도할 수 있는 것입니다. "모든 기도와 간구로 하되 무시로 성령 안에서 기도하고 이를 위하여 깨어 구하기를 항상 힘쓰며 여러 성도를 위하여 구하고(엡6:18)"

여기에 성령 안에서 기도하라는 것은 방언기도를 하라, 그 말씀인 것입니다. 제가 3-4시간 이상씩 기도한다고 하면 사람들이 눈을 휘둥그레 뜹니다. 3-4시간 이상 할 말이 없지 않습니까? 하루에 1시간 이상 기도하라고 하면 할 말이 없다는 것입니다. 무슨 할 말이 그렇게 많으냐? 내 자신을 위한 기도와 가족을 위한 기도, 교회를 위한 기도하고 나면 할 말이 없는데, 많이 했다고 시계 보면 5분밖에 지나지 않았다고 합니다.

그런데 어떻게 30분 이상 1시간, 3시간을 기도하느냐. 그것은 방언으로 기도 안하기 때문인 것입니다. 방언으로 기도하는 사람은 아는 말로 기도하다가 할 말이 없으면 또 방언으로 기도합니다. 방언으로 한참 기도하면 또 은혜를 받아서 또 아는 말로 기도합니다. 아는 말로 기도하다가 또 지치면 또 방언으로 기도하고 밤새토록 할 수 있습니다. 하루 종일 할 수 있습니다. 며칠이고 계속 기도할 수 있습니다. 아는 말로 기도하고 방언으로 기도하고, 아는 말로 기도하고 방언으로 기도하고, 그래서 방언기도는 기도의 언어로써 굉장히 좋은 것입니다. 저는 그동안 목회를 돌이켜 볼 때 내가 만일 방언으로 기도 안했으면 이 목회를 계속할 수 없었을 것입니다. 기도하지 않으면 지치고 피곤하고 영감이 오지 아니하고 하나님께로부터 레마를 받지 못합니다. 그러나 방언으로 계속 기도하면 마음이 상쾌해지고 변화 받고 깊은 은혜 속에 들어갈 수 있게 됩니다. 1시간 이상 기도를 하기 시작하면 하나님의 계시가 오기 시작하는 것입니다. 오래 기도하지 않고 하나님이 계시를 받을 수가 없습니다.

방언은 놀라운 기도의 언어입니다. 바울은 어느 누구보다 방언을 많이 말함을 감사했습니다. 고린도전서 14장 18절에 "내가 너희 모든 사람보다 방언을 더 말하므로 하나님께 감사하노라" 했습니다. 바울선생은 고린도 교인들이 다 합쳐서 하는 방언보다 더 많이 방언을 했다는 것입니다. 바울은 감옥에 들어있으면서도 방언을 하고, 여행하면서도 방언을 하고, 그리고 천막을 만들면서도 방언을 했습니다. 우리 아는 기도는 아는 말에 집중해야 되기 때문에 한꺼번에 두 가지 일을 할 수 없습니다. 하지만, 방언기도는 내 마음이 하지 않고 내 영이 성령을 통해서 합니다. 그러기 때문에 설거지 하면서도 방언하고, 걸어가면서도 방언하고 일하면서도 방언하고 언제든지 할 수 있습니다. 방언은 자동기계입니다. 내가 모르는 사이에 숨을 쉬고 내가 모르는 사이에 심장이 뛰는 것처럼 내가 모르는 사이에 방언으로 늘 기도하게 됩니다. 저는 밤에 자다가 깨어나면 혼자 방언을 하고 있는 것을 종종 발견합니다. 잘 때 아무 것도 모르는데 혼자서 성령이 폭풍우처럼 불어와서 방언으로 기도를 하고 있습니다.

 그러므로 방언기도라는 것이 얼마나 우리가 신령하고 긴 기도를 할 수 있는데 도움이 되는지 말로다 할 수 없습니다. 방언은 우리의 신앙생활에 말로 표현할 수 없을 정도로 유익함이 있습니다. 방언기도를 많이 하시기를 바랍니다. 방언기도에 대하여 더 많이 알고 싶은 분들은 "방언기도의 오묘한 신비"를 읽어보시기를 바랍니다. 이 책에는 방언기도의 전반적인 것들에 대하여 알려주고 있습니다.

15장 방언기도를 클리닉 하는 비결

(렘 22:21)"네가 평안할 때에 내가 네게 말하였으나 네 말이 나는 듣지 아니하리라 하였나니 네가 어려서부터 내 목소리를 청종하지 아니함이 네 습관이라"

하나님은 습관적인 방언기도를 경계하라고 하십니다. 제가 그동안 성령치유 사역을 하면서 개인 안수사역을 하면서 체험한 바로는 습관적인 방언기도를 하는 분들이 많이 있다는 것입니다. 목회자도 습관적인 방언을 합니다. 성도도 습관적인 방언기도를 합니다. 이렇게 습관적인 방언기도를 하니 아무리 기도를 많이 해도 심령의 변화가 없다는 것입니다. 아무런 영적유익이 없습니다.

방언기도는 바르게 하면 영-혼-육에 많은 유익이 있는 것이 사실입니다. 그러나 무조건 해대는 방언기도는 많이 해도 유익이 그렇게 크지 못하는 것이 사실입니다. 방언기도는 성령으로 해야 합니다. 방언기도가 성령으로 하는 기도가 아니라는 말이냐고 반문할 분들이 있을 것입니다. 필자가 개별치유를 하면서 체험한 바로는 인간적이고 인위적으로 만들어서 방언기도를 하는 분들이 있습니다. 또 영으로만 기도하기 때문입니다. 이런 방언기도를 아무리 오래하고 많이 해도 영-혼-육에 변화가 일어나지 않습니다. 그래서 하나님은 "내가 만일 방언으로 기도하면 나의 영이 기도하거니와 나의 마음은 열매를 맺지 못하리라. 그러면 어떻게 할까 내가 영으로 기도하고 또 마음으로 기도하며 내가 영으로 찬송하고 또 마음으로 찬송하리라(고전 14:14-15)" 강조하시는 것입니다. 방언기도는 성령의 이끌림을 받으면서 해야 합니다. 배꼽아래에 의식을 두고 호흡을 들이쉬고 내쉬면서 방언 기도하는 습관을 들여야 합니다. 그래야 방언기도하면서 마음에 감동을 받아 이성과 육체가 하나님의 영역으로 바뀌는 것입니다. 왜 방언기도를 오래했는데 변화가 되지 않는가, 이성과 육체가 하나님의 영역으로 바뀌지 않기 때문입니다. 방언기도는 하면 할수록 전인격이 하나님의 영역으로 바뀌어야 합니다.

　기도는 하나님께 집중하는 것입니다. 몰입해야 하나님을 만날 수가 있습니다. 기도는 하나님께 몰입해야 영의 상태가 되어 하나님과 교통할 수가 있는 것입니다. 영적인 능력도 마찬가지로 영적인 상태에서 나타나는 것입니다. 몰입 집중하는 것이 기도의 핵심입니다. 기도에 몰입하는 것입니다. 방언기도로 마음 안에 계신 하나님께 몰입하기 좋은 기도입니다. 몰입이라는 것은 어떤 일을 몰입해서 하는 것으로 완전히 정신을 집중해서 하는 것입니다. 세상에서 가장 즐거운 일은 자신이 좋아하는 일, 혹은 공부를 다른 사람의 간섭이나 강요 없이 스스로 집중하는 것입니다. 그렇게 일을 집중해서 할 때는 자신이 집중하고 있다는 사실 조자 모릅니다. 완전히 그 일과 하나가 되는 것입니다. 다른 잡념이 일어난다는 것은 그 일에 집중하지 않는다는 것을 의미하며 하고 싶은 일을 하지 않을 때 집중도 안 되고 잡념이 일어나는 것입니다. 즉, 잡념이 일어나기 때문에 집중을 못하는 것이 아니라, 집중을 하지 않기 때문에 잡념이 일어나는 것입니다.

자신이 집중한다는 사실도 잊은 채 몰입해서 일을 할 때 자신의 잠재력이 발휘되고 성취감도 높습니다. 예를 들면, 암벽등반을 할 때 사람들은 저 힘든 일을 왜 할까, 의아해 하지만, 하는 사람들은 힘들지만 고도의 집중력이 요구되기 때문에 하는 것입니다. 암벽등반을 할 때 자칫 딴 생각을 하게 되면 바로 사고로 이어지고 목숨을 잃을 수도 있습니다. 그러니 엄청나게 집중해야 하는 것입니다. 그러다가 정상에 올라가 그 집중마저 필요 없는 상태가 되면 완전한 이완에 도달하게 됩니다. 그때 쾌감이 오는 것이고 성취감이 오는 것입니다.

이것은 방언으로 기도하는 것도 마찬가지 입니다. 처음에는 억지로 집중을 해야겠지만, 고도의 집중이 이루어진 상태에서는 자신이 집중하고 있다는 사실도 알아차리지 못해야 합니다. 그러나 그 집중마저 놓아버린 상태가 완전한 이완된 상태가 되는 것입니다. 부부간의 대화도 그런 면에서 약간 비슷합니다. 부부간의 대화는 상대방에 몰입을 해야 할 수 있는 것입니다. 딴 생각이 일어나면 제대로 대화를 할 수가 없습니다. 대화를 하면서 다른 생각을 하면 상대방의 의도를 알아낼 수가 없을 것입니다. 필자는 가끔 사모에게 이런 말을 듣습니다. 대화하면서 다른 생각을 한다는 것입니다. 자신을 무시한다는 것입니다. 마찬가지로 기도하면서 다른 생각을 하면 영적인 상태에 들어갈 수가 없습니다. 성령으로 기도에 몰입 집중해야 영적인 상태에 이르게 됩니다. 필자는 개별치유를 합니다. 성령으로 기도하여 영적인 상태에 들어가지 못하면 치유가 되지 않습니다. 치유는 무의식과 잠재의식의 치유이기 때문입니다. 성령으로 몰입하며 기도 한다는 것은 여러가지 중요합니다. 자신안에 임재하여 계신 하나님께 몰입하며 집중하는 것입니다. 몰입 집중이 잘 되는 크리스천은 영성이 깊습니다.

몰입 집중을 좀 더 쉽게 예를 들어 설면 한다면 인도의 탄트라에서 수많은 성행위 장면을 묘사해 놓은 것도 단순히 음양의 화합, 신과의 합일을 묘사한 것이 아니라, 성행위와 같은 완전한 몰입과 자신을 내려놓음의 경지 상대방과 하나가 되는 경지를 묘사한 것도 포함됩니다. 기도에 집중해야 하나님의 뜻을 알 수가 있습니다.

기도에 집중하다가 보면 영적인 상태에 들어갑니다. 이 때 엄청난 카타르시스(마음의 정화: 쾌감)를 느끼게 됩니다. 몰입했다는 것을 잊어버리는 순간 이완이 오면 최고의 즐거움을 만끽하는 것입니다. 그것은 체험 해보지 않으면 알 수가 없습니다. 그 낙차가 크면 클수록 쾌감을 더 크게 작용합니다. 쉽게 말해서 소변을 오래 참다가 볼일을 봤을 때 쾌감이 큰 것처럼, 분출되는 엔탈피가 클수록 이완에 도달하는 과정에서 오는 쾌감이 크다는 뜻입니다.

비슷한 효과를 맞볼 수 있다고 하더라도 근본적으로 영적인 에너지를 사용하느냐, 욕망의 에너지를 사용하느냐의 차이 때문에 이렇게 다른 양상을 보인다는 것입니다. 영적인 에너지는 사용해도 고갈이 안 되지만, 욕망의 에너지는 사용하면 쉽게 고갈되는 현상을 보이게 됩니다. 방언기도를 몰입하면 할수록 영적인 에너지가 올라옴으로 고갈이 되지 않습니다. 그래서 방언기도에 몰입하여 마음 안에 계신 하나님으로부터 영적인 에너지가 올라오게 하라는 것입니다. 그러면 모든 사람들에게 영향을 끼칠 수 있는 크리스천이 됩니다. 그래서 요한복음 4장 14절에서 "내가 주는 물을 마시는 자는 영원히 목마르지 아니하리니 내가 주는 물은 그 속에서 영생하도록 솟아나는 샘물이 되리라" 말씀하신 것입니다.

우리가 바로 알아야 할 것은 반드시 성령으로 방언기도를 하면 심령이 변해야 한다는 것입니다. 그러므로 방언기도를 오래했는데 전인적인 변화가 없다면 기도하는 방법을 바꾸어야 합니다. 자신 안에 성전에서 성령으로 분출되는 방언기도가 되도록 해야 합니다. 방언기도는 성령의 초자연적인 역사가 일어나게 하는 적극적인 수단이기 때문입니다. 자신의 심령에서 성령의 초자연적인 역사가 일어나면 반드시 변해야 맞습니다. 제가 성령치유 사역을 하면서 바르게 방언기도를 하게 했더니 심령이 변하더라는 것입니다. 아니 변하게 되어 있습니다. 방언기도 간에 내면의 상처가 치유되고 잠재의식에 있는 상처들이 치유됩니다. 그래서 방언기도를 분별해 보아야 합니다. 방언기도를 지속적으로 했는데 자신에게 변화가 없다면 방언기도에 문제가 있는 것입니다. 자신의 방언기도에 대한 크리닉을 받아야 합니다. 무엇보다도 우선적으로 전문가에게 방언기도의 클리닉을 받아서 잘못된 방언기도를 고쳐서 해야 합니다.

왜냐하면 요즈음 절에서 하는 법회에서 불교신도들이 인간이 지어낸 방언을 많이 말합니다. 그들은 기독교의 방언이 하나님의 말이라는 주장에 대해서 받아들이지 않습니다. 자신들도 방언을 말하는데 그 방언은 부처님으로부터 오는 것이라고 믿습니다. 이것은 마치 모세가 바로 앞에서 지팡이가 뱀이 되게 하는 이석을 보여주자 이집트 술사들도 자신들의 지팡이를 던져 뱀이 되게 했던 것과 같습니다. 그러나 모세의 뱀이 술사들의 뱀을 잡아먹었습니다. 이것은 장차 우리가 겪게 될 영적 싸움의 모형으로 행하신 기적입니다. 불교신자들이 방언으로 기도하면 말할 수 없는 기쁨을 맛본다고 자랑합니다. 이것은 명상원에서 명상을 하는 사람들이 느끼는 황홀경(무아경)과 같은 것입니다. 이것은 영이 강력하게 우리 몸에 임할 때 육체가 느끼는 것으로 하나님의 영이나 악령이나 거의 동일한 것입니다. 그래서 불교신자들은 그들이 행하는 참선을 통해서 영적 감흥을 맛보는 것입니다.

방언을 말할 때도 그런 즐거움을 느끼는 것입니다. 그래서 더욱 더 그 곳에 말려들어갑니다. 불교신자들이 말하는 방언을 통해서 그들은 갖가지 환상과 이상을 경험합니다. 이것도 우리와 비슷한 것입니다. 이 모든 영적 증상들은 동일하지만 결정적인 차이가 하나 있습니다. 그것이 바로 영적 싸움에서 하나님의 영이 이 모든 것을 제압한다는 것입니다. 이집트 술사들도 뱀을 만들어내는 능력을 행함으로써 바로의 마음을 흐뭇하게 만들었습니다. 그러나 다음 순간 바로의 얼굴은 일그러졌습니다. 이처럼 오늘날 우리가운데에서도 이런 증거들이 그대로 나타납니다. 방언을 유창하게 말하면서 기도하는 불교신자가 이 점을 자랑합니다. 그런데 우리가 여기서 알아두어야 할 것이 있습니다. 영적인 일이라고 해도 우리가 그 일을 계속하면 우리 몸은 그 일에 익숙해져서 영의 힘이 아닌 육신의 힘으로 그 일을 하게 된다는 점입니다.

방언을 계속하게 되면 우리 혀는 그 말에 익숙해져서 자동으로 방언을 말하게 되는 것입니다. 이것이 방언이 습관이 된 것입니다. 이 경우에는 우리가 하는 방언은 영의 일이 아니라 육체의 일이 되는 것입니다. 이렇게 하는 방언으로는 아무런 유익을 얻지 못합니다. 습관이 된 방언기도에는 영적 능력이 담겨 있지 않기 때문에 강력한 변화를 경험하지 못합니다.

영적 싸움에서도 이런 습관화 된 방언으로는 효과를 거둘 수 없습니다. 그런 방언은 지루해서 사람을 지치게 만듭니다. 방언이 영으로 하는 것이 아닐 경우에는 도움을 얻지 못하며 우리의 영은 강해지지 못하는 것입니다. 이처럼 불교신자들도 자신들이 나름대로 지어낸 육체의 방언을 합니다. 이런 경우 그들도 역시 습관적인 방언기도와 마찬가지로 삭막합니다. 그러나 영으로 방언을 하는 경우 본인이 그 점을 즉각 느낍니다. 능력 있는 그리스도인 앞에서 불교신자가 아무리 영으로 하는 방언을 말하려고 해도 되지 않습니다. 그 사람은 이상하다면서 오늘 기도발이 받지 않는 것 같다고 변명합니다. 불교 신도들이 하는 방언은 분명하게 악한 영의 역사라는 것이 증명된 것입니다. 불교신자들이 자신들만 모인 곳에서는 기도도 잘 되고 황홀경을 경험합니다. 그런데 그곳에 능력 있는 그리스도인이 가면 그런 분위기가 사라집니다. 그들은 이곳에 부정한 사람이 들어와 있다면서 사방을 살펴 그리스도인을 지적해냅니다.

그리고 그곳을 떠나라고 합니다. 그들만이 있을 때는 마귀는 달콤함을 주어 그들을 사로잡지만, 그리스도인이 있으면 그 평화가 깨어지고 맙니다. 자신들을 이길 강력한 성령이 그 자리에 임하므로 마귀는 힘을 쓸 수 없게 되는 것입니다. 이와 같이 그리스도인이 있는 곳에 강한 마귀의 영을 지닌 사람이 들어오면 찬물을 끼얹은 것처럼 썰렁해집니다. 이 경우 그들의 영이 마귀의 영을 이기지 못하는 것입니다. 성령의 역사가 반감했기 때문입니다.

성령으로 영의 실체가 실린 방언은 그 효과가 나타납니다. 성령은 능력으로, 예언으로, 자신의 영은 회개라는 열매를 만들어냅니다. 그러나 습관이 되어서 하는 방언은 아무런 증거를 보이지 않습니다. 우리는 이런 방언을 많이 하게 됩니다. 의무적으로 기도하는 사람이나 영의 흐름을 파악하지 못합니다. 무지하게 방언으로 기도하는 사람의 경우 습관 된 기도를 하게 됩니다. 예수님은 바리새인들이 그런 습관 된 기도를 하고 있다고 지적했습니다. 이런 기도를 중언부언의 기도라고 하듯이 방언으로 하는 기도에도 역시 이런 중언부언이 있는 것입니다. 이런 기도로는 영적 싸움을 할 수 없습니다. 우리가 영으로 예민하고 늘 성령의 흐름을 민감하게 느끼려는 생각이 있어야 합니다. 그래야 불교신자들이 하는 것과 같은 맹목적이고 감각적인 즐거움을 좇아가는 어리석은 기도에서 벗어날 수 있는 것입니다.

불교신자들이 그들이 모이는 참선집회에서 느끼는 감각적인 즐거움이 거짓이라는 것이 참이신 그리스도의 영을 접할 때 들어납니다. 홀로 기도할 때 깊은 명상에 들어간다고 자랑하는 사람이 그리스도인 앞에서는 그것이 잘 되지 않으니 이상하다고 이야기합니다. 이것이 영적 싸움에서 승리하는 증거입니다. 우리는 거짓 평안과 즐거움을 몰아내고 참되신 주님의 평안을 전해야 하는 책임이 있습니다. 그러기 위해서 우리는 스스로 영의 흐름에 대한 분명한 의식이 있어야 하는 것입니다.

기도할 때 우리를 감싸는 세 가지 종류의 영의 분위기를 제대로 이해할 수 있어야 합니다. 그것은 직접 경험할 수 있을 때 구분하는 능력이 생깁니다. 말로 설명이 되지 않는 감각의 영역이기 때문에 우리 각 사람은 이 기능을 스스로 개발해야 합니다. 제가 "영안 열리면 귀신들이 보이나요" 책에서 강조한 것과 같이 분별의 능력을 개발해야 합니다. 반드시 성령으로 방언기도를 해야 합니다.

우리는 육체의 평안이나 마귀가 가져다주는 일시적인 황홀경을 경계해야 합니다. 육체적으로 근심된 일이 없을 때 우리는 평안한 기분을 느낍니다. 이것은 세상이 주는 평안이며, 주님이 주시는 평안을 그것과 다르다고 말합니다. 그 평안을 맛보아야만 육체적 평안과 구분할 수 있습니다. 성령이 주시는 평안의 실체를 경험하기 위해서 우리는 극한의 고난과 갈등이 주어지고 그런 환경에서 부여되는 실체적 평안을 우리는 맛보게 됩니다.

이럴 경우 그 평안의 근원이 어디인지를 기억하는 사람이 별로 없는 듯합니다. 그 평안과 육체적 평안이 어떻게 다른지를 제대로 기억하지 못하는 것은 모조품이 있다는 사실을 사전에 알지 못하기 때문입니다. 우리는 방언을 통해서 우리 안에 역사하는 영의 흐름을 읽을 수 있을 뿐만 아니라, 자신의 영적 상태를 점검할 수 있습니다. 무기력하고 습관적인 방언만 하고 있다면 죄의 문제를 보아야 합니다. 성령 충만을 방해하는 것은 죄이기 때문입니다. 불순종은 하나님으로부터 오는 모든 은혜를 가로막는 장애물입니다.

방언으로 기도할 때 새로운 힘이 들어오는 것을 느끼지 못한 채로 기도만 한다면 그것은 습관적으로 기도하는 것입니다. 기도할 때 하나님이 주시는 힘으로 하지 않고 자신의 의지로만 한다면 이는 괴로운 일임을 알아야 합니다. 시작은 자신의 힘으로 하지만 얼마 가지 않아서 영의 힘이 실리는 것을 느껴야 합니다. 그 힘이 악한 영으로부터 오는 것인지 선한 영으로부터 오는 것인지를 제대로 파악할 수 없다면, 아주 유치하거나 이에 대한 의식이 없는 것입니다. 기도할 때 자신의 영안에 흘러들어오는 다양한 능력과 힘을 느낄 수 있도록 예민해져야 하며, 그러기 위해서는 아무런 의식 없이 하는 습관에 젖은 기도에서 벗어나야 합니다. 하나님의 영은 분명한 의식을 가지고 그 영을 환영하고 모셔드릴 때 더욱 풍성해지는 것입니다. 불교신자들이 느끼는 즐거움이나 우리가 느끼는 기쁨이나 다를 바가 없습니다.

그러나 이 두 가지가 서로 충돌할 때에는 분명하게 들어납니다. 짝퉁은 그것 자체로 즐거움을 줍니다. 그러나 진품이 곁에 있으면 그것은 수치스러운 물건이 되듯이, 거짓 즐거움과 방언은 그것만을 가지고 행할 때는 아무런 문제가 없는 듯이 보이다가도 하나님의 것이 들어오면 그것은 엄청나게 사람을 괴롭게 하는 악한 존재의 본성을 들어냅니다.

마귀의 방언을 하면서도, 타성에 젖은 습관적 방언을 말하면서도 평안하고 기쁠 수 있는 것은 영적 싸움을 시도하지 않았기 때문입니다. 마귀는 대항할 때 물러나고 그 본성을 들어냅니다. 우리는 늘 스스로 마귀를 예수의 이름으로 쫓아내는 일을 해야 합니다. 우리가 기도할 때 하는 방언에는 분명히 다른 요소들이 스며든다는 점을 잊지 말아야 합니다. 하나님으로부터 오는 것은 환영하고 받아들여야 하지만 악한 영으로부터 오는 것은 배척하여야 합니다. 이것을 구분하지 않는 무지한 상태를 마귀는 제일 좋아합니다. 분명하게 성령의 이끌림을 받으면서 방언기도를 하면 자신이 영육의 변하는 것을 느끼고 체험하게 됩니다.

방언 기도할 때 특별하게 주의해야 할 것이 있습니다. 많은 성도들이 방언기도가 열리면 성령으로 세례를 받았다고 믿어버립니다. 그래서 자기 관리를 등한히 하는 경우가 많습니다. 그런데 고린도전서 14장 14절에 "내가 만일 방언으로 기도하면 나의 영이 기도하거니와 나의 마음은 열매를 맺히지 못하리라"한다고 말했습니다. 마음과 육체에 열매가 없다는 것은 마음과 육체가 알아듣지 못한다는 것입니다. 그래서 고린도전서 14장 15절에 "그러면 어떻게 할까 내가 영으로 기도하고 또 마음으로 기도하며 내가 영으로 찬송하고 또 마음으로 찬송하리라" 말씀하시는 것입니다. 마음이 감동을 받아야 이성과 육체에 변화가 일어나기 때문입니다. 필자가 그동안 성령치유 사역을 하면서 체험한 바로는 방언기도가 열려도 심령을 치유해야 한다는 것입니다. 방언기도가 열렸다고 자동으로 성화가 되지를 못합니다. 성화는 예수님의 인격으로 바뀌는 것을 말합니다. 예수님이 주신 것들을 세상에서 누리는 것을 말합니다. 하나님은 모든 성도들이 말씀과 성령의 역사로 성화가 되기를 원하십니다,

성화가 되어야 예수님과 동행하며 이 땅에서 하나님께 영과 진리로 예배를 드리고 심령에 천국을 누리고, 아브라함의 복을 받아 누리며 하나님의 군사로서 이 땅에 하나님의 나라를 건설하다가 천국에 입성할 수가 있기 때문입니다. 하나님은 예수 믿고 살다가 죽어서 천국 가는 것만 원하시지 않는 다는 것입니다. 일부 교회 목회자들이 방언 기도하면 성령으로 세례 받았으니 죽으면 천국갈 수 있다고 합니다. 반대로 방언기도 못하면 성령세례를 받지 못했으니 구원받지 못할 수도 있다고 말합니다.

그런데 여기에 큰 맹점이 있다는 것입니다. 방언기도하면 구원받았으니 방심한다는 것입니다. 하나님께서 원하시는 성화에 관심을 두지 않는 다는 것입니다. 영적인 일은 관심이 중요합니다. 관심이 없으면 그 분야는 발전하지 못하고 침체하는 것입니다. 이렇

게 관심을 두지 않으니 나이가 많아져서 이해하지 못하는 영육의 고통을 당합니다. 이렇게 이해하지 못하는 영육의 고통을 당하는 분들의 유형을 살펴보니, 태아 시절이나 유아시절에 상처를 많이 받은 분들입니다. 집안의 내력이 우상을 숭배한 분들입니다. 조상 중에 무당이 있는 분들입니다. 남묘호랭객교를 믿었던 조상이 있는 분들입니다. 조상 중에 절에 스님이 있는 분들입니다.

이런 분들이 젊은 시절에 방언 기도하는 것으로 만족을 하다가 나이가 들어 체력이 떨어지니 자신 안에 잠재하여 있던 영적인 불청객이 밖으로 나타나 자신의 전인격을 장악하여 영육의 고통으로 나타나는 것입니다. 그래서 방언 기도하는 것으로 만족하지 말고 말씀과 성령으로 치유되어 성화되어야 합니다. 성화되지 않고 지내면 반드시 나이 들어 영육의 고통을 당합니다. 절대로 방언기도 한다고 성화되지 않습니다. 치유는 자신에게 문제가 있다고 인정해야 치유되기 시작을 합니다. 방언기도 한다고 다된 것으로 생각하지 말고 자신이 성화되는 것에 관심을 갖기를 바랍니다.

고린도전서 14장 14절에 "내가 만일 방언으로 기도하면 나의 영이 기도하거니와 나의 마음은 열매를 맺히지 못하리라"한다고 말했습니다. 마음과 육체에 열매가 없다는 것은 마음과 육체가 알아듣지 못한다는 것입니다. 방언기도는 알아듣는 자가 없습니다. 내가 방언을 해도 나도 못 알아들으니까. 내 마음이 하는 것이 아니라, 내 영이 성령으로 더불어 하나님께 기도하는 것입니다. 그렇기 때문에 마음에 감동이 일어나게 하려면 숨을 깊게 들이쉬고 내

쉬면서 기도를 해야 마음이 감동을 받아 이성과 육체에 변화가 일어나는 것입니다. 이성과 육체에 변화가 일어나지 않으니 방언기도를 아무리 많이 해도 성품이 변하지 않는 것이 보통입니다. 그래서 고린도전서 14장 15절에 "그러면 어떻게 할까 내가 영으로 기도하고 또 마음으로 기도하며 내가 영으로 찬송하고 또 마음으로 찬송하리라" 말씀하시는 것입니다. 마음이 감동이 일어나게 하는 마음의 기도도 하라는 것입니다.

  알아야 할 것은 방언기도는 영의기도이므로 전인격이 변화되지 못하는 한계점이 있다는 것을 알고 대처할 줄 알아야 합니다. 방언으로 기도하는 분들은 온몸으로 기도하는 단계로 진전되지 못하면 전인격이 성령으로 장악당하지 못합니다. 그래서 영의 기도는 하지만 전인격이 변화되지 못하여 세상 사람과 똑같은 생활을 할 수가 있습니다. 자신의 전인격이 성령의 지배를 받아 치유되어 성령의 열매가 있는 크리스천으로 변되려면 영-혼-육의 온몸으로 기도하는 단계로 진전을 하려고 노력을 해야 합니다.

  온몸으로 기도는 것은 이미 10장에서 설명을 했습니다. 기도는 영-혼-육의 전인격이 하나님을 찾는 단계로 발전되지 않으면 하나님의 얼굴을 구하는 기도를 할 수가 없습니다. 자연스럽게 하나님과 대면하여 자신을 정확하게 보면서 성화되어 영의 사람으로 변화할 수가 없는 것입니다. 크리스천은 방언기도의 취약점을 알고 보강하는 기도를 할 줄을 알아야 합니다. 그래야 영의 사람으로 변화할 수가 있습니다.

16장 방언기도의 진위를 진단하는 법.

(고전2:9-11)"기록된바 하나님이 자기를 사랑하는 자들을 위하여 예비하신 모든 것은 눈으로 보지 못하고 귀로 듣지 못하고 사람의 마음으로 생각하지도 못하였다 함과 같으니라. 오직 하나님이 성령으로 이것을 우리에게 보이셨으니 성령은 모든 것 곧 하나님의 깊은 것까지도 통달하시느니라. 사람의 일을 사람의 속에 있는 영 외에 누가 알리요 이와 같이 하나님의 일도 하나님의 영 외에는 아무도 알지 못하느니라"

하나님은 우리가 성령의 바른 인도를 받기를 원하십니다. 우리 성도들이 참으로 영적인 것이 관심이 많으십니다. 제일 필자에게 많이 질문하는 것이 자신의 방언기도가 정확한가 알려달라는 것입니다. 혹시 귀신 방언을 하지 않아 점검하여 달라는 것입니다. 결론부터 말하자면 귀신 방언은 없습니다. 자신이 방언은사를 받고 심령 치유에 관심을 갖지 않아서 상처 뒤에서 역사하는 귀신의 영향으로 혼탁한 방언기도가 된 것이지, 귀신 방언은 없습니다, 이렇게 혼탁한 방언을 하는 분들도 생명의 말씀을 듣고 성령의 인도를 받으며 기도하면 얼마가지 않아 맑은 방언기도가 나오는 것이 보통입니다.

그러므로 자신의 방어기도에 자신이 없다면 생명의 말씀과 성령으로 치유 받으면서 기도하면 정확한 방언으로 바뀌게 될 것입니다. 방어기도를 어떻게 분별하느냐, 이것은 본인이 분별하는 것입니다. 본인이 방언기도를 하고 나면 마음이 뜨겁고 성령의 충만함이 나타나면 영으로 하는 방언입니다. 그러나 방언 기도를 하면 할수록 심령이 갑갑하고 영성에 변화가 없으면 잘못된 방언입니다. 그래서 본인이 분별 가능한 것입니다. 이렇게 잘못된 방언을 하다가도 어느날 불같은 성령을 체험하면 바른 방언으로 바뀌니까, 너무 성급하게 판단하여 낙심하거나 의기소침하면 영성에 해가 되니 바르게 아시기를 바랍니다.

그래서 예수를 믿고 성령으로 거듭난 성도는 적어도 방언을 구분할 줄은 알아야 합니다. 방언은 우리의 영뿐만 아니라, 우리 밖의 영이 우리 혀를 사용하여 그 존재들이 하고자 하는 뜻을 표현하는 것입니다. '내 영이 하는 말'과 '천사가 하는 말'과 '성령이 하는 말씀'을 정확하게 구분하기란 쉽지 않지만, 어느 정도 구분할 수 있는 능력이 있어야 합니다. 특히 악한 영이 사용하는 경우에 대해서 우리는 정확한 분별이 있어야 합니다. 우리는 방언을 크게 3가지 영역으로 살펴볼 필요가 있는 것입니다. 먼저 자신의 영, 다음은 성령과 천사의 말, 그리고 마귀를 비롯한 악한 영의 언어로 나눌 수 있습니다.

첫째, 자신의 영이 하는 말은 자신의 의식과 무의식의 영역에서 나오는 것이므로 때로는 선하고 때로는 악할 수 있다. 그렇지만,

성령으로 죄의 처리가 된 기듭난 그리스도인일 경우, 우리 영은 창조의 순결을 회복하였기 때문에 근본적으로 선한 것입니다. 영의 활동을 일부 교파의 교리를 바탕으로 이해한다면 우리 영은 근본적으로 둔할 수밖에 없습니다. 왜냐하면 일부 교파의 교리는 말씀 중심인 신앙입니다. 따라서 성령의 체험이나 영의 활동을 둔한히 할 수 있는 교리이기 때문입니다. 분명하게 성도는 말씀과 성령의 역사가 같이 가야 균형이 잡힌 성도가 될 수 있습니다. 저는 성령 충만 만하지 말고, 성령과 말씀 충만을 하라고 합니다. 말씀중심인 일부 교파의 교리는 여러 음성을 구분하는 것도 어둔한 구조에서 벗어나기 어려울 수밖에 없을 것입니다. 그러나 그리스도의 보혈로 정결케 됨으로써 우리 영은 그 선한 본래의 모습을 드러내며 따라서 그 음성도 역시 선한 것입니다. 그러므로 우리 영이 방언으로 기도할 때 그 감성은 평안과 위로입니다.

그러나 우리는 끊임없이 하나님의 뜻에 어긋나는 육체의 행위를 하게 되기 때문에 우리 영은 말할 수 없는 고통을 당하게 됩니다. 그 부담으로 인해서 영이 눌리거나 가라앉게 됩니다. 이런 상황에서 우리 영이 간구하는 바는 부담으로 느껴지게 됩니다. 우리가 기도할 때 처리되지 않은 죄의 문제가 있을 경우, 우리는 기도하는 가운데 마음의 부담을 무겁게 느끼게 되는 것입니다.

자신이 범죄한 사실을 구체적으로 인식하지 못한다 해도, 영으로 느끼는 부담을 우리 마음이 떠안게 되는 것입니다. 그러므로 우리 영이 기도하는 경우 우리는 대체로 평안과 위로 아니면 부담이 느껴지는 것입니다. 방언으로 기도하는 경우에 그 내용은 알 수 없더라도 우리는 영의 느낌을 통해서 지금 말하고 있는 존재의 실체에 대한 구분을 할 수 있는 것입니다.

둘째, 내 영이 아닌 성령과 천사의 영에 의한 방언기도는 다소 색다른 느낌을 가져 온다. 성령은 책망 보다는 위로와 권면을 주로 행하십니다. 우리가 책망을 받을 일이 있더라고 성령은 권면이라는 수단을 통해서 우리가 스스로 죄를 깨닫게 합니다. 그럴 경우 우리 영은 크게 부담을 느껴 우리의 마음이 무거워지는 것입니다. 성령은 책망 보다는 권면을 사용하시며 오래 참고 기다리시는 특성을 지닙니다. 그러므로 조급하게 서두르거나 안절부절못하게 하는 일이 거의 없습니다. 아주 예외적으로 강권하는 경우가 있지만, 이 역시 권면의 강도를 높이는 정도입니다. 그래서 우리는 자주 성령의 이와 같은 권유를 무시하기 쉬운 것입니다.

방언으로 기도하면서 무언가 해야 할 것 같은 느낌을 받으면서도 그 내용을 구체적으로 알려는 노력을 하지 않는 것이 우리들이 범하는 실수 중 보편적인 것입니다. 성령은 우리 심령에 위로와 권면으로 의사표시를 하기 때문에 방언으로 기도하면서 이런 느낌을 무게 있게 느낀다면 지금 방언은 성령께서 사용하시는 것이라고 보아야 할 것입니다.

성령께서 방언으로 어떤 사역을 행하실 경우에는 우리 몸이 긴장을 하고, 성령의 권능이 임해서 내면으로부터 힘이 솟아납니다.

갑자기 근육이 긴장하고 정신이 맑아지면서 방언에 힘이 들어가고 톤이 바뀌고 언어도 바뀝니다. 신유, 축사, 예언 등의 사역을 행할 경우에 성령의 기름부음이 임하여 방언을 하게 되는 경우에 느낄 수 있는 것인데 이런 경우 통역이 되면 그 내용을 알 수 있게 됩니다. 천사의 음성으로 방언을 말하는 경우 그 내용은 주로 예언적입니다. 예언의 영은 '대언의 영'이라고도 말하며, 이 영은 하나님의 심부름, 즉 하나님의 말씀을 날라다 주는 영입니다. 이 영을 우리는 천사라고 부릅니다. 영어로 표현하면 messenger라고 하는 것으로 예언자나 예언적 집회에서 예언을 위해서 기도할 때 임하는 영입니다. 이런 경우 그 영이 임하는 순간 우리 몸은 가벼운 긴장으로 인해서 떨리기도 하고 전류가 흐르는 것과 같은 느낌을 받습니다. 강하게 임하면 온 몸이 뜨거워지거나 흔들리기도 하고 정신을 잃기도 하지만, 가벼운 임재의 경우 느낌이 이상하다는 정도로 자신에게 예언의 영이 임함을 자각할 수 있게 됩니다.

자신도 모르는 사이에 어떤 말을 하게 되며 그 말을 하는 순간 억제할 수 없게 됩니다. 자신이 의도한 말은 아닌데 불쑥 그런 말이 나와 버리는 바람에 당황하기도 합니다. 이것을 영어로 표현하면 "spontaneity"라고 하는 것으로 '예언 찬양' '예언시' 등이 있습니다. 천사의 임하심으로 인해서 우리는 통상적인 우리 언어로도 예언을 하게 됩니다. 이런 경험이 처음인 사람은 자신의 말이니까 자신이 한 것으로 착각하고 대수롭지 않게 여길 수 있습니다. 천사가 들려주는 언어는 때로는 모호한 상징을 동반하는 경우도 있지만,

때로는 구체적인 언어로 전해지기도 합니다. 이 또한 하나님의 영이므로 우리가 느끼는 영적 분위기는 대체로 긍정적입니다.

셋째, 마지막으로 생각할 것이 악한 영 즉 사단, 마귀, 귀신의 영에 의해서 말하는 방언이다. 거듭난 그리스도인도 귀신 늘릴 수 있기 때문에 악령의 방언을 하게 되는 것입니다. 악령이 방언을 따라서 하는 것입니다. 그래서 심령이 변화가 없는 방언기도를 하게 되는 것입니다. 우리는 습관적인 방언을 하지 말아야 합니다. 악령은 우리가 하는 습관적인 방언을 따라서 한다는 것을 알아야 합니다. 특히 마귀는 우리를 수시로 이용하여 올무에 걸리도록 유혹하기 때문에 늘 경계해야 합니다. 악한 영의 분위기는 어둡습니다. 이는 하나님께서 주시는 시험으로써의 긍정적 어두움과는 다른 것입니다. 하나님은 빛도 창조하셨고 어두움도 창조하셨으므로 그 어두움은 하나님의 긍정적 속성을 들어냅니다. 우리는 이 어두움을 영어로 "divine darkness"라고 부릅니다. 이 창조적 어두움은 우리가 모태에서 경험하는 것과 같은 것으로써 하나님의 심오한 비밀을 경험할 때 느끼게 되며, 깊은 묵상으로 들어갈 때 최종적으로 만나는 그 어두움입니다. 이것은 창조를 위한 어두움이며, 하나님의 능력의 근원이 되는 장소입니다.

이런 어두움과는 달리 마귀의 어두움은 '흑암'으로써 두려움과 공포의 근원지입니다. 마귀는 바로 이 어두움에서 출발하기 때문에 두려움을 가져옵니다. 무지는 공포의 근원입니다. 우리가 무지

함으로써 그 두려움과 만나게 되고, 그 두려움은 악한 영을 이끌어 들이는 것입니다. 우리가 방언으로 기도할 때 늘 하는 것과 다른 어떤 영적 흐름을 경험하게 됩니다. 그럴 경우 우리는 성령의 느낌을 알고 그것과 비교해야 하지만, 그런 지식을 가지지 않은 무지함으로 인해서 어두움에서 오는 악한 영의 존재를 받아들이게 됩니다. 마귀 또는 귀신이 우리에게 접근해서 방언으로 자신들이 하고자 하는 말을 하게 함으로써 다른 마귀와 귀신들을 불러들이게 되는 것입니다.

습관적으로 방언기도를 하므로 자신 안에 역사하는 악한 영이 방언을 따라서 하는 것입니다. 그래서 방언기도를 아무리 많이 해도 심령에 변화가 나타나지 않는 것입니다. 빨리 습관적인 방언기도를 탈피하여 성령의 역사할 수 있는 방언기도를 해야 합니다.

무당이나 타종교에 속한 사람들이 하는 방언은 마귀 또는 귀신의 방언입니다. 특히 선승이나 불교 퇴마사들이 하는 방언은 마귀의 방언이며, 무당이 하는 방언은 귀신의 방언입니다. 이들이 하는 방언은 우리가 하는 우리 영의 방언과 성령의 방언과는 구분이 됩니다. 우선 그 음색에서 다릅니다.

우리가 사용하는 방언은 매우 정교하고 부드러운데 비해서 퇴마사나 무당이 하는 방언은 거칠고 날카롭습니다. 퇴마사는 마귀의 영으로 하는 것이기 때문에 우리가 그 소리를 들으면 거부감이 생깁니다. 무당이 하는 방언은 새소리, 바람소리, 개구리소리, 여우소리 등의 짐승들이 소리를 바탕으로 합니다. 이런 소리는 귀신의 소리이며, 소름이 끼치고 때로는 머리카락이 솟구치거나 닭살이 되기도 합니다.

거칠고 날카롭게 음색이 변하고 때로는 남성이 여성과 같은 소리를 내거나 여성이 남성과 같은 소리를 내는 변색을 하게 됩니다. 심하게 귀신들린 사람이 하는 말은 매우 굵고 거질며 농굴에 들어 갔을 때 울림소리처럼 그렇게 울립니다. 짐승소리가 방언하는 중에 뒤 섞여 나옵니다. 목에 무엇이 걸린 것처럼 캑캑거리거나 뒷소리를 높이 올리는 하이톤을 사용하기도 합니다. 휘파람소리가 나며 목이 쉬거나 음이 갈라지는 파열음이 나옵니다. 방언의 악센트가 급하게 변하는 격렬한 방언을 하기도 합니다.

통상적인 방언을 하다가 이런 불규칙하고 이상한 소리를 하게 된다면 이는 악한 영이 임한 것입니다. 그럼에도 불구하고 그 방언을 계속한다면 마귀를 불러들이게 되고, 그 악한 영이 보여주거나 들려주는 말을 하나님에게서 온 것으로 무조건 믿고 따르게 되어 마귀에게 사로잡히게 되는 것입니다.

악한 영은 우리에게 서두르고 조급하게 만듭니다. 기도하고 난 다음에 무언가 개운하지 않고 무언가를 해야 할 것만 같은 부담을 느낍니다. 그 부담의 의미가 무엇인지 모르면서 다시 기도하지 않으면 안 될 것 같아서 다시 무릎을 꿇게 됩니다. 이런 일을 반복하게 되고, 기도해도 만족함이 없고 의미도 모를 말을 되풀이하면서 기도에 끌려가게 됩니다. 기도하려고 하면 방언부터 나옵니다.

그리고 격렬해지고 숨 가쁘게 방언에 말려들어 갑니다. 물론 거듭나고 성령 체험을 처음 한 사람에게는 이런 증상이 간혹 나타날 수 있습니다. 방언을 처음 받은 사람은 온통 방언으로만 기도하게 되는 경우가 있지만, 이것은 일시적이고 초창기에 그런 경험을 하게 됩니다. 그러나 이미 오랫동안 방언을 해 온 사람이 어느날 갑자기 초창기처럼, 그렇게 방언에만 사로잡히는 것은 악령의 영향을 받는 것입니다. 우리가 여기서 바르게 알아야 할 것은 방언으로 기도를 한다고 하더라고 마음과 정성을 다하여 예수님을 생각하면서 기도를 해야 한다는 것입니다. 그리고 방언으로 기도를 많이 했다는 것이 중요한 것이 아니고, 자신이 얼마나 예수님의 성품으로 변하고 있는 가가 중요한 것입니다. 분명하게 성령의 이끌림을 받으면서 방언기도를 오래하게 되면 자신의 전인격이 변한다는 것입니다. 그러므로 방언으로 기도를 많이, 그리고 오래 하는데 자신에게서 변화가 없다면 빨리 원인을 찾아 해결해야 합니다.

넷째, 귀신 방언이 있습니까? 성령 받은 사람이 하는 방언기도 중에 귀신 방언이 있다고 주장하는 사람들이 있습니다. 몇 해 전, 어떤 사람이 간증하는 중에 들은 것인데, 그가 하루는 산에 가서 밤에 기도를 하고 있는데, 새벽 무렵이 되어 한 무리의 젊은이들이 큰 소리로 방언을 하며 산길을 내려오는데, 그 방언이 좀 이상해서 분별을 해 보았더니 귀신이 따라오면서 그들의 입을 빌어 하는 귀신 방언이더라는 것이었습니다. 그러나 이것은 분명 잘 못 안 것입니다. 성령 받은 사람이 성령의 이끌림을 받아가며 영으로 하는 방언에는 귀신이 역사하지 않습니다. 방언은 성령의 은사이기 때문에 귀신은 절대로 방언을 할 수 없습니다. 방언은 나의 영과 함께 하시는 성령께서 하나님 아버지에게 드리는 기도인 것입니다. 따라서 귀신 방언이란 없는 것입니다. 성령의 은사는 성령께서 오직 사람에게만 주시는 것입니다. 성령께서 귀신에게 방언의 은사를 주실 리가 없는 것입니다.

여기서 결론을 말하자면 성도 안에서 역사하는 귀신이 방언기도를 따라서 흉내 내는 것입니다. 귀신이 방언으로 기도하는 사람의 소리를 흉내 내면서 같이 방언기도를 한다는 것입니다. 무슨 말인가 하면 방언기도를 아무리 해도 귀신이 방언기도에 적응이 되어 꼼작하지 않는 다는 것입니다. 그렇기 때문에 아무리 기도를 많이 해도 변화가 없는 것입니다. 자신이 인정하고 생명의 말씀을 듣고 성령의 역사를 받으면서 기도하면 성령의 역사로 쉽게 정화됩니다.

또 하나, 이것은 내가 잘 아는 교회에서 있었던 일입니다. 이 교회에 나이 많으신 여자 집사님이 한 분 계셨는데, 이 집사님의 다 큰 자제가 정신 질환을 앓고 있어서 이 여자 집사님은 매일 밤 교회에 나와 아들을 위해 기도를 하고 있었습니다. 시간이 자정을 넘어 기도가 한창 무르익을 때면, 이 집사님은 강대상 밑에 엎드려 방언으로 기도를 하기 시작합니다. 그런데 하루는 스스로 신령하다고 생각하고 있는 어느 젊은 여자 집사님이 이 할머니 집사님에게 이렇게 말했습니다. "집사님 방언은요, 모두 하나님을 원망하는 방언이에요." 할머니 집사님은 이 말에 그만 큰 충격을 받고 말았습니다.

매일 밤잠을 안자고 자정을 훨씬 넘기면서까지 기도를 했는데, 그게 다 하나님을 원망하는 기도였다니! 할머니 집사님은 그 후에도 매일 밤 교회에 나오기는 했으나 기도는 할 수가 없었습니다.

젊은 집사의 이야기를 듣고 겁이 나서 방언 기도도 못하고 우리말로 기도를 하려고 해도 통 기도가 나오질 않았습니다. 그래서 매일 밤 멍하니 그냥 앉아만 있을 뿐이었습니다. 그 젊은 여자 집사님은 참으로 엄청난 잘못을 저질러 놓았습니다. 아들의 병을 위한 어머니의 간절한 기도를 막아버린 것이었습니다. 지금 교회에는 이런 일이 비일비재하게 벌어지고 있습니다.

우리 교회에 이렇게 스스로 신령하다고 자처하는 사람들 때문에 순수한 성도들이 상처를 받습니다. 이를 분별하기를 원하시는 분들은 제가 저술한 책, "귀신축사 알고 보니쉽다." 와 "영들을 보는 눈을 개발하라" "영안을 밝게 여는 비결"과 "영안열리면 귀신들이 보이나요" 책을 읽어보시기를 바랍니다. 방언에는 귀신 방언도 없지만, 하나님을 원망하는 방언도 없습니다. 방언 기도란 나의 영이, 나와 함께 하시는 성령과 더불어 교대로 혹은 이중창으로 하나님 아버지를 향해 드리는 기도이기 때문입니다. 귀신 방언이 있다고 주장하는 사람들은 귀신들린 사람이 방언 같은 소리를 하는 것을 가지고 귀신 방언이라고 말합니다. 실은 나도 그런 방언 같은 소리는 많이 들었습니다.

내가 몇 년 전에 치유를 받으러 온 성도 중에 방언기도 소리가 이상했습니다. 그래서 축귀를 했습니다. 그랬더니 정상적인 방언으로 바뀌었습니다. 이분이 처음 이상한 방언을 한 것은 귀신이 방언기도를 흉내 낸 것입니다. 사람들은 바로 이것을 귀신 방언이라고 말합니다. 귀신이 방언하는 소리를 내 귀로 똑똑히 들었다고 말합니다. 그래서 귀신도 방언을 한다고 주장을 하는 것입니다. 그래서 저는 방언기도 하는데 조금 이상하다고 귀신 방언한다고 기도 못하게 하면 그 성도는 영이 죽습니다.

저도 그런 경험을 했기 때문에 잘 압니다. 절대로 방언을 못하게 하면 안 됩니다. 그냥 성령으로 충만한 상태에서 성령을 체험하면 방언은 정상으로 바뀝니다. 그런 분이 있다면 목회자가 안수를 계속하면 정상적인 방언으로 바뀌게 됩니다. 절대로 금지 하지 말기를 부탁드립니다. 오히려 귀신 방언한다고 일러주는 성도가 귀신의 영향을 받는 성도 일수도 있습니다. 왜요, 귀신이 방언기도 소리를 굉장히 듣기 싫어합니다.

결론적으로 방언기도는 영적인 성숙에 따라 바뀐다는 것입니다. 자신이 잘못된 방언기도를 한다고 낙심하고 걱정할 필요가 없습니다. 성령으로 충만하고 경험이 있고, 권능 있는 사역자에게 안수를 받으면 영의 통로가 열리게 됨으로 정상적인 방언기도로 바뀌는 것입니다. 주의해야 할 것은 방언기도를 의심하여 기도를 하지 않으면 영혼이 만족하지 못하여 영육의 고통을 받을 수도 있으니 주의해야 합니다. 절대로 방언기도를 바뀝니다. 방언기도에 대한 클리닉을 받아서 바르게 고쳐나가면서 기도하면 상관이 없습니다.

4부 기도하는 습관을 들이는 비결

17장 예수님처럼 기도하는 습관을 들이자.

(눅 22:39-46)"예수께서 나가사 습관을 따라 감람산에 가시매 제자들도 따라갔더니, 그 곳에 이르러 그들에게 이르시되 유혹에 빠지지 않게 기도하라 하시고, 그들을 떠나 돌 던질 만큼 가서 무릎을 꿇고 기도하여, 이르시되 아버지여 만일 아버지의 뜻이거든 이 잔을 내게서 옮기시옵소서, 그러나 내 원대로 마시옵고 아버지의 원대로 되기를 원하나이다. 하시니 천사가 하늘로부터 예수께 나타나 힘을 더하더라. 예수께서 힘쓰고 애써 더욱 간절히 기도하시니 땀이 땅에 떨어지는 핏방울 같이 되더라. 기도 후에 일어나 제자들에게 가서 슬픔으로 인하여 잠든 것을 보시고, 이르시되 어찌하여 자느냐 시험에 들지 않게 일어나 기도하라 하시니라"

예수님이 습관을 따라 감람산에 올라 기도했다고 합니다. 이런 걸로 보아 기도는 습관이 되는 것이 중요하다고 봅니다. 필자는 "생각은 말을 하게하고, 말을 하면 행동하게 되고, 행동을 하면 습관을 생기고, 습관을 생기면 인생의 흥망을 결정한다고 믿고 있습니다." 기도 역시 습관이 되는 데 이 습관은 매우 바람직합니다. 습관이 되지 않으면 기도를 계속하기란 쉽지 않습니다. 기도가 어느 노동보다 더 힘든 것은 매우 단조롭기 때문입니다. 이런 단조로움이 습관이 되어야 힘들지 않습니다. 무엇이든지 몸에 익숙해지기까지는 힘이 드는 법입니다. 쓰지 않던 근육을 써야 하기 때문에 힘이 드는 것입니다. 기도 역시 처음 하는 사람은 힘이 듭니다. 사용하지 않던 영을 사용하게 되기 때문입니다. 기도는 습관이 되기까지는 힘든 노동과 같습니다.

혼자만의 시간을 견디기가 어려워 기도를 피하게 됩니다. 기도는 혼자만의 운동이나 노력이 아님을 알기까지는 얼마나 많은 시간이 필요합니다. 그렇기 때문에 더욱 기도가 습관이 되어야 하는 것입니다. 처음에는 익숙하지 않던 것도 계속 하게 되면 그 나름대로 재미가 생기는 법입니다. 그런데 기도는 그런 재미가 없습니다. 그래서 더욱 힘들어 하는 것입니다.

기도는 습관이 되기까지 옆에서 이끌어주는 힘이 있어야 합니다. 이 힘이 성령님이 주시는 환경의 조임입니다. 환경이 조여 들어 더 이상 어쩔 수가 없어서 기도를 하게 되고 기도에 빠지게 됩니다. 이렇게 환경에 몰려서 기도하지 않고는 못 견디게 되는 것은 최악의 결과입니다. 이런 극단의 구석으로 몰려서 기도하는 습관을 들이는 경우가 없기를 바랍니다. 그러려면 자발적으로 기도의 습관을 길러야 할 것입니다.

하나님은 기도를 통해서 우리와 만나고 대화하십니다. 주님은 대화하기 위해서 우리를 불러내신 것입니다. 이 대화의 통로를 거부하고 계속 겉돌기만 한다면 하나님은 그대로 두지 않으실 것입니다. 기도의 습관이 중요한 이유가 여기 있는 것입니다. 기도는 지루하고 힘든 노동이기 때문에 습관이 중요합니다. 기도는 재미가 없기 때문에 습관이 들어야 할 수 있는 것입니다. 습관은 어떤 행동이 몸에 베이는 것인데 이는 반복적으로 그 행동을 계속할 때 생깁니다. 기도도 반복적으로 계속할 때 습관이 생기고, 그 습관으로 인해서 주님과 친밀한 관계를 맺는 단계로 이어지고 발전하는 것입니다.

첫술에 배부른 것은 이 세상에 없습니다. 기도가 혼자만의 독백이라고 여겨지지만 그런 단계를 반드시 거쳐야 주님의 음성을 듣게 되는 것입니다. 일방적인 기도로 시작하여 쌍방기도로 발전하는 것입니다. 주님과의 대화가 이루어지는 쌍방기도로 이어지는 것이 말처럼 쉬운 것이 아닙니다. 그러나 이런 단계에 이르기까지 우리는 불가불 습관적인 기도를 해야 합니다. 예수님이 습관을 쫓아 기도하셨던 것을 잊지 마시기를 바랍니다. 기도는 습관입니다.

이는 아름다운 습관이며, 하루라도 기도를 거르면 무언가 허전하고 개운치 않은 중독증을 가지고 있어야 합니다. 사랑하는 연인이 하루라도 만나지 않으면 밥맛이 없고, 허전하듯이 말입니다. 기도의 습관, 이것은 반드시 몸에 배어야 하는 아름다운 습관입니다. 젊은이들은 이 기도하는 습관이 빨리 몸에 깃들도록 노력하시기를 바랍니다. 자신의 자녀가 이 기도하는 습관에 물들도록 가르치시기를 바랍니다.

누가복음 11장 1절에는 예수님이 주기도문을 제자들에게 가르치게 된 배경을 설명해 줍니다. "예수께서 한 곳에서 기도하시고 마치시매 제자 중 하나가 여짜오되 주여 요한이 자기 제자들에게 기도를 가르친 것과 같이 우리에게도 가르쳐 주옵소서" 예수님이 항상 기도하시고, 기도하시는 모습이 너무 아름답고, 기도의 능력을 갖고 계신 것을 보고 제자들의 마음에도 예수님처럼 기도하고 싶어서 물었던 것입니다. 기도를 배우고 싶을 만큼 예수님은 늘 기도하는 분이셨습니다.

그러면 예수님이 어떻게 기도하셨기에 제자들도 예수님께 나아와서 기도하는 법을 좀 가르쳐 달라고 말할까요? 예수님이 어떻게 기도하셨는가를 잘 말해주는 곳이 바로 오늘 본문입니다. 오늘 말씀을 통해서 우리의 마음속에 제자들처럼 "아, 나도 예수님처럼 기도하고 싶다."라는 사모하는 마음이 생겨나기를 바랍니다.

첫째, 예수님은 항상 기도하셨습니다. 오늘 본문 39절을 보면 '습관을 따라'라고 되어 있습니다. 예수님의 기도 생활은 항상 기도하셨다는 것을 알 수 있습니다. 누가복음 21장 37절을 보십시오. '예수께서 낮이면 성전에서 가르치시고 밤이면 나가 감람원이라 하는 산에서 쉬시니'라고 되어 있습니다. 낮에는 말씀을 전하시고, 밤에는 감람원에서 쉬셨다고 했는데, 오늘 본문 39절에서는 기도하셨다고 했습니다. 그러니 예수님은 기도하시면서 쉬셨고, 무엇보다도 항상 기도하셨다는 것을 보여줍니다.

그런데 누가복음에서는 예수님이 주로 밤에 기도하시는 모습이 많이 기록되어 있습니다. 특별히 오늘 본문과 마가복음 1:37절을 보면 그렇습니다. 하지만 마가복음에서는 예수님이 주로 새벽에 기도했다고 합니다. "새벽 오히려 미명에 예수께서 일어나 나가 한적한 곳으로 가사 거기서 기도하시더니"(막 1:37). 이 구절은 예수님이 항상 새벽에 기도하셨다는 것을 말합니다. 바쁜 하루의 일과를 시작하기 전에 예수님은 하나님 앞에 나아가 기도하셨습니다.

마가는 새벽에 기도하는 예수님을 보았고, 누가는 한밤중에 기도하는 예수님을 보았던 것입니다. 마가복음은 실제로 베드로복음서라고 해도 될 만큼 베드로가 기억하는 예수님의 모습을 기록한 복음서입니다. 뱃사람들은 아침 일찍 일어납니다. 그리고 아침에 일을 합니다. 아침에 일찍 일어나는 베드로가 보니 예수님은 항상 새벽에 기도하더라는 것입니다. 그리고 누가는 의사입니다. 공부하는 사람이라 항상 밤늦게 까지 공부하고 일을 합니다. 그러니 그의 눈에는 예수님이 밤늦게 기도하는 것만이 보였던 것입니다.

한 사람은 새벽에 기도하는 예수님, 다른 한 사람은 한밤중에 기도하는 예수님을 보았다는 것은 무엇을 말합니까? 예수님은 아침, 저녁으로 기도하셨다는 것입니다. 오늘 말씀처럼 습관적으로 기도하셨습니다. 그래서 데살로니가전서 5장 17절에서 바울은 쉬지 말고 기도하라고 하십니다.

우리는 기도하기를 쉬는 경우가 참 많습니다. 바쁘다는 핑계로, 힘들다는 이유로, 기도할 힘이 나지 않는다는 변명으로 기도하는 것을 참 게을리 합니다. 그러나 예수님은 기도하는 것이 습관과 생활이 되어 있었습니다. 좋을 때만 기도하는 것이 아니라, 힘들고 어려워도 늘 하나님께 나아가 기도하셨습니다. 오늘 본문의 배경이 무엇입니까? 이제 잠시 후면 로마의 군병들에게 잡혀가 죽게 될 상황입니다. 그럴수록 하던 대로 기도하신 것입니다.

가끔 농담으로 죽을 때 십자가의 강도처럼 예수님 믿겠다는 분들이 있습니다. 또 "나중에 기도하면 되지!" 하는 분이 있습니다. 그러나 그것도 아무나 하는 것이 아닙니다. 기도하는 사람이 어려울 때 기도하는 것입니다. 평상시 기도하는 습관이 되어 있어야 어려움에 빠져도 기도합니다. 평상시에 감사와 찬양의 언어가 있는 사람이 어려워도 감사하고 도리어 찬양합니다. 그러므로 우리들도 기도하는 것이 습관이 되어야 합니다. 예수님처럼 항상 기도하시기 바랍니다.

둘째, 예수님은 간절히 기도하셨습니다(44절). 예수님은 어떻게 기도하셨습니까? 애써 더욱 간절히 기도하셨다고 합니다. 예수님의 기도는 한 마디로 간절히 그리고 열심히 기도하셨습니다. 여기서 '애써'라는 말은 이기기 위해 운동선수나 군인이 경기와 전쟁을 하는 것을 가리키는 말입니다. 그러니 요즘말로 하면 예수님은 영적 전쟁을 하신 것입니다. 전쟁터에서 살기 위해 최선을 다하는 군인처럼 기도하셨다는 것입니다.

얼마나 기도하셨는지 땀이 땅에 떨어지는 핏방울 같았다고 합니다. 기도할 때에 땀이 나는 것이 쉽지가 않습니다. 온몸으로 기도하셨다는 것입니다. 밀폐된 공간에서 기도하면 10-20분만 기도하면 금방 땀이 납니다. 그러나 팔레스타인의 차가운 밤중에 땅바닥에 무릎을 꿇고 땀이 나도록 기도한다는 것은 정말이지 간절히 기도하지 않고서는 불가능합니다.

그 눈물과 통곡이 누구를 위한 것이었겠습니까? 바로 우리를 위한 눈물이었고, 나를 위한 통곡의 기도였습니다. 마태복음 9장 36절에 의하면 예수님은 목자 없는 양처럼 고생하며 유리하는 무리를 보시고 민망히 여기셨다고 합니다. 여기서 민망히 여기셨다는 것은 그저 안타까운 감정이나 안 되었구나 하는 정도가 아닙니다. 헬라어로 애끓는 심정을 표현한 말입니다. 창자가 뒤틀리고 애가 끊어지는 아픔을 말합니다. 양에게 목자가 없다는 것은 곧 죽음을 말합니다. 죽어 가는 영혼을 사랑하고 건져내기 위한 눈물이었습니다. 바로 우리를 사랑했기에 흘리는 눈물이요, 통곡입니다. 우리를 사랑하는 그 마음이 눈물을 흘리게 했고, 통곡하게 했던 것입니다. 이것이 예수님의 마음입니다.

그런데 예수님이 눈물로 기도하셨다고 말씀하는 곳이 또 있습니다. 바로 히 5:7입니다. "그는 육체에 계실 때에 자기를 죽음에서 능히 구원하실 이에게 심한 통곡과 눈물로 간구와 소원을 올렸고 그의 경외하심을 인하여 들으심을 얻었느니라." 그리스도께서는 이 땅 위에 계실 때 위대한 성업을 다 이루기 전에 너무 일찍 십자가의 죽음을 맞지 않도록 자신을 죽음에서 구원하실 수 있는 유일한 분께 신음과 눈물로 기도하고 탄원하셨습니다. 그리고 하나님께서는 언제나 자신에게 순종하시는 그리스도의 그 간절한 기도를 들어주셨습니다.

이 말씀을 자세히 보십시오. 예수님은 심한 통곡과 눈물로 기도하였다고 합니다. 이 말씀의 전후 사정을 보면 일차적으로 오늘 본문과 같이 겟세마네 동산에서의 기도를 가리키는 것이 확실합니다. 그런데 히브리서 기자는 이렇게 예수님이 통곡과 눈물로 간절히 기도하시던 것을 단순히 그 날 하루만 그렇게 하셨다고 말하지 않습니다. "육체에 계실 때에"라고 합니다. 이 말씀을 NIV 성경은 이렇게 번역했습니다. "예수님이 땅 위에서 사시는 날들 동안" 그러니까 예수님은 그 날 하루만 그렇게 기도하신 것이 아닙니다. 내일 당장 십자가를 지고 죽어야 할 절박한 상황이라, 그렇게 간절히 기도하신 것이 아니라는 것입니다. 이 땅에서 사시는 날 동안 매일 기도하실 때마다 말할 수 없는 눈물과 통곡으로 기도하셨습니다.

예수님은 항상 간절한 마음으로 기도하셨습니다. 하나님이 아니고서는 도울 수 없고, 이 세상에 그 누구도 풀 수 없고, 오로지 아버지 하나님만이 해결자이시기에 그 하나님 아버지 앞에 눈물로 호소하신 것입니다. 예수님처럼 간절히 기도하십시다.

'기도하면 뭐가 달라지나요?'라고 물으실 분이 아마 계실 겁니다. 기도한다고 뭐 뾰족한 수가 있습니까? 그리고 '기도해도 별 소용없데요'라고 말입니다. 그 말이 전혀 틀린 말은 아닙니다. 실제로 기도를 해도 응답 받지 못하는 경우가 많습니다. 응답 받는 기도보다도 응답 받지 못하는 기도가 더 많을지도 모르겠습니다. 기도를 하는 예수님에게도 시험이 옵니다. 기도하지 않고 쿨쿨 잠만 잔 제자들에게도 시험이 닥쳐옵니다. 아니 더 정확히 말하면 그렇게 기도 열심히 한 예수님에게 더 큰 환난과 고난이 닥쳐왔습니다. 그러면 왜 기도하라고 성경과 예수님이 말씀하시는 걸까요? 기도해야 시험을 이길 수 있기 때문입니다.

오늘 본문에 나오는 예수님과 제자들의 모습을 한번 비교해 보십시오. 43절 말씀에 의하면 기도하는 예수님은 천사가 하늘에서 내려와서 힘을 도왔다고 합니다. 그러나 45절에는 기도하지 않고 자는 제자들은 슬픔을 인하여 잠이 들었다고 합니다. 무슨 차이일까요? 놀라운 것은 기도한 예수님은 담대합니다. 기도하지 않고 편안하게 잠을 잔 제자들이 슬픔을 이기지 못하고 잠이 들었다고 합니다. 결국 기도를 했느냐 안했느냐의 차이입니다.

기도하지 않는 것이 더 편하고 좋을 것 같지만 그렇지 않습니다. 힘들 때 기도하는 것이 오히려 더 가뿐합니다. 피곤하다고 자꾸 잠만 자고 몸에 좋다는 것만 먹으면 근본적인 해결이 되지 않습니다. 그 반대로 운동을 해야 피곤이 가십니다. 이러한 원리가 영의 세계에도 동일하게 적용됩니다. 피곤하다고 1시간 잠을 자는 것보다, 10-15분 마음으로 깊은 기도하는 것이 피로가 더 잘 풀리는 것입니다. 기도가 우리를 새롭게 하고, 기도가 우리에게 힘을 주고, 기도가 우리로 하여금 승리하게 합니다.

바울과 실라를 보십시오. 빌립보 교도소에서 실컷 매를 맞고 교도소에 갇혔습니다. 뭐가 그리 좋겠습니까? 시도행전 16장 25절에 의하면 바울과 실라가 밤중쯤 되어 기도하고 하나님을 찬미했다고 합니다. 얼마나 무지막지하게 얻어 터졌겠습니까? 흠씬 두들겨 맞고 한참이 지난 다음에야 정신이 든 것 같습니다. 깨어서는 기도하고 찬양을 했습니다. 그들이 기도하는 것과 찬양하는 것을 같이 교도소에 있던 죄수들이 들었다고 합니다. 그때 홀연히 지진이 나서 옥문이 열립니다. 놀란 간수가 달려와서 묻습니다. "내가 어떻게 하여야 구원을 얻으리이까?" 그러자 바울이 "주 예수를 믿으라, 그리하면 너와 네 집이 구원을 얻으리라"라고 말합니다.

이상하지 않습니까? 죄수로 교도소에 있는 바울과 실라가 간수에게 뇌물을 쓰면서 어떻게 하면 이 교도소를 나갈 수 있느냐고 묻는 것이 아닙니다. 반대로 간수가 죄수인 바울에게 어떻게 하면 구원을 얻을 수 있느냐고 묻습니다. 왜 이런 일이 일어났을까요? 바로 이것이 기도와 찬양의 힘입니다. 고난 중에 부르짖는 기도와 하나님의 은혜를 찬양하는 노래를 죄수들이 들었던 것입니다.

이렇게 기도하니 어떤 일이 생겼습니까? 바울과 실라가 교도소에서 나오게 됩니다. 그리고 간수와 그의 온 집이 예수님을 영접하였습니다. 이 간수를 통해서 개척된 교회가 바로 빌립보 교회입니다. 기도하고 찬양하니 바울과 실라도 교도소에서 나오고, 바울이 바라던바 간수가 예수님 영접하고 교회까지 개척되었으니 이 얼마나 감사한 일입니까? 그러므로 우리도 예수님처럼 기도합시다. 어렵고 힘들 때에라도 기도함으로 도리어 담대함과 힘을 얻으시기 바랍니다. 바울과 실라 처럼 기도하고 찬양합시다. 기도하고 찬양함으로 문제도 해결 받고 하나님의 영광까지 나타나는 크고 놀라운 은혜를 체험하시기를 주님의 이름으로 축원합니다.

셋째, 예수님이 하신 기도의 방법은 이렇습니다. 요한복음 17장의 예수님이 하신 기도문을 읽으면 읽을수록 깊은 느낌을 갖게 되는 것은 기도의 내용 때문입니다. 예수님께서 깊은 영의기도를 하셨습니다. "우리와 같이 그들도 하나가 되게 하옵소서. 아버지와 내가 하나가 된 것처럼 저들도 하나가 되길 원합니다. 또 저들만이 아니라, 저들을 통해서 예수를 믿게 되는 사람들도 하나가 되길 원합니다. 또 내가 비는 것은 세상을 위함이 아니요, 아버지께서 내게 주신 자들을 위함입니다."

그러니까 예수님의 이 기도는 예수님 앞에 있는 제자들만이 아니라, 그 제자들을 통해서 예수를 믿게 되는 모든 성도들을 향한 기도입니다. 더욱 이 기도가 우리 마음속에 와 닿는 것은 이 기도의 내용이 제자들이 어떻게 처신할 것인가를 알고 계시면서 드리시는 기도이기 때문에 더 깊이가 있습니다. 예수님의 생애를 정리하는 마지막 기도가 요한복음 17장입니다. 이 기도는 단순한 기도로서 깊은 영의기도로 하나님에게 마음을 드리는 기도입니다. 마음으로 하나님을 찾는 깊은 영의기도입니다.

1)예수님은 단순하게 기도하셨다. 앞에서 말씀드린 것처럼 이 기도는 단순합니다. 기도의 형식은 길지만 내용은 단순합니다. 주기도문은 짧지만 복잡한 기도입니다. 그런데 17장의 이 기도는 장문의 기도이지만 내용은 단순합니다. 하나가 되게 해달라는 기도입니다. 예수님의 카리스마와 리더십과 능력, 그리고 예수님의 전지전능한 하나님의 신성을 생각해 보면 예수님의 제자들을 하나로 만드는 것은 아주 쉽습니다. 사람이 30명, 40명이 아니고, 12명이었고, 예수님은 3년 6개월 동안 숙식을 같이하시며 수많은 기적을 보이십니다. 죽은 나사로를 살리시고, 오병이어의 기적을 보이시고, 중풍병자, 손 마른 자, 12살의 소녀를 살리는 일 등등. 예수께서 행하신 많은 기적들이 많이 있습니다.

이러한 예수님인데도 불구하고 마지막 죽기 전에 최후의 마음속에 하고 싶은 기도가 그 12명의 제자들이 하나가 되는 것입니다. 열두 명이 하나가 되지 않았습니다. 예수님이 이 기도를 하시면서 일일이 12명을 상상했을 겁니다. 가룟 유다는 자기를 팔 사람이고, 베드로는 닭이 두 번 울기 전에 세 번이나 자기를 부인할 사람이고, 요한은 알몸으로 도망갈 사람이고, 도마는 믿지 않는 제자이었습니다. 우리 생각에는 기적을 행하면 믿을 것 같고 예수님이 오시면 믿을 것 같고 하나가 될 것 같은 데 실제로는 그렇지 않습니다. 예수님이 3년 6개월 동안 12명을 하나가 되게 하셨는데 그것이 되지 않았습니다. 예수님께서는 기도하십니다. "하나님! 우리와 같이 그들도 하나가 되길 원합니다. 예수님과 하나님이 하나가 되고 성삼위일체의 하나님이 하나가 된 것처럼 그들이 우리와 같이 하나가 되었으면 좋겠습니다." 우리는 예수님이 하나가 되길 위해서 기도했다고하는 이 내용을 아주 단순하게 생각하고 받아들이셔서 우리가 하나 되기를 위해서 기도하시기 바랍니다.

2) 예수님은 하나가 되게 해달라고 기도하셨다. 예수님은 하나가 되지 않는 제자들이 하나가 되기를 위해 기도하셨습니다. 하나가 되기를 원하는 이 기도는 하나가 되지 않았다고 하는 것을 반증하고 있습니다. 제자들 가운데 가룟 유다가 있고, 부인한 베드로가 있고, 알몸으로 도망간 요한과 의심한 도마가 있고 뭐가 뭔지도 모르는 이름 없는 제자들도 있습니다. 이들은 모두 하나가 되지 못했습니다. 그럼에도 불구하고 기도하기를 포기하지 않았습니다.

그리고 기독교 이 천년 역사는 하나가 되지 않는 제자들이 하나가 되기를 사모하는 기도 속에서 발전했습니다. 우리는 이상과 현실에 대한 이야기를 분명하게 해야 합니다. 교회는 하나라는 이상과 하나가 되지 못한 현실 사이에서 끊임없이 하나가 되기를 위해서 기도하는 가운데 이천년 동안 발전합니다. 하나가 되지 못해서 절망하면 안 됩니다. 예수님 앞에 있는 12명의 제자들도 하나가 되지 못했습니다. 그러나 하나가 되지 못했다고 해서 당연시하여 그대로 방치하지 않고 하나가 되도록 끊임없이 기도해야합니다. 교회는 하나가 되지 못한 역사의 현실 속에서 하나가 되어야 한다는 이상을 향해서 끊임없이 반복적으로 기도해야 합니다. 성도들이 하나가 될 때 예수님의 영광이 주어집니다.

3)하나가 되는 사람들에게 예수님의 영광이 주어진다. 예수님으로 하나가 되면 그어디나 하나님의 나라 천국이 됩니다. "내게 주신 영광을 내가 그들에게 주었사오니 이는 우리가 하나가 된 것 같이 그들도 하나가 되게 하려 함이니이다"(요한복음 17:22). 예수님께서 우리 가운데 영광을 주셨습니다. 충만한 교회의 영광 뿐 아니라, 성도의 가정과 각자의 삶속에 영광을 주셨습니다. 주님은 우리를 비참하게 살지 않게 하시고, 우리를 겸손하되 비굴하지 않게 하시고, 우리가 핍박을 받되 피할 길을 열어주시고, 우리가 환난과 박해 속에 처할지라도 십자가의 은혜 속에서 영광을 누리게 하셨습니다. 이것은 사치와 허영이 아니고 교만이 아닙니다. 이것은 우리 주님만이 주시는 거룩한 영광입니다. 이 영광이 하나가 되지 못할 때에는 시멘트 속의 황금덩어리처럼 드러나지 않습니다.

18장 어릴 때 기도하는 습관을 만들자.

(눅 22:39-40) "예수께서 나가사 습관을 따라 감람산에 가시매 제자들도 따라갔더니, 그 곳에 이르러 그들에게 이르시되 유혹에 빠지지 않게 기도하라 하시고"

사람의 인생을 바꿀 수 있는 것이 여러 가지가 있습니다. 조건이나 환경과 관계없이 자신의 인생을 바꿀 수 있는 것이 있는데, 바로 습관입니다. 습관이야 말로 사람의 인생을 변화시키는 가장 큰 힘이며, 능력이 되는 것입니다. 키케로는 "습관은 제의 천성"이라고 말했습니다. 또한 셉 케이즈는 "습관은 성격을 형성하며 성격은 운명이 된다"라고 했으며, 아리스토텔레스도 "습관은 오래된 실천이며 결국에는 그 사람 자신이 된다"라고 했습니다. 그러므로 습관은 대단히 중요합니다. 자녀들에게 습관이 되도록 해야 할 것은 성령으로 기도하는 습관입니다. 마음 안에 하나님을 무시로 찾는 습관을 들여야 합니다. 성령으로 세례를 받고 성령의 역사가 일어나는 예배를 즐겨하는 것입니다. 영과 진리로 예배하는 습관이 되어야 합니다. 어려서 성령으로 세례를 받고 성령의 지배를 받는 믿음생활은 참으로 중요합니다. 어려서 부터 영-혼-육이 강건한 삶의 체질이 될 수가 있기 때문입니다. 많은 성도들이 문제가 일어나면 성령의 역사 없이는 문제를 해결 할 수가 없다는 것을 알고, 성령으로 세례를 받으려고 합니다. 그런데 문제가 일어나 버렸기 때문에 회복되는데 시간이 많이 소요됩니다. 또 성령의 역사가 일어나는 예배 생활에 익숙해지는데 상당한 시간이 걸립니다. 그래서 어려서 부터 성령의 역사가 주장하는 믿음생활을 숙달하게 해야합니다.

스티븐 코비 박사는 '성공하는 사람들의 7가지 습관'에서 "생각을 심으면 행동을 거두고, 행동을 심으면 습관을 거둔다. 습관을 심으면 인격을 거두고, 인격을 심으면 운명을 거둔다"고 했습니다. 필자는 이 글을 이렇게 표현합니다. "생각은 말을 하게하고, 말을 하면 행동하게 되고, 행동을 하면 습관을 생기고, 습관을 생기면 인생의 흥망을 결정한다고 믿습니다." 말이 중요하기 때문에 말을 추가했습니다. '작심삼일씨 습관 바꾸다'란 일본 책의 저자는 "아침에 일어나서 밤에 잠자리에 들 때까지 인간의 행동은 80%의 습관과 20%의 새로운 행동으로 이뤄진다"고 합니다. 이처럼 인생에서 차지하는 습관의 위력을 강조하면서 "나쁜 습관은 없앨 것이 아니라 좋은 습관으로 대체하라"고 말합니다. 작심삼일이라도 일곱 번만 결심하면 누구나 성품과 운명을 바꿀 평생의 좋은 습관을 길들일 수 있다고 합니다.

미국의 하버드대학교를 우수한 성적으로 졸업한 청년이, 성공한 사람 1,000명을 인터뷰하고 세 가지 공통된 특성을 찾았답니다. 그들은 열정적이고, 목표 의식이 뚜렷하며, 좋은 습관을 가진 사람들이랍니다. 예수를 믿으면서도 습관이 잘못된 사람들은 믿기는 믿어도 자기에게 큰 복이 안 됩니다. 예배를 드릴 때도 늦게 오는 것이 습관화 된 사람이 있습니다. 어떤 분은 신사적으로 아주 훌륭한 분인데도 예배 시간에 꼭 늦게 옵니다. 그것은 늦게 오는 것이 습관화되었기 때문입니다. 예배시간에 조는 것이 습관화 된 분도 있습니다. 한 달에 한 번씩 예배 빠지는 것이 습관화 된 분도 있습니다. 그래서 우리는 예수님의 좋은 습관을 배워야 됩니다.

예수님을 습관을 따라서 가르치셨습니다. 뭘 가르쳤느냐? 복음을 가르쳤습니다. 예수님은 입을 여시면 복음을 가르쳤습니다. 다른 말로 말하면 전도하셨다는 말입니다. 예수님은 안식일에 회당에 가셨습니다. 성경을 읽었습니다. 그리고 사람을 만나면 가르치셨습니다. 이것이 습관화되었습니다. 예수님은 또 하나의 습관이 있었습니다. "예수께서 나가사 습관을 좇아 감람산에 가시매 제자들도 좇았더니"(39절). 예수님은 습관을 좇아 감람산에 기도하러 가셨습니다. 예수님은 소년시절 예배를 드리기 위해서 꾸준히 회당에 가셨고 커서도 그 습관을 좇아 회당에 가셨습니다. 이것은 부모가 예수님이 어린 시절부터 본으로 보여준 모습입니다.

부모는 자녀들이 어렸을 때부터 교회 가는 습관을 들이도록 해주어야 됩니다. 이것은 아이의 장래를 위한 비밀입니다. 교회 가는 아이는 마음을 성결하게 합니다. 인격을 바르게 합니다. 예수님의 교훈을 받기 때문에 비전을 갖습니다. 전 세계를 움직이는 위대한 인물들은 거의가 다 크리스천들입니다. 세계 역사상 가장 큰 영향력을 끼친 분이 예수 그리스도입니다. 예수 그리스도의 복음이 들어가는 곳마다 나라가 바꾸어졌습니다. 사회가 개혁되었습니다. 미개한 나라가 문명국이 되었습니다. 우리나라도 예수 그리스도의 복음 때문에 이렇게 되었습니다. 100년 전 우상의 나라, 미개한 나라, 폐쇄된 나라, 가난한 나라였던 이 나라에 복음이 들어오면서부터 국민들의 의식이 깨어나기 시작했습니다. 지도자를 미국으로 유학시켜서 인재를 양성했습니다.

자녀가 잘 되기를 원한다면 어렸을 때부터 좋은 습관, 거룩한 습관을 심어주어야 됩니다. 거룩한 습관은 예수 그리스도를 따라 가는 것입니다. 공부하는 것이 중요한 것 아닙니다. 공부 한 두 시간 했다고 그 아이의 머리가 좋아지는 것이 아닙니다. 믿음을 심어주어야 됩니다. 믿음을 심어주면 세계화의 비전을 갖게 됩니다. 더 나아가서 하늘을 향해서 눈이 열리게 됩니다. 예수님의 일생은 거룩한 습관으로 형성되었습니다. 예수님은 어린 시절부터 가졌던 습관을 따라서 하나님의 말씀을 읽었고, 예배를 드리면서 은혜를 입었고, 기도를 통해서 모든 것을 성취해 갔습니다. 우리 크리스천의 자녀들이 가져야 할 좋은 습관은 무엇이며 크리스천의 자녀로써 어떤 좋은 습관이 필요한 가에 대해 말씀을 드리겠습니다.

첫 번째 기도하는 습관입니다. 성경은 데살로니가 전서 5장 17절에 쉬지 말고 기도하라고 말씀하신 것처럼, 예수님께서 습관을 쫓아 감람산에 가서서 기도하는 모습을 볼 수 있으며, 새벽 미명에 한적한 곳에 가서 기도하셨던 모습을 볼 수 있습니다. 또한 베드로와 요한도 제 9시 시간을 정해놓고 기도하던 습관을 볼 수 있습니다. 기도는 습관이 되어야 합니다. 부모의 기도하는 모습을 보고 자녀들이 배운다는 것을 알아야 합니다. 어머니가 임신을 했을 당시부터 기도하는 습관을 자녀가 따라한다는 말이기도 합니다.

시화에서 충만한 교회에 다니던 김 집사의 글입니다. 6살 된 아들이 물었습니다. '엄마! 왜 매일 매일 기도해요?' "어~ 기도는 하나님과 대화 하는 것이거든…. 우리를 사랑하시는 하나님께 매일 좋은 일과 슬픈 일, 도움이 필요한 일을 얘기하는 것이란다." 결혼 후 어느덧 이제 6세 아들과 4세 딸을 둔 두 아이의 엄마가 되었습니다. 첫 아이를 낳고 품에 안아 젖을 먹일 때마다 하루에 한번은 꼭 아이의 평생을 축복하는 기도를 소리 내어 하기 시작했습니다. 아이가 좀 크면서부터는 밤에 재우면서 기도했습니다. 감사하게도 하나님이 내게 의지력과 집념이라는 달란트를 주셨기에 마음을 정한 일을 꾸준히 하는 강점을 아이와 기도하는 일에도 그대로 적용할 수 있었던 것 같습니다.

둘째 아이도 그렇게 수유기도 시간을 거쳐 2년 전부터는 밤에 두 아이들 사이에 누워 잠을 잘 때마다 같이 기도하기 시작했습니다. 당시 이제 말을 하기 시작한 아들에게 '기도 손, 기도하자'며 내가 시작한 일은 각자의 기도제목을 확인하는 것이었습니다. 한동안 우리 아들의 유일한 기도제목은 밤에 잘 때 편안한 잠자고, 나쁜 사람이 나타나지 않는 것이었습니다. 그래도 저는 그 기도 제목을 꼭 포함시켜 같이 기도했고(깜박하여 빼 먹으면 여지없이 바로 아들이 다시 해달라고 말합니다), 지금도 그 기도는 항상 영순위를 차지합니다.

그런데 차츰 시간이 흐르며 아들의 기도제목도 더 다양해져 갔습니다. 그 날 친구들 혹은 엄마, 아빠와 즐겁게 놀아서 아주 즐겁고 신났다고… 명절에는 사촌 언니들과 재미있게 놀아서 좋았다고… 또 그렇게 놀고 싶다고… 또 어느 날은 '엄마(아빠)한테 야단맞아서 속상하고 슬프다고…' 아픈 날은 아프니까 얼른 나아서 다시 즐겁게 놀면 좋겠다고 하면서 기도해 달라고 합니다.

며칠 전 일입니다. 그날따라 몸이 유난히 피곤하고 감기가 걸렸는지 몸이 으슬으슬 춥고 좋지 않았던 저는 퇴근 후 집에 오자마자 이불을 푹 뒤집어쓰고 누워 있었습니다. 조금 뒤 퇴근한 아빠와 함께 집에 돌아온 아들과 딸, 아들은 오자마자 엄마를 찾으며 '나, 엄마랑 더 많이 놀고 싶은데… 엄마가 아파서 어쩌지…' 하는 것입니다. 그러더니 잠시 뒤, 조용히 제가 누워 있는 침대로 같이 와서 눕더니 '엄마… 나, 기도 제목이 있어요. 오늘 밤에 나쁜 사람 나타나지 않는 것이랑… 엄마 아프지 말고 얼른 낫게 기도해요.' 합니다. 속으로 이렇게 말하는 아들이 대견하고 기특하고 고마운 저는 함께 그렇게 우리의 상태에 대해 있는 그대로 기도했습니다. 기도를 마치자 '엄마, 엄마 아프니까 내가 동생 잘 돌보다가 이따 잘 게요. 엄마 힘내세요.' 하고 다시 거실로 나갑니다.

저녁마다 엄마와 누나와 자러 들어와 이렇게 오빠랑 순서를 앞 다투어 기도 제목을 나누는 문화에 조금씩 익숙해진 둘째 딸도 아직 말이 아주 능숙하지는 않지만 늘 자기만의 기도 제목을 이야기합니다. 그 녀석의 기도 제목은 주로 '오늘 친구들이랑 블록 놀이 했어요.' 이런 놀이에 대한 만족감을 표현하는 고백이지만 자기가 몸이 아픈 날은 '엄마, 내 기도 제목은 머리 아프지 않고, 기침 안 나오는 거예요.' 라고 표현하기도 합니다. 그럼 엄마는 있는 그대로 하나님께 얘기하며 기도합니다.

가끔 기도를 마치면 아들이 이렇게 물을 때가 있습니다. '엄마! 그런데 왜 우리 왜 매일 이렇게 기도해요?' 그러면 저는 늘 '기도는 하나님과 대화하는 것이니… 매일 우리에게 일어났던 일, 또 도움이 필요한 일을 하나님께 말씀 드리는 것이란다.' 라고 대답합니다. 매일 밤 규칙적으로 씩씩하게 소리 내어 아이들과 기도하는 것이 어쩌면 이 엄마의 고집에서 비롯된 습관일지도 모릅니다. 하지만 아이들과 이렇게 기도할 때마다 이 아이들이 일평생 좋은 일 앞에서도 또 힘든 일 앞에서도 이 세상 그 누구보다도 하나님을 기억하고 감사를 표현하고 도움을 청하는 삶을 살기를 바랍니다. 아이들이 기도가 습관이 되고 일상이 되는, 풍요로운 삶의 비밀을 아는 사람들로 살아가기를 간절히 소망 합니다. 아주 감명 깊은 글이기 때문에 여기에 옮겼습니다. 필자가 교회를 개척하고 아파트 전도를 하다가 시골에서 이사 온 새댁을 전도하여 우리 교회에 다니게 되었습니다. 월요일 날 주공 5

단지 아파트 전도를 하러갔는데 아파트 경비 아저씨가 주말에 이사 온 동호수를 알려주셨습니다. 필자가 하도 전도를 열심히 다니니까, 경비아저씨들이 알아서 적어줍니다. 대게 월요일을 목회자들이 쉬기 때문에 전도를 다니는 분들이 없습니다. 저는 월요일에 쉴 수 있는 처지가 되지 못했습니다. 다른 분들이 전도하지 않는 월요일 날 전도를 나가야 한 사람이라도 모셔올 수 있기 때문에 월요일 날 전도를 나갑니다.

  토요일 날 이사 온 가정에 가서 초인종을 눌렀습니다. 그랬더니 나이가 많이 드신 여성 노인이 나오시는 것입니다. 제가 옆에 있는 교회목사입니다. 지난 토요일 날 이사 오셨다고 들었습니다. 예수를 믿으십니까? 그랬더니 아이고~ 하나님께서 목사님을 보내셨습니다. 그렇지 않아도 주변에 어떤 교회 목사님을 청해 다가 이사 예배를 드릴까 고민하고 있었는데 목사님이 오셨습니다. 목사님! 빨리 예배를 드려주세요. 그래서 교회에 가서 사모를 대동하고 가서 이사 예배를 드렸습니다. 심방예배는 필자가 부교역자 3년을 했기 때문에 어떻게 드려야 한다고 익히 알고 있었습니다. 그래서 자신 있게 성령으로 충만한 예배를 드렸습니다. 예배를 드리고 나니 시어머니께서 하시는 말씀이 아주 영력이 있는 목사님이시라고 아주 좋아했습니다. 예배를 드리고 사정이야기를 들어보니 첫째 아이를 7달 만에 출산하여 '잉큐베이타'에서 2달 동안 있다가 나와서 지금 2살이었습니다. 둘째를 임신하여 4개월이 된 상태였습니다. 우리 교회에 출석하여 예배를 드리기 시작을 했습니다.

그런데 주일날 예배를 드리러 오지 않는 것입니다. 제가 월요일 아파트 전도를 하면서 방문을 했습니다. 사정이 생긴 것입니다. 아기가 자궁에서 내려앉아서 산부인과에 가서 초음파를 해보니까, 밖으로 나오려고 내려앉은 것입니다. 그렇다고 꼼짝하지 말고 집에 있으라고 했다는 것입니다. 그래서 교회에 나오지 못한 것입니다. 필자가 안수를 했습니다. "성령이여 임하소서. 내가 나사렛예수님의 이름으로 명하노니 아기야 자궁에 정상적으로 올라앉을 지어다. 정상적으로 10달이 되면 세상으로 나올지어다." "내가 나사렛예수님의 이름으로 명하노니 아기야 자궁에 정상적으로 올라앉을 지어다. 정상적으로 10달이 되면 세상으로 나올지어다." 이렇게 기도를 했습니다. 큰아이가 7달에 세상으로 나오니 둘째도 7달에 세상으로 나오려고 한다는 것입니다. 그렇게 기도를 하고 수요일 날 다시 방문을 했습니다. 성도가 하는 말이 아기가 정상적으로 자궁에 정착 앉아다는 것입니다. 할렐루야! 감사할일입니다. 그렇게 해서 10달이 지난 다음에 정상적인 출산을 했습니다. 주일날 교회에 예배를 드리고 지속적으로 안수를 해주었습니다. 성도가 순수하여 안수할 때마다 성령께서 평안하게 만져주셨습니다. 아기 이름이 예진이입니다. 예진이가 자라서 자박자박 걸어 다닙니다. 교회에 와서 예배를 드리고 점심을 먹고 나면 예외 없이 강대상 앞으로 나와서 머리를 내밀면서 목사님 안수 그립니다. 원래 저는 점심을 먹고 나면 아이들 안수를 일일이 다

해주었습니다. 당시 유아들이 8명 정도 되었는데 모두 안수를 해주었습니다. 그런데 예진이가 항상 1등입니다. 엄마 뱃속에 있을 때부터 안수를 받기 시작을 해서 안수기도 받는 습관이 된 것입니다. 그런데 한 가지 중요한 것은 예진이가 건강하다는 것입니다. 병치레를 하지 않는 것입니다. 어려서부터 안수기도 받는 습관이 이이를 건강하게 한 것입니다.

서울에 올라와서는 아이들이 별로 없었습니다. 요셉이가 첫돌이 지나고 왔습니다. 그 당시 아이가 통통 부은 상태로 왔습니다. 부모들은 살이 쪄서 그런 줄 알지만 내가 보니 영적인 영향 이었습니다. 계속적으로 안수를 하였습니다. 그랬더니 부은 것이 없어졌습니다. 지금은 아주 건강하게 초등학교를 다니고 있습니다. 요셉이가 어려서부터 안수기도 받는 습관이 된 것입니다. 요셉이는 저에게 안수 받는 것을 아주 좋아합니다. 머리가 아프면 제가 안수하면 머리가 아프지 않는 것을 체험한 것입니다. 그래서 아프면 목사님 안수를 받으면 낫는 다는 것을 체험적으로 알게 된 것입니다. 하루는 저에게 이러는 것입니다. 목요일 밤 예배에 참석하고 끝나고 앞으로 나와서 목사님! 내가 자꾸 짜증이 나요. 안수해 주세요. 그래서 내가 머리에 손을 얹고 요셉이를 짜증나게 하는 것은 나와라. 하고 명령을 하니까, 기침을 한참 했습니다. 축복기도를 하고 보냈습니다. 다음 주일날 요셉이 어머니가 와서 하는 말이 목사님 안수를 받고 막 콧노래를 부르면서 집으로 갔다는 것입니다.

요셉이가 초등학교 이학년으로 올라갔습니다. 요셉이는 밤 예배에도 어머니를 따라서 교회에 나와서 예배를 드립니다. 저는 밤 예배가 끝나고 나면 아이들은 모두 안수기도를 해줍니다. 그런데 하루는 요셉이가 나에게 이러는 것입니다. "목사님! 제가 변을 보지를 못합니다. 기도해 주세요." 그래서 누우라고 하고 배에다가 손을 얹으니까, 성령께서 감동하시기를 학교에서 두려움이 틈타 마음이 위축이 되어서 변을 보지 못한다는 것입니다.

그래서 내가 "학교에서 두려워함으로 심장이 놀라고 장이 위축되어 변을 보지 못하게 하는 질병은 떠나가라. 예수 이름으로 명하노니 변비는 치유될지어다. 변은 시원하게 나올지어다. 심장은 강심장이 될 지어다. 하고 기도를 해주었다." 그랬더니 당장 화장실에 가서 변을 보고 나오는 것입니다. 자초지종을 물어보니 학교 선생님이 무섭게 아이들을 다룬다는 것입니다.

그래서 두려움과 스트레스로 아이에게 변비가 생긴 것입니다. 원래 변비는 심장이 약한 사람들이 많이 생깁니다. 이렇게 아이들이 학교에서 선생님으로부터 체벌을 받을 때 두려움의 영이 침입하여 고생을 하기도 합니다. 우리 학교 선생님들은 전인적으로 인격을 갖춘 분들이 해야 한다고 생각합니다. 안수기도 받는 습관이 된 아이들이 기도하는 습관도 들여지고, 예배드리는 습관도 들여지는 것입니다.

어려서부터 기도가 습관이 되게 해야 합니다. 부모가 중요합니다. 기도는 문제 해결의 열쇠이며, 무능력자를 능력자로 만드는 원동력이며 기도는 불가능을 가능케 하는 하나님의 능력이며 무에서 유를 창조하는 능력입니다. 또 기도는 하나님의 마음을 움직이는 능력을 동반하는 것입니다. 기도하는 습관을 기르면 자기를 이기게 됩니다. 세상을 이기게 됩니다. 죄악의 유혹을 이기게 됩니다. 그러므로 승의 삶을 살 수 있습니다. 그러므로 자녀들에게 어려서부터 기도하는 습관을 잘 기르시길 바랍니다. 인생이 달라집니다. 기도로 인생이 달라지는 우리 충만한 교회 자녀들이 되시기를 주님의 이름으로 기원합니다.

두 번째는 말씀을 청종하는 습관을 길러야 합니다. 하나님의 말씀은 생명이며 영생의 말씀입니다. 또한 내발의 등불이며 내 길의 빛이 되시며 교훈과 책망과 바르게 함과 의로 교육하기에 유익한 말씀이며 구원을 얻게 하는 말씀입니다. 그러므로 어려서부터 하나님의 말씀을 청종하는 습관을 길러야 합니다. 청종이란 말은 그냥 흘러가는 말로 듣지 아니하고 귀 기울여서 듣는 것을 말합니다. 즉 말씀을 들을 때 그 말씀을 마음에 새겨서 그 말씀을 교훈으로 삼아야 한다는 것입니다. 필자는 예배는 모든 가정 구성원들이 함께 드리는 것이 복음적이라고 생각합니다. 부모가 자녀를 데리고 다니면서 함께 예배를 드리는 것입니다. 예배를 드리면서 가르치는 것입니다. 그래서 말씀을 청종하는 것을 몸에 배이게 하는 것입니다.

예레미야 22장에 나오는 유다완 여호야김은 어려서부터 하나님의 말씀을 청종치 아니함이 습관이 되어서 살아가다가 수치와 수욕과 고통과 가련한 존재가 되었음을 볼 수 있습니다. 반면 사도행전

10장에 나오는 고넬료와 그 집안 식구들은 베드로를 초청하여 하나님의 말씀을 청종하였습니다. 그때 성령의 세례를 받았습니다.

또한 사도행전16장 에 나오는 자주 장사 루디아는 마음을 열어 바울이 전하는 하나님의 말씀을 청종하여 그 집에 구원을 얻었음을 볼 수 있습니다.

이사야서 55장 2절 "나를 청종하라 그리하면 너희가 좋은 것을 먹을 것이며 너희 마음이 기름진 것으로 즐거움을 얻으리라"라고 했습니다. 하나님의 말씀만 잘 청종하는 습관만 가지면 인생이 달라집니다. 왜냐 그 말씀은 하나님의 능력의 말씀으로 사람을 변화시키기 때문입니다. 그러므로 성경말씀을 자꾸 듣다보면 믿음이 생기게 되고 말씀대로 사는 힘이 생기게 되며 그로 인해 인생이 달라짐을 경험하게 될 것입니다. 우리 모두에게 하나님의 말씀을 청종하여 인생이 달라지는 은혜가 넘치시길 주님의 이름으로 기원합니다.

세 번째는 감사하는 습관을 길러야 합니다. 자녀들에게 하나님께 감사하는 습관을 들여야 합니다. 범사에 감사하라(데살로니가 전서 5장 18절). 너희는 감사하는 자가 되라(골로새서 3장 15절)는 말씀을 보면 감사하는 것이 귀중한 일임을 말씀한 것입니다. 감사하는 자는 감사할 수 있는 조건들이 많이 생기게 되며, 감사는 더 좋은 은혜를 받는 통로이며 감사는 기적을 이루는 은총이 됩니다. 감사함으로 성령으로 충만하게 됩니다. 성령으로 충만하니 성령이 지배를 받게 됩니다. 성령으로 지배를 받게 되니 천국을 누리게 됩니다. 그러므로 감사는 즐거움과 기쁨을 안겨주며 감사는 신앙성장의 요소가 됩니다.

누가복음 17장에 나오는 열 명의 문둥병자의 이야기를 잘 아실 겁니다. 열 명의 문둥병자가 예수님을 만나 고침을 받았습니다. 그러나 사라미아인 하나만 예수께 나와서 감사를 드렸습니다. 그때 예수님께서는 그에게 "네 믿음이 너를 구원하였느리라"고 말씀하셨습니다. 육신의 병을 고침 받은 것도 감사한 일이지만 감사할 때 더 큰 영혼의 구원을 받은 것을 볼 때 감사가 얼마나 큰 복의 통로가 되는지 가르쳐 주고 있습니다. 감사는 더 큰 감사를 낳고 감사의 조건을 만드는 것입니다. 그러므로 어려서부터 감사의 습관을 가져서 더 많은 감사의 조건 속에서 승리하시길 주님의 이름으로 기원합니다.

네 번째는 남을 칭찬하고 격려하는 습관을 길러야 합니다. 스미디는 "무엇보다 칭찬은 우리에게 가장 좋은 식사이다"고 했으며 토마스 풀러는 "칭찬은 선량한 사람을 더 선하게 한다"고 했습니다. 칭찬은 인간을 더 아름답게 선하게 힘 있게 만드는 요소입니다. 사람은 칭찬을 들을 때 변화하기 시작합니다. 어려서 칭찬을 듣고 자란 어린이와 꾸중을 듣고 자란 어린이는 커서 사회생활을 할 때 그 차이를 볼 수 있습니다. 칭찬을 받으며 자란 어린이는 매사에 자신이 있고 긍정적입니다. 그러나 꾸중을 들은 어린이는 매사에 자신이 없고 매사가 부정적으로 생각합니다. 어릴 때 상처를 받고 자란 아이는 전두엽이 발달하지 않아서 다른 아이들보다 뒤처지게 됩니다.

그러므로 이제부터 우리는 남을 칭찬하는 습관을 기르시길 바랍니다. 뿐만 아니라 격려하는 습관도 길러야 합니다. 상대방을 변화시킬 수 있기 때문입니다. 칭찬은 고래도 춤을 추게 한다는 말이 있습니다. 나의 말 한마디로 상대방을 긍정적인 사람으로 만들 수 도 있고 부정적인 사람으로 만들 수 도 있기 때문입니다. 이제부터 사랑하는 가족에게 칭찬과 격려를 해 주시길 바랍니다. 우리나라 사람들은 칭찬에 너무 인색합니다. 남을 비방하기는 좋아하지만 칭찬하기는 매우 인색합니다. 이제 우리부터 하루에 한 번씩 사랑하는 가족에게부터 칭찬을 하시길 바랍니다. 정 칭찬할 것이 없다면 만들어서 라도 칭찬 해보시길 바랍니다. 우리 모두의 인생이 달라질 것입니다.

나쁜 습관을 버리고 좋은 습관을 갖는다는 것이 말처럼 쉽지는 않습니다. 그러나 불가능한 것인 아닙니다. 주님 안에서 열심히 절제하고 인내하고 노력하면 이루어집니다. 이 세상에 모든 일이 하루아침에 이루어지는 것은 없습니다. 좋은 습관을 갖는 것도 마찬가지입니다. 인내하고 절제할 때 이루어지게 됩니다. 중요한 것은 절제하고 인내하고 노력하면 반드시 좋은 습관을 가질 수 있다는 것입니다. 자신의 마음에 달려 있습니다.

평생 나쁜 습관으로 살다가 죽을 것인지 좋은 습관을 가지고 보람있게 살다가 하늘나라에 갈 것인지 자신에게 달려 있습니다. 우리 모두 좋은 습관을 소유하여 하나님의 무한하신 능력과 권세를 가지고 이 세상을 승리하며 살아가시길 주님의 이름으로 소원합니다.

19장 항상 기도하는 습관이 중요하다.

(눅 22:39-40)"예수께서 나가사 습관을 따라 감람산에 가시매 제자들도 따라갔더니 그 곳에 이르러 그들에게 이르시되 유혹에 빠지지 않게 기도하라 하시고"

항상 기도하는 습관에 대해서 말씀드리겠습니다. 많은 크리스천들이 혼자서 기도하는 것이 너무 어렵다고들 토로합니다. 많은 분들이 혼자서 하는 기도로는 운전하다가 신호에 걸렸을 때 하는 기도 정도라고 말합니다. 기도를 하기 위해서 깊은 산 속에 있는 피정의 집을 찾아 가거나, 기도 모임에 나가 여럿이 함께 공동으로 기도를 바치거나, 혹은 뜨거운 성령기도회를 찾아보는 것도 좋은 일이지만, 기도를 하기 위해서는 꼭 특별한 장소를 찾아가야 한다거나 여러 사람들이 모여야만 한다고 생각한다면 좀 문제가 있습니다. 항상 어디서나 기도하는 습관이 되어야 합니다.

예수께서도 "진실로 다시 너희에게 이르노니 너희 중의 두 사람이 땅에서 합심하여 무엇이든지 구하면 하늘에 계신 내 아버지께서 그들을 위하여 이루게 하시리라"(마태18:19)라는 말씀도 하셨지만, 제자들에게 기도하는 법을 알려주실 때는 "골방에 들어가 보이지 않는 하나님 아버지께 기도하라"(마태6:6)고 말씀하셨습니다. 또 당신 스스로도 자주 "조용히 기도하시려고 군중을 보내신 뒤에

산에 올라가 날이 저물 때 까지 혼자 계셨습니다"(마태14:24).

제 아무리 훌륭한 설교를 듣고 깊이 감동했다 하여도, 제 아무리 많은 사람들이 모여서 며칠 밤을 세워가며 철야기도를 한다 해도, 제 아무리 신묘한 기적을 보고 신앙이 뜨거워졌다고 하더라도 내 자신 안에서 깊이 있게 내면화되지 않는다면 그러한 외적인 차원의 경험들이 과연 며칠을 갈 수 있을까요? 그러한 외적인 차원의 경험들이 과연 나를 얼마만큼이나 변화시킬 수 있을까요?

우리들의 모든 신앙의 체험들을 내 마음 깊숙이 내면화시키고 내 몸 가득히 체화시켜서 진정으로 나를 변화시키기 원한다면 우리는 먼저 혼자 기도하는 습관을 들여야 합니다. 혼자 있으면서 조용히 눈을 감고 보이지 않는 하나님과 만나서 그 분의 음성을 듣고 따라야 합니다. 학생의 실력이 학교에서 배운 바를 이해하고 심화시키는 자율학습을 통해서 나날이 성장하듯이 신자로서의 깊이, 신자답게 변화하는 정도는 주님의 가르침을 깨닫기 위해 혼자서 조용히 눈을 감고 앉아있는 시간에 달려있습니다.

공부는 안하면서 성적이 오르기만을 기대하는 자녀와 그를 바라보는 부모님…. 기도는 안하면서 변화가 찾아오기만을 바라는 크리스천들과 그를 바라보는 하나님 아버지… 그 마음이 어떨까요? 아마 안타까울 것입니다.

하나님과 동행하는 표현을 바꾸어 말하면 하나님과 절친한 사람을 말합니다. 성경에는 하나님과 절친한 사람들의 삶을 드라마틱

하게 그리고 있습니다. 지하 교도소에서 죽음을 기다리는 노예의 몸에서 당대 최고의 강대국의 국무총리의 자리에 앉게 되고, 호호백발 할머니의 몸에서 건강한 아들이 태어납니다. 평범한 농부의 말째아들이 어린나이에 거인 용사를 단숨에 물리치고 온 국민이 추앙하는 국왕이 되고, 형에게 쫓겨 도망간 사기꾼이 고생 끝에 성공하고 거부가 되어 금의환향합니다.

이렇게 성경은 하나님이 기뻐하는 자녀에게 초자연적인 능력을 주고 기름진 땅의 축복과 영혼이 잘되는 하늘의 축복까지 아낌없이 주신다고 약속하고 있습니다. 그렇지만 우리는 이 땅에서조차 그러한 하나님의 약속을 누리지 못하고 있고 삶의 고단한 덫에 걸려 힘들고 어렵게 살고 있습니다. 그 이유는 간단합니다. 전지전능하신 하나님과 절친한 삶을 살지 않기 때문입니다. 하나님은 영이시므로 깊은 교제를 나누는 방법은 기도밖에 없습니다. 그렇지만 영적인 교통이 없는 기도는 아무런 쓸모가 없습니다. 여태껏 하나님의 능력을 경험하지 못했다면 무능한 기도가 이유일 것입니다.

첫째, 항상 기도하는 습관이 필요한 이유. 성경이 요구하는 기도의 모습을 한마디로 말하자면 쉬지 말고(살전 5:17), 항상(행 10:2), 습관을 좇아(눅 22:39)기도하는 것입니다. 그렇지만 세상에 새벽기도회에 참석하기도 쉽지 않은 판에 하루 종일 쉬지 않고 기도하는 사람이 어디 있을까요? 그래서 우리는 삶에 적용할 수 없는, 성경에만 있는 성경말씀으로 치부합니다. 마치 공룡화석처럼 그 옛날 쥐라기나 백악기시절에 살았던 생물이지만 지금은 멸종된 동물로 생각하는 것처럼 말입니다. 그렇지만 하나님은 우리가 도저히 할 수 없는 것을 가르쳤을 리는 없습니다. 지금 우리의 관행이나 생각으로 할 수 없다고 여기는 것뿐입니다.

그래서 사도바울의 놀라운 능력을 얻고 싶지만 그가 가르친 쉬지 말고 기도하는 것을 배우려 하지 않습니다. 고넬료는 이방인인 로마 군인으로서 최초로 성령세례를 받은 인물입니다. 그가 항상 기도하였던 것을 하나님이 기뻐 받으셨다고 성경은 전합니다. 하나님의 아들이신 예수님조차 기도하는 습관을 가지셨지만, 우리는 여전히 여기에 관심조차 없습니다. 기도란 노동이며 의무이고 괴롭고 고통스러운 시간이라는 인식이 우리를 지배하고 있기 때문입니다. 우리의 생각이 어떻든 간에 우리는 성경의 하나님의 뜻을 행하지 않기 때문에 기도의 능력이 없고 하나님의 도우심이 내려오지 않는 것입니다.

운동이 건강에 필수적이라는 걸 모르는 사람은 없지만 규칙적으로 운동하지 않는 사람이 더 많습니다. 학교를 졸업하면 책을 읽는 것도 같이 졸업입니다. 습관을 들이지 않았기에 한두 번 시도해보다가 이내 포기하고 맙니다. 기도도 마찬가지입니다. 크리스천이라면 하나님을 만나는 유일한 통로인 기도를 성실하게 해야 하겠지만, 이 역시 습관을 들이지 않았기에 겨우 주일예배만 참석하는 것으로 만족합니다. 삶의 덫에 빠진 사람은 보통 사람보다 기도하기가 더 어렵습니다. 불안과 두려움, 절망과 자포자기의 감정이 들어차 있는데 기도할 마음이 들겠습니까? 그렇기에 기도하는 습관을 들여야 합니다. 이미 어린 시절부터 양치질을 하는 습관을 들였기에 어른이 되어서도 실행하고 있으며, 자기 전에 몸을 씻고 잠자리에 들었기에 씻지 않으면 잠이 오지 않는 것입니다. 이렇게 습관의 힘은 놀랍습니다. 우리가 기도하는 습관을 들이지 않았기에 오랫동안 교회를 다니고 있어도 여전히 개인적인 기도의 시간을 못 갖고 있습니다.

항상 기도하는 습관적인 기도는 묵상기도를 습관으로 들여야 합니다. 틈틈이 일상생활 중에서도 기도를 해야 하는데 통성으로 할 수는 없을 것입니다. 묵상기도는 고도의 집중력이 요구되는 기도의 방법입니다. 눈만 감으면 잡념이 어느 틈에 들어오고 어느새 졸고 있는 자신을 발견합니다. 이처럼 묵상기도는 집중하는 훈련이 선행되어야하며 성령의 인도하심이 없다면 지속할 수 없습니다. 묵상기도 방법은 이 책에서 설명했습니다. 묵상기도는 오랜 시간 경건의 훈련을 통해 습관을 들여야 하는 시간이 필요합니다. 필자도 쉼 없이 기도하는 기도를 할 수 있게 된 것은 목회자가 되고 나서도 무려 3년의 시간이 필요했습니다. 이처럼 묵상기도의 습관을 들이는 것은 만만치 않습니다. 그렇지만 이를 건너뛸 수도, 돌아서 지나칠 수도 없습니다. 성령님의 도우심을 의지해서 이 강을 건너야 할 것입니다.

묵상기도나 침묵기도를 자주 하는 사람은 기도에 몰입하기가 쉽습니다. 기도에 몰입된다면 성령이 주시는 평안과 기쁨을 누리므로 기도가 즐겁습니다. 몰입하는 기도를 아는 사람은 기도보다 즐거운 일을 세상에서 찾을 수 없기에 틈만 나면 기도하려고 합니다. 그렇지만 평소에 기도를 하지 않았던 사람은 기도를 시도하는 것조차 버겁게 됩니다. 부익부 빈익빈의 법칙이 여기에도 적용되는 셈입니다. 성경에 이렇게 기록 되어 있습니다. "이것이 곧 적게 심는 자는 적게 거두고 많이 심는 자는 많이 거둔다 하는 말이로다." (고후 9:6). 기도하는 것에 시간을 많이 투자한 사람은 빨리 항상 기도하는 사람으로 변할 것이고, 기도하는 것이 적게 시간을 투자하는 사람은 변화되는데 오래 걸린다는 뜻입니다.

그렇지만 시작이 반이라는 말이 있습니다. 평소에 기도를 하지 않았기에 기도의 습관을 들이는 것이 어렵지, 막상 기도를 자주 시도한다면 그 다음부터는 수월할 것입니다. 항상 기도하는 기도의 습관도 처음에 들이기가 어렵지 어느 정도 시간이 지나 몸에 배고 나면 즐겁고 재미있습니다. 더구나 삶의 덫에 빠진 사람은 찬밥 더운밥을 가릴 처지가 아닙니다. 지난한 역경의 수렁에서 벗어날 수만 있다면 그보다 더한 것도 무릅쓰고 해야 할 것입니다. 필자는 이런 말을 자주합니다. 문제가 생긴 다음에 이리 뛰고 저리 뛰지 말고 미리미리 기도하며 준비 하라고 강조합니다.

둘째, 항상 기도할 수 있는 환경을 조성해라. 시간이 없어서 기도하지 못한다는 사람이 적지 않습니다. 시간이 부족해서라기보다 다른 시간에 비해 우선순위가 떨어진다는 게 더 정확한 이유일 것입니다. 삶의 고단한 덫에 빠진 사람은 전쟁터에 나간 병사입니다. 총알이 빗발처럼 쏟아지는 그곳에서는 오직 살아야 한다는 생각밖에 없습니다. 밥맛이 없어 반찬투정을 부리는 일도, 무료해서 TV 채널을 이리저리 돌리는 일도, 심지어는 먹고 살 걱정조차 없습니다. 지금 여기에서 살아나가야 한다는 일념뿐입니다. 그렇다면 고단한 삶의 덫에서 빠져나갈 수 있는 유일한 해결책은 기도의 달인이 되는 것뿐인데, 다른 핑계를 대는 것은 아직 상황의 긴박함을 제대로 느끼지 못했거나 나름대로 자신의 능력을 믿고 있어서가 아닐까요? 그것도 아니라면 자포자기한 심정으로 인생이 떠내려가는 것을 무기력하게 지켜보고 있는 것일 것입니다.

늘 기도할 수 있는 환경을 조성하는 것은 항상 기도하는 기도를 습관으로 붙이는 데 절대적입니다. 아무리 열심히 노력한다 해도 환경이 암울하고 주변에서 도와주지 않는다면 성공하기에 힘들 것입니다. 누구나 기도할 수 있는 시간은 많지 않습니다. 기도하는 시간을 새롭게 만드는 것은 다른 시간을 희생해야 한다는 것을 뜻합니다. 처음에는 어렵겠지만 기도의 숙달단계에 올라가면 아침저녁으로 1시간 이상씩 그리고 적어도 낮 시간에 1시간 정도는 기도해야 합니다. 즉 하루에 3시간 이상을 기도하는 것은 지금까지의 삶을 확 바꾸지 않으면 안 된다는 것을 의미합니다. 아침과 잠자기 전에 기도하는 습관을 들이려면 밤늦은 TV시청이나 컴퓨터 게임, 친구들과의 늦은 만남 등을 끊어야합니다. 또한 등산이나 낚시 등의 많은 시간을 소비하는 운동이나 취미도 끊거나 줄여야합니다. 그래서 일찍 잠자리에 들고 머리를 복잡하게 만드는 무의미한 일상의 패턴을 바꾸어야 합니다. 즉 지금까지의 라이프 스타일을 서서히 바꾸어서 기도시간을 최우선으로 하는 삶으로 만들어야 할 것입니다. 오직 시간만 나면 기도를 시도하고 기도에 몰입하는 삶이 되어야 합니다. 그렇지만 미리 걱정하지 않아도 됩니다. 성령이 충만한 상태인 평안과 즐거움을 느끼는 단계까지가 어렵지, 그런 상태를 자주 경험한다면 세상의 다른 어떤 행위보다 기도하는 게 더 즐거워지므로 누가 시키지 않아도 기도를 찾아서 하는 자신을 발견하게 될 것입니다. 그 단계까지 가는 과정에서 스스로 습관을 들이는 기도훈련의 시간이 필요한 것입니다.

　우리가 기도하는 곳은 사방이 조용한 교회나 숲속에서의 기도원이 아닙니다. 그곳이라면 누구나 쉽게 기도에 집중하기 쉽겠지만, 일상의 삶에서 쉬지 않고 기도하려면 그런 환경에서 기도하는 것에 빨리 적응해야합니다. 아무 곳에서나 기도할 수 있어야 합니다. 기도하는 장소의 개념이 기도를 더 어렵게 만듭니다. 그렇다면 기도를 도와주는 도구를 활용하는 것도 필요합니다. 도시에서의 삶은 소음 공해와 시선을 끄는 것들이 즐비합니다. 사방이 온통 시끄러운 상태에서 묵상으로 기도에 집중하는 것은 어려운 일입니다. 그래서 필자는 거리에서는 마음으로 하나님을 찾는 기도를 합니다. 하나님께 집중하면서 하나님을 찾는 것입니다.

걸으면서 마음으로 기도하는 습관을 들이라는 것입니다. 걷기를 시작하려면 바른 자세부터 익혀야 합니다. 바른 자세가 중요한 이유는 첫째로 뇌가 활성화됩니다. 바른 자세로 걸으면 근육이나 감각기관에서 신경계로 전달되는 정보량이 많아져서 대뇌가 더욱 자극을 받기 때문입니다. 둘째로 걸음걸이가 바르면 걷기 편하고 쉽게 지치지 않습니다. 즉, 편하게 걸을 수 있고 피로감을 줄여주는 보법으로 걷다 보면 바른 자세에 이르게 됩니다. 셋째로 걸음걸이가 바르면 남 보기에 좋고, 밝고 활달하며 자신감 있는 이미지를 심어줄 수 있습니다. 그러면 바른 보행 자세란 어떤 것일까요? 꼭두각시 인형처럼 머리 꼭대기에 실이 연결되어 하늘에서 끌어당긴다고 의식하라는 것입니다. 그러면 후두부, 등, 엉덩이의 가장 높은 부분이 일직선을 이루고 두 팔은 겨드랑이를 따라 자연스럽게 내려집니다. 그 자세로 서 있는데 누군가 허리 부분을 강하게 민다고 상상하라는 것입니다. 그러면 오른발이 크게 한보 앞으로 나갑니다. 이때 상체를 똑바로 유지하면 앞으로 내디딘 오른발은 발뒤꿈치부터 착지하고 뒤에 놓인 왼발이 지면을 차는 느낌을 받습니다. 이런 동작을 연속하여 걷는 것이 바른 보행 자세입니다.

자세만큼 중요한 것이 바로 호흡법입니다. 걷기는 유산소 운동이므로 산소를 충분히 받아들이며 호흡하지 않으면 그 효과가 나타나지 않습니다. 그러면 어떻게 호흡해야 혈중 산소가 충분해질까? 호흡의 '호'가 '숨을 내쉬다.'라는 뜻이라는 데서 알 수 있듯 내쉬는 숨이 먼저입니다. 일단 폐에서 이산화탄소를 한껏 내뱉지 않으면 산소를 받아들일 수 없습니다. 따라서 걸을 때는 먼저 숨을 내쉬는 데 의식을 집중해야 합니다. 호흡의 리듬이 발걸음과 조화를 이루어야 합니다. 오른 발은 내딛으면서 숨을 들이쉬고, 왼쪽 발을 내딛으면서 숨을 내쉬고, 좌우지간 본인이 하기 쉬운 방법으로 걸으면 됩니다. 이 방법이라면 호흡과 보행의 리듬을 맞추기 쉽습니다. 그렇게 걸으면서 마음으로 성령님을 생각하거나 부르면서 걷는 것입니다. 필자는 십 수 년을 이렇게 실천하며 걷고 있습니다. 마음속에 세상 것들이 들어오지 않고 영감이 풍성해지는 효과가 있습니다. 집중력이 좋아집니다. 폐활량이 강해집니다. 심장이 튼튼해집니다. 생활 속에서 운동하는 습관이 되어야 건강을 유지할 수가 있습니다.

셋째, 항상 기도하는 기도의 훈련단계

1)1단계. 기간은 쉼 없는 기도를 결심하고 시작하는 순간부터 6개월 정도입니다. 묵상기도의 훈련이 되지 않은 상태에서 눈을 감고 기도에 집중하는 것은 어렵습니다. 어느새 잡념으로 가득 차 있고 졸음이 쏟아집니다. 그러므로 깊은 기도를 하기 보다 단순하고

짧은 기도를 반복해야합니다. "하나님! 사랑합니다. 하나님! 감사합니다. 하나님! 도와주세요. 하나님! 용서하여 주세요." 기도를 시작하면 하나님의 이름을 찾고 부르며 성령이 내안에 가득 차게 임할 것을 끊임없이 요구하는 기도입니다. 성령이 내주하시지 않는다면 기도는 무의미하며 성령이 인도해주시는 기도라야 평안과 기쁨을 느낄 수 있습니다. 중요한 것은 묵상으로 하더라도 마음 깊은 곳에서 간절한 마음이 되어야합니다. 간절한 마음이 되면 가슴이 끊어지는 것 같고 온몸에 힘이 들어갑니다. 이러한 상태를 줄곧 유지해야 합니다. 하나님의 이름을 부르고 찾으며, 성령이 내주하시는 중간에 찬양과 감사를 반복적으로 하는 것도 잊어서는 안 됩니다. 찬양은 잘 부르는 찬양을 선택하면 됩니다. 감사와 찬양은 하나님의 이름을 높여드리는 것은 또 다른 방법이기 때문입니다. 이러한 방법의 기도는 30분만 기도하더라도 수십 번 이상 하나님의 임재하심을 요청할 수 있습니다. 그리고 가장 빠르게 성령이 내주하시는 효과가 있습니다.

 이러한 방법은 쉼 없는 기도의 시작이자 가장 중요한 방법입니다. 필자가 처음 기도의 요령을 몰라서 헤맬 때 약 6개월 동안 하나님의 이름만 찾고 불렀습니다. 숨을 들이쉬고 내쉬면서 하나님! 사랑합니다. 하나님! 감사합니다. 아침저녁은 물론 낮에도 일하면서 운전하면서 하나님의 이름을 간절히 부르는 것은 생각보다 어렵지 않았습니다. 하루에 100번 이상 기도를 시도하며 6개월 동안 지속한다는 생각으로 시도해보시기를 바랍니다. 시간이 차차 지나면 성령이 충만해지는 느낌이 들 것입니다. 성령이 충만하면 평안해지고 가슴이 벅차며 찌릿찌릿 하기도 하며 마치 공중에 붕 떠있는 느낌이 들기도 합니다. 그러면 기도가 자연스러워지고 성령이 인도하시는 기도가 되어 물 흐르는 것과 같은 기도 여행이 시작되는 것입니다. 그러면 부족한 성품의 변화와 필요한 기도내용을 간구하는 시간으로 가져가면 됩니다. 그렇지만 1단계에서는 많은 기도를 하기 보다 성령 충만을 연습하고 경험하는 시간으로 채우는 것이 중요합니다. 기도시간은 아침에 일어나서 30분 정도 기도하는 것을 규칙적으로 행동에 옮기며 낮에도 틈나면 계속 하나님의 이름을 부르고 성령이 임하시는 요청을 반복적으로 지속하는 것을 잊지 말아야 합니다.

2) 2단계. 2단계는 1단계를 거치고 약 1년 정도 걸리는 기간입니다. 1단계에서 기도를 하는 습관을 들이고는 있지만 아직 깊은 기도를 하는 단계는 아니기에 이제부터는 좀 더 깊고 친밀한 기도를 하는 과정을 밟아나가야 합니다. 1단계에서 성령이 내주하고 찬양과 감사하는 기도습관을 붙였으므로 예수님이 가르쳐준 기도나 다윗, 바울의 기도를 토대로 하나님이 원하시는 기도로 들어가야 할 것입니다. 마음으로 하나님을 찾는 기도를 지속적으로 하는 것입니다.

2단계의 과정에서 중요한 것은 깊이 있는 기도를 배워나가는 데 있습니다. 그렇지만 아직 습관이 되려면 아직 멀었으므로 깊이보다 매일매일 빠짐없이 기도하는 훈련에 초점을 맞추어야 할 것입니다. 수시로 기도를 시도하고 기도할 때마다 몰입 집중하도록 애써야합니다. 또한 기도를 의무적이고 형식적으로 하기보다 성령이 내주하시는 느낌인 평안과 기쁨을 경험하는 것도 중요합니다. 그래야 기도시간이 노동이 아니라 즐거움의 시간이라는 것을 깨닫게 되어 스스로 찾게 됩니다. 아침이나 저녁시간을 정해 기도하려면 몸을 피곤하지 않게 하고 충분한 잠과 휴식을 취하는 생활태도가 중요합니다. 그렇지 않다면 일찍 일어나는 것도 어렵고 밤에 기도할 때 피곤하고 졸려서 기도에 집중하지 못하기 때문입니다.

3)3단계. 이제 마지막 단계인 3단계는 약 1년 6개월 정도 걸립니다. 이 단계는 성령의 이끌림을 받는 기도입니다. 3단계는 새로운 기도를 하는 단계라기보다 초2단계의 기도습관을 몸에 밸 수 있도록 하는데 초점을 맞추어야합니다. 항상 기도하는 기도의 습관을 들이는 가장 중요한 포인트는 자신이 하는 기도가 아니라 성령이 이끄시는 기도가 되어야 한다는 데 있습니다. 처음에는 삶이 고단하고 팍팍하며 영적으로 갈급한 상태이므로 지푸라기라도 붙잡는 심정으로 기도를 집중적으로 하게 되지만 시간이 지나가면 마음도 느슨해지고 결심도 약해지게 됩니다. 그러므로 그렇게 되기 전에 기도하는 습관을 몸에 붙여 지속적으로 기도하는 버릇을 길러야 합니다. 즉 기도의 동력이 삶의 문제로 인한 자신의 의지에서 성령이 주시는 평안과 기쁨이 되도록 하는 것입니다. 그러므로 이 단계에서는 늘 기도 때마다 성령이 충만해져서 성령이 인도하

시는 기도를 하도록 애써야 합니다. 성령이 충만한 느낌은 사람마다 조금씩 다르지만 평안과 즐거움, 기쁨 그리고 가슴이 벅차며 마음이 짠해지고 차분해지는 느낌이 드는 게 공통점입니다. 또 다른 중요한 기준은 기도가 끝난 후에도 하나님의 생각으로 가득차서 나도 모르게 기도와 찬송, 감사가 나오며 끊임없이 내 안에서 영이 기도하는 상태가 되는 것입니다. 이러한 원동력은 깊게 몰입하는 기도가 절대적인 힘입니다. 그러므로 아침과 저녁에 각각 1시간 이상의 기도 습관을 들여야 할 것이며, 가능하면 낮의 일과시간에도 자주 묵상으로 기도를 시도해야 할 것입니다. 자주 기도를 하게 되면 성령 충만한 기도도 쉬워지지만 기도를 뜸하게 하면 기도가 점점 어려워진다는 것을 명심해야 할 것입니다.

 이 기도 3단계를 모두 마치면 어느새 쉼 없는 기도의 습관이 배어있는 자신을 볼 수 있을 것입니다. 필자가 3년을 훈련기간으로 정한 것은 필자의 경험을 기준으로 한 것입니다. 3년 정도 지나면 몸에 배어 기도하는 시간이 가장 즐거워 틈만 나면 기도하게 되기 때문입니다. 또한 이 과정을 통하여 하나님을 알아가고 놀라운 은혜를 경험하게 됩니다. 필자는 이 기간 동안 귀신을 쫓아내고, 질병을 치유하는 등의 초자연적인 능력도 적지 않게 경험해보았고, 하나님의 신령한 지혜와 통찰력도 많이 얻게 되었습니다. 하나님의 음성도 들었습니다. 많은 기도 응답을 받게 된 것은 물론입니다. 삶의 고단한 덫에서 빠져나오는 힘은 하나님의 도우심이고 그 수단은 쉼 없는 기도를 통한 하나님과의 동행하는 삶입니다. 그러므로 이 기도 습관을 드리는 여부가 곧 삶의 덫을 탈출할 수 있는지에 대한 잣대가 될 것입니다.

우리가 항상 기도해야할 이유는 예수님께서 항상 기도하셨기 때문입니다. 아버지와 그의 만남, 그것은 내가 육신적으로 사랑에 빠진 사람이 그 어떤 사랑하는 사람을 만나는 일보다 더 즐거운 사모함이었습니다. 그리고 항상 기도하지 않으면 성령의 지배를 받기가 어렵기 때문입니다. 시편 기자의 이 고백을 들어보십시오. "하나님이여 사슴이 시냇물을 찾기에 갈급함 같이 내 영혼이 주를 찾기에 갈급하나이다." 주께서 하셨던 기도의 열망…. 사람마다 일생을 살면서 어떤 열망이 있습니다. 오늘 이 순간 우리를 지배하고 있는 가장 강력한 열망은 무엇일까요? 어떤 사람들에게 있어서 부요함 돈을 얻는 것, 돈이 열망인 사람이 있습니다.

어떤 사람은 인기가 열망입니다. 내 생애서 가장 커다란 열망, 소원. 인기를 얻는 것 출세하는 것, 어떤 사람은 섹스의 쾌락이 인생의 가장 집요한 열망일 수가 있습니다. 자신의 열망은 무엇입니까? 예수님의 열망, 예수님을 지배하고 있었던 가장 커다란 열망, 그것은 하나님과의 교제였습니다. "하나님 만나고 싶다. 나를 창조하신 하나님! 그 하나님의 깊은 임재 속에 들어가고 싶다. 나는 깊은 기도를 경험하고 싶다. 살아계신 하나님의 놀랍고 아름다운 그 임재 속에 내가 들어가고 싶다." 이 기도의 열망, 얼마큼 우리들은 기도의 열망을 갖고 있을까요? 우리 주님이 가지셨던 기도의 열망 동일한 열망을 하나님께서 우리들에게 주시기를 바랍니다.

20장 기도하는 습관을 만드는 비결

(살전 5: 16-18) "항상 기뻐하라, 쉬지 말고 기도하라 범사에 감사하라, 이는 그리스도 예수 안에서 너희를 향하신 하나님의 뜻이니라."

예수를 믿는 우리들에게 하나님이 주신 놀라운 선물이 있는데 그것은 바로 "기도"라는 선물입니다. 사람들은 '기도' 그러면, 그냥 자기들이 원하는 것을 할 수 없으니깐 하나님께 기도해서 "이것 주세요. 저것 주세요."하는 것이라고 생각합니다. 물론 기도가 하나님께 필요한 것을 구하는 것이긴 합니다. 하지만, 놀라운 것은 기도가 단순히 무언가를 구하는 것만은 아니라는 사실입니다. 예수님이 막 11:24에 "내가 너희에게 말하노니 무엇이든지 기도하고 구하는 것은 받은 줄로 믿으라. 그리하면 너희에게 그대로 되리라" 이런 말씀처럼, 구하는 것이 기도이기는 하지만, 기도에는 또 놀라운 비밀이 있다는 것입니다. 기도 하므로 마음에 하나님으로 채워지는 것입니다. 무시로 하나님을 찾으면서 기도할 때 마음에 성령으로 가득하게 채워지는 것입니다.

기도의 첫째 비밀은 바로 '쉼'을 준다는 것입니다. 성경 요16:24에 "구하라 그리하면 받으리니 너희 기쁨이 충만하리라" 라고 나와 있습니다. 즉 우리는 살면서 스트레스를 많이 받습니다. 크리스천들도 스트레스를 받습니다. 그런데 스트레스를 받으면, 사람들이 병도 걸리고, 판단력이 흐려지고, 공부도 하기 싫고 짜증만 나고, 그러다가 영육의 탈진(번 아웃)에 빠져 정작 중요한 일, 필요한 일을 하지 못하는 경우가 생깁니다. 모든 문제가 스트레스를 해소하지 못하여 생긴다고 해도 과언이 아닙니다. 정작 중요한 일, 필요한 일을 하지 못하는 경우가 생깁니다. 그런데 놀라운 것은 기도를 하면, 마음이 혼란해 지다가도 차분해지고, 기도를 하면, 머리가 어지럽고 힘든 것도 하나님께 맡기니깐 마음이 편안해지는 것을 경험하게 됩니다. 그런데, 정작 힘들 때 기도하는 습관이 들어있지 않은 크리스천들은 기도가 되질 않는다는 겁니다. 자, 이제 아주 짧은 기도를 가르쳐드리겠습니다. 바로 '예수의 기도'라는 것입니다. 만일 기도할 수 없을 정도로 힘들 때, 특히 이른 아침이나 언제든지 어려운 일이 생길 때 이 예수의 기도를 따라서 기도해 보시기를 바랍니다.

배꼽 아래에 의식을 두고 "예수님! 저에게 자비를 베풀어 주세요." "예수님! 저에게 자비를 베풀어 주세요." "예수님! 저에게 자비를 베풀어 주세요." 여러 번 반복하면 아프던 머리도 없어지고, 우울했던 마음도 기뻐지고, 그리고 더 놀라운 것은 피곤한 몸과 정신이 맑아짐을 경험한다는 것입니다. 바로 이것이 기도의 첫 번째 비밀입니다. 기도는 이렇게 단순하게 예수님을 찾는 것입니다.

기도의 두 번째 비밀은 바로 '통찰력'이 생긴다는 것입니다. 통찰력이란 미래를 내다 볼 수 있는 안목이나 힘인데, 세상 사람들은 이것을 '정보'라고 하기도 하고, '창의력'이라고 말하기도 합니다. 우리들은 스스로 자기 자신이 똑똑하다고 생각하며 살고 있습니다. 그런데 사실은 1분 후에 나에게 어떤 일이 일어날지도 모르면서 살아가는 바보들 아닐까요? 어떤 사람이 이런 말을 했습니다. '만일 인간이 5분 후에 일어날 일을 예측할 수만 있었다면 인류의 역사는 달라졌을 것이다.' 그렇습니다. 인간들은 5분 후에 자기 자신이 어떻게 될지도 모르면서 인생을 살아가는 존재라는 것입니다. 그런데 놀라운 것은 성경에 성령으로 기도하는 사람에게는 하나님이 놀라운 비밀들을 가르쳐준다고 말씀하고 있습니다. 렘33:3에 "너는 내게 부르짖으라. 내가 네게 응답하겠고 네가 알지 못하는 크고 은밀한 일을 네게 보이리라"라고 약속하셨습니다.

21세기에 세계적인 글로벌 리더가 되려면 필요한 것이 '창의력'이라고 말합니다. 그래서 요즘 '창의력'이란 말을 참 많이 씁니다. '창의력 수학', '창의력 국어' 그런데 창의력을 오해하는 사람들이 많은 것 같습니다. 창의력은 새로운 것을 만들어내는 능력이 아닙니다. 인간에게는 진정한 창의력이 없습니다. 창의력은 하나님이 이미 만들어 놓으신 것을 발견하는 능력입니다. 그런데 바로 이 창의력은 성령으로 기도하는 사람에게 하나님이 주신다는 약속인 것입니다. 발명왕 에디슨, 만유인력을 발견한 뉴튼 등 놀라운 위인들 가운데 기도하는 사람들이 많았다는 사실을 크리스천들은 기억하시기 바랍니다. 기도할 때 영의 상태가 되어 자신 안에 계신 하나님으로부터 창의력이 올라오기 때문입니다.

우리가 알아야 할 것이 있습니다. 주님의 일을 할 때 전에 이렇게 했으니 지금도 이렇게 하면 된다는 논리입니다. 이는 지극히 인간적인 논리입니다. 하나님은 매번 일하시는 방법이 다르십니다. 그러므로 항상 기도하여 의중을 물어 보고 행하는 습관을 들여야 합니다. 하나님은 그렇게 하시면서 하나님께 집중하는 크리스천을 만들어 가시는 것입니다. 전에 이렇게 했으니 지금도 이렇게 한다는 자신의 생각입니다. 항상 기도하여 질문하고 알려주시는 대로 순종해야 합니다.

기도의 세 번째 비밀은 '병이 치유되고 우리의 죄가 용서되는 능력이 있다.'는 것입니다. 약5:15-16 "믿음의 기도는 병든 자를 구원하리니 주께서 저를 일으키시리라 혹시 죄를 범하였을찌라도 사하심을 얻으리라" 아플 때 약만 먹는 것보다, 기도하면서 약을 먹는 것이 더 치료가 확실하다고 간증하는 사람들이 많습니다. 실제로 의사들이 조사를 해보니 어떤 병이든지 기도만 해도, 병의 25% 즉 4분의 1은 기도로 낳는다고 합니다. 기도할 때 성령의 역사로 영-혼-육의 기능이 정상이 되어 치료의 물질이 생성되기 때문입니다. 실제로 필자가 병원에 능력전도 할 때 안수 받고 약 먹으니 치유가 빨랐습니다. 그런데 병만 치료되는 것이 아니라 우리가 회개 기도하면 하나님이 용서해주십니다.

필자는 TV를 많이 보지 않는 편입니다. 그렇지만 때론 저녁식사 후 소파에 앉아있을 때는 TV 리모컨을 꺼내들기도 합니다. 좋아하는 방송은 다큐멘터리나 스포츠 등이지만 '인간극장'이나 '세상에 이런 일이' 등의 프로그램도 재미있게 봅니다. 최근에는 '생활의 달인'코너를 보면서 각종 생업에 오랫동안 종사한 이들 중에서 탁월한 실력을 소유한 이들을 보고 감탄하고 있습니다. 이들의 직업은 다양합니다.

양파를 까거나 망에 담는 이들도 있고, 우엉을 깎는 일, 삼계탕을 요리하는 주방장, 빵 만드는 일, 꽈배기를 만드는 75세의 노인들이 있지만, 하나같이 실력은 놀랍기 그지없습니다. 오랫동안 숙련된 기술에 몸이 자동적으로 반응을 하는 것이 공통된 모습입니다. 필자가 생활의 달인 프로그램을 즐겨보는 이유는 필자는 성령치유의 달인과 기도의 달인이 되겠다는 꿈이 있기 때문입니다. 필자가 '생활의 달인' 코너에 나오는 달인처럼, 눈으로 보지 않아도 몸이 저절로 반응하는 경지에 달하는 수준에 오르는 기도를 한다면 어느 정도의 경지일까? 하고 생각해 보았습니다. 그렇지만 머리에 떠오르는 것이 그리 어렵지 않았습니다. 성경에는 기도의 달인이라고 부를 수 있는 이들이 적지 않게 등장하기 때문입니다.

쉬지 말고 기도하라고 한 바울, 항상 기도할 것을 주문한 예수님, 기도를 쉬는 죄를 범하지 않게 해달라고 한 사무엘 등 찾아보면 적지 않습니다. 이들의 공통점은 그들 스스로가 평소에 쉬지 않고 기도를 하는 경지에 올라있음에 틀림없습니다.

그래서 필자도 사역을 시작하고 나서 쉬지 말고 기도하는 수준의 경지가 어느 정도일까 궁금해 했습니다. 그렇지만 우리 주변에는 기도의 습관이 되어 있지 않아 식사기도를 하는 것조차 멋쩍어 하는 이들이 적지 않습니다. 새벽기도라도 나간다면 기도를 열심히 한다고 생각하며 심야기도나 기도원에서 금식기도라도 한다면 대단한 수준이라고 생각하기 십상입니다. 보이는 면에 치중하기 때문입니다. 그렇지만 예수님이나 바울이 말하는 수준의 경지에 도달하기에는 한참 멀었습니다. 쉬지 않고 기도하는 수준은 정해진 기도시간이나 기도회에 참석해서 기도하는 정도가 아니라, 일상의 삶에서 몸이 자동적으로 반응해서 자신도 모르게 하나님께 기도하는 수준에 올라서야 합니다.

말하자면 생활의 달인처럼 무의식적으로 몸이 반응하여 하나님을 찾고 기도하는 사람이 되는 것입니다. 그렇다면 아주 소수의 사람들만이 기도의 달인의 경지에 올라서야 하는 것일까요? 그것은 아닙니다. 크리스천이라면 예외 없이 기도의 달인에 올라서야 하는 것입니다. 일상의 삶에서 쉬지 않고 기도하는 경지에 도달해야하는 이유는 성령의 내주하는 삶에 필수적이기 때문입니다. 육체의 욕심을 만족시키는 것은 특별히 노력을 하지 않아도 됩니다. 누구나 육체의 쾌락이나 탐욕을 원하는 삶을 추구하며 살고 있습니다. 그래서 사람들은 돈을 벌기 위해 노력하고 부자가 되기 위해 인생을 바칩니다. 육체의 욕심이나 쾌락을 만족시키는 것에 돈만 한 것이 없습니다. 돈만 있다면 맛난 것, 좋은 옷, 고급 차 등 육체가 원하는 삶을 부족하지 않게 누리게 해줍니다.

그렇지만 육체가 아니라, 영이 소망하는 삶을 살려면 영적인 사람이 되어야 합니다. 육체를 지닌 사람은 자연스레 육적인 사람이 되지만, 영적인 사람이 되려면 끊임없이 영적인 습관을 추구해야 합니다. 말하자면 성령이 내주하시고 충만하신 상태를 항상 유지하는 상태가 되어 있어야 가능합니다. 성령이 내주하시면 어떻게 살아야 할지를 깨닫게 해주고 가르쳐주시고 인도해 주시기 때문입니다.

그래서 틈만 나면 성령님을 찾고 부르며 그분의 내주를 즐기고, 그분의 인도하심을 따라 하나님이 기뻐하시는 뜻대로 살아가야 영적인 사람이 되는 것입니다. 하나님과 동행하는 크리스천입니다. 걸어 다니는 성전의식을 가진 자입니다. 예수님은 이러한 사람을 성령으로 다시 태어난 상태라고 말씀하셨습니다. 이 경지에 도달하게 되면 평안하고 기쁘게 사는 것은 기본이고, 놀라운 영적 능력으로 신령한 지식과 지혜, 귀신을 쫓아내며 질병을 낫게 하고 음성을 듣고 순종하면 환경에 보증의 역사가 나타나는 등의 초자연적인 능력을 경험하게 됩니다.

또한 이러한 상태가 오래되면 성령의 열매인 하나님의 거룩한 성품으로 변화하게 되는 것입니다. 그렇지만 안타깝게도 신앙의 경륜이 오래되었고 교회의 직책이 무거운 사람조차 이러한 능력을 소유한 이를 보는 것은 쉽지 않습니다. 그 이유는 교회는 오래 다녔는지는 모르지만 성령과 동행하는 삶에 무지하기 때문입니다. 관념적으로 신앙생활을 하기 때문입니다. 자신을 진단하여 신앙성숙의 자리로 나와야 할 것입니다.

　다시 돌아와, 성령 충만하고 성령으로 거듭났다고 말하는 이를 보는 것은 쉬운 일이지만, 성령이 내주하시는 증거인 놀라운 영적 능력을 나타내 보이라 하면 꼬리를 내리고 과거의 사건만 반복해서 말하는 이가 적지 않습니다. 하나님은 과거의 하나님이 아니라 현재의 하나님이시듯이, 과거에 성령 충만했던 사실이 중요한 게 아니라, 현재에도 그러한 상태를 항상 유지해야 합니다.

　이는 쉬지 않고 기도하는 실제적인 영적인 습관을 들이지 못한 탓입니다. 항상 하나님을 찾는 크리스천이 되어야 합니다. 한 때 성령 충만 한데 중요한 게 아닙니다. 지금 이 순간 성령이 내주하시는 삶을 유지해야 하는 것입니다. 과거에 열심히 기도했던 경험이 중요하지 않습니다. 지금 이 순간 쉬지 않고 기도하는 사람이 되어야 합니다. 교회의 기도시간이나 기도원에서의 기도가 아니라, 일상의 삶에서 쉬지 않고 기도하는 영적인 습관을 들이지 않는다면 성령으로 거듭나는 삶은 언감생심입니다. 필자는 아침과 잠자리에 들기 전에 각각 한두 시간 기도하는 것을 습관으로 들이고 있지만, 그게 전부가 아니가. 낮에도 틈만 나면 기도를 시도합니다. 자동차 안이든, 집이든, 길을 걸어가면 서든, 공원의 벤치이든 상관하지 않습니다. 눈을 뜨고 기도할 때도 많습니다. 그래서 하루 종일 기도하여 하나님으로 채우려고 노력을 합니다.

　물론 아직까지 기도의 달인의 경지에 도달했다고 할 수 없지만,

적어도 기도의 달인이 되려고 애쓰고 노력하고 있는 것은 분명합니다. 쉼 없는 기도에 도달하려면 성령이 내주하시는 기쁨과 평안을 누려야 가능합니다. 성령이 내주하시면 자신의 의지가 아니라 성령의 이끌림에 따라 기도에 몰입하게 됩니다. 물론 이 때의 기도는 응답의 바라는 기도목록의 나열이 아니라 하나님의 이름을 찾고 부르며 그 분의 내주를 갈망하고 찬양하고 감사하는 기도가 대부분입니다. 기도가 신앙인의 의무가 아니라 기쁨과 평안의 누리는 시간으로 채워짐을 경험할 때 비로소 쉬지 않고 기도하는 경지에 도달할 것입니다.

하나님의 자녀에게는 특권이 있는데 적어도 4가지특권이 있습니다. ○사랑받을 특권 = 내가 하나님의 사랑을 받는 것을 안다면 틀림없는 자녀입니다. 그리고 사랑은 환경을 초월하여 특히 내가 힘들고 어려울 때 더 많이 느낄 수 있습니다. ○보호받을 특권 = 하나님의 보호하심을 얼마나 많이 경험하고 살고 있습니까? 특히 운전하는 사람들은 좀 더 많은 하나님 아버지의 보호하심을 경험하였으리라 믿습니다. ○상속받을 특권 = 큰 기업을 상속받을 후계자는 경영수업을 받습니다. 그러므로 하나님의 자녀들이 이 땅에서 어려움을 견디며 사는 것은 마치 후계자 수업을 받는 것이라고 보시면 정확한 표현일 것입니다. ○청구할 수 있는 특권이 있습니다.

기도는 청구하는 특권입니다. 어린 자녀는 부모에게 끊임없이 요구합니다. 함께 있어주기를 바랍니다. 눈에 안보이면 울어버립니다. 이것이 자녀의 특성입니다. 유형무형 교회의 힘이 어디에 있다고 생각하십니까? 기도입니다. 네 맞습니다. 할렐루야! 기도하는 유형무형 교회가 힘 있는 교회입니다. 힘이 없으면 고개를 들 수도 뒤집을 수도 기어갈 수도 일어나 앉을 수도 일어설 수도 걸을 수도 뛸 수도 없습니다.

우리가 인생을 살아가면서 기본기가 중요하지 않은 것은 하나도 없습니다. 그렇습니다. 무슨 일이든지 기초가 가장 중요합니다. 기도는 신앙생활에 기초입니다. 기도의 근육이 붙지 않으면 신앙생활을 지속하기가 어려울 수밖에 없습니다. 한마디로 힘이 없으면 아무것도 할 수 없습니다. 그런데 교회의 힘이 어디에서 나온다고요? 네 기도에서 나옵니다. 예수님은 이렇게 말씀하십니다. "집에 들어가시매 제자들이 조용히 묻자오되 우리는 어찌하여 능히 그 귀신을 쫓아내지 못하였나이까? 이르시되 기도 외에 다른 것으로는 이런 종류가 나갈 수 없느니라 하시니라"(막9:28-29).

기도가 능력입니다. 그래서 주님은 우리에게 기도할 것을 말씀하셨습니다. 그리고 성전을 내 집은 만민이 기도하는 집이라고 하셨습니다. "그들에게 이르시되 기록된바 내 집은 기도하는 집이라 일컬음을 받으리라 하였거늘 너희는 강도의 소굴을 만드는 도다 하시니라"(마21:13). "너희는 너희가 하나님의 성전인 것과 하나님의 성령이 너희 안에 계시는 것을 알지 못하느냐. 누구든지 하나님의 성전을 더럽히면 하나님이 그 사람을 멸하시리라 하나님의 성전은 거룩하니 너희도 그러하니라"(고전3:16-17).

성도는 기도하는 사람입니다. 교회는 하나님께 기도하는 집입니다. 주님은 늘 기도로 사셨습니다. "나와 아버지는 하나이니라 하신대"(요10:30). 습관이 중요합니다. 어떤 사람은 눈을 깜박거리는 습관이 있습니다. 어떤 사람은 다리를 떠는 습관이 있습니다. 어떤 사람은 말할 때 눈을 감고 말하는 습관이 있습니다. 어떤 사람은 늦게 자고 늦게 일어나는 습관이 있습니다. 또 어떤 사람은 어른이 되어서도 손톱을 물어뜯는 습관이 있습니다. 그 밖에도 많은 좋지 않는 습관을 가진 사람들이 있습니다.

예수님께서도 습관이 있었습니다. 새벽에 기도하는 습관이 있었습니다. "예수께서 나가사 습관을 따라 감람산에 가시매 제자들도 따라갔더니"(눅22:39). 기도하는 습관을 가져야 합니다. 주님은 항상 하나님 아버지와 교제하셨습니다. 기도를 향한 투자는 결코 낭비의 시간이 아닙니다. 유형무형 교회의 힘은 어디서 나올까요? 그리스도인의 힘은 어디에서 나오는 걸까요? 교사들이 깨어서 기도하지 않는데 다음세대가 정말로 영적으로 깨어있는 세대가 나올 수 있을까요? 불가능합니다. 교회는 회사가 아닙니다. 교회는 사업이 아닙니다. 영적인 하나님의 나라 운동입니다. 살아계신 하나님을 증명하는 곳입니다.

고든 맥도날드 목사는 사람은 두 종류의 사람이 있다고 하였습니다. ○충동에 이끌려 사는 사람이 있다고 하였습니다. 충동에 이끌리어 이리저리 부딪치며 사는 사람들이 있습니다. 계획 없이 감정에 치우쳐서 생각 없이 행동하는 사람들로 그저 되는 대로 세상을 살아가는 사람들을 가리키는 것입니다. ○소명에 이끌리어 사는 사람이 있습니다. 기도하지 않고 소명에 이끌리어 살 수 있을까요? 기도하지 않고 하나님의 뜻을 분별할 수 있을까요? 기도하지 않고 하나님의 뜻대로 살 수 있을까요? 기도는 거룩한 특권입니다. 기도하지 않는 교회가 부흥하는 것 보셨나요? 기도하지 않는 사람이 하나님의 살아계심을 증명하는 것 보셨습니까? 그리스도인들의 힘과 지혜는 기도에서 나오는 줄 믿으시기 바랍니다.

성도에게 주신 하나님의 가장 위대한 선물은 '기도'입니다. 기도하면 하나님이 가장 선한 모습으로 응답해주십니다. 그 사실을 사탄은 잘 알기에 사탄의 제일 과제는 성도가 기도하지 못하게 하는 것입니다. 사탄은 기도 없는 성도의 땀과 노력을 우습게봅니다. 그러나 성도가 기도의 무릎을 꿇으면 사탄은 벌벌 떱니다. 성령으로 기도하면 전인격이 성령의 지배를 받기 때문입니다. 그러므로 하루의 첫 시간을 말씀과 기도로 시작한다는 것이 얼마나 큰 축복인지 모릅니다. 살아계신 하나님을 체험하며 증명하는 삶을 살기 위하여 어떻게 해야 합니까?

첫째, 꾸준히 항상 기도해야 합니다. 성공적인 사람들의 공통분모는 꾸준함입니다. 무엇이든 했다 말았다 하면 아무 것도 안 됩니다. 재능이나 실력은 좀 부족해도 괜찮습니다. 꾸준함 하나만 있어도 상당한 정도까지 성공할 수 있습니다. 공부 잘하는 것도 머리 때문이 아니라 꾸준함의 유무 때문인 경우가 많습니다. 기도 중의 최고의 기도도 꾸준하고 끈질긴 기도입니다. 좋은 일을 하는 것도 중요하지만 그 좋은 일을 습관화시키는 것이 더 중요합니다.

둘째, 감사하며 기도해야 합니다. 사실 기도 중에 가장 많이 해야 할 말은 감사입니다. 어떤 사람은 기적적인 축복이 없는 것 때문에 불평하지만 사실 평범한 것에 더 큰 하나님의 은혜가 있습니다. 사람들은 언제 건강에 대해 감사합니까? 병들었다가 기적적으로 병이 나을 때 감사합니다. 그러나 엄밀하게 말하면 병들어서 기적적으로 나은 사람보다 병에 들지 않는 사람이 더 기적의 주인공이고 더 감사한 것입니다. 그처럼 보이지 않는 더 큰 하나님의 은혜를 생각하고 감사를 생활화하십시오.

행복은 '감사하는 마음'과 '감사로 받는 마음'에서 옵니다. 무엇을 받을 때도 당연하게 받지 말고 감사하면서 받으십시오. 부모의 사랑을 자식들은 당연하게 받는 것이지만 사실 감사로 받아야 그 관계의 의미가 깊어집니다. 우리교회 사역을 통해 은혜를 받고 감사한 마음을 진하게 표현하며 선교에 동참하는 분들이 있습니다. 그처럼 감사가 순환되면서 하나님의 사역이 이뤄지는 모습을 보십시오. 감사는 감사를 증폭시키고 새로운 감사거리를 낳습니다. 최고의 기도는 감사가 넘치는 기도이고 최고의 영성은 감사하는 영성이고 최고의 예언은 입에서 나오는 감사의 고백입니다.

월터 힐튼(Walter Hilton)은 말하였습니다. "기도는 마음의 욕구를 세상으로부터 멀리하고 하나님께 올라가는 것"이라고 했습니다. 루이스 부뢰크(Ruysbroeck)는 "기도란 사랑의 사다리를 타고 하나님께 올라가는 것"이라고 했습니다. 그렇습니다. 기도는 우리 정욕, 욕심, 탐욕, 더러움, 죄, 어두움, 불안 염려, 무능, 현세의 이익을 모두 버리고 하나님을 향하여 내미는 우리의 촉수입니다. 기도는 죽음, 악함, 파괴, 전쟁이 가득한 이 세상에 그 사랑, 그 인자하심, 그 섭리, 그 다스림을 주시려고 내미시는 하나님의 촉수인 것입니다. 그러기에 우리는 기도를 통해서 전능하신 하나님께 나가며, 전능하신 하나님께서는 기도를 통해서 우리에게 오시는 것입니다. 그러므로 누구든지 기도의 손을 뻗는 한 그는 하나님의 전능하심으로 살기에 이 세상에서 하나님의 전능하신 모습을 보이고 사는 것입니다.

고든 맥도널드라는 사람은 "오늘 현대인 가운데에는 인생을 살아가는 두 가지 유형이 있다하였습니다. 하나는 충동적으로 끌려 다니는 사람이고, 또 하나는 소명에 의한 삶을 살아가는 사람이다. 무엇이 중요한 것인가를 깨닫고, 생각하고, 그것을 계획하고 그 소명을 이루어 나가는 사람이다."

왜 기도합니까? 하나님의 뜻을 알 수 있도록, 그리고 하나님의 뜻에 복종하도록, 하나님께서 예비한 길을 따라가기 위하여, 그리고 하나님의 뜻에 쓰임 받도록 이것이 기도 생활에 절정이요 축복인 것을 믿으시기 바랍니다. 그렇습니다. 기도는 하나님의 뜻을 따르고 하나님의 뜻을 따라 살아가는 것입니다.

21장 매일 스트레스를 해소하는 기도의 습관

(엡 4:26-27) "분을 내어도 죄를 짓지 말며 해가 지도록 분을 품지 말고 마귀에게 틈을 주지 말라"

하나님은 "분을 내어도 죄를 짓지 말며 해가 지도록 분을 품지 말고, 마귀에게 틈을 주지 말라(엡 4:26-27)" 말씀하셨습니다. 이유는 이렇습니다. 해가지도록 분을 해소하지 않고 잠을 자는 경우에 잠재의식에 스트레스와 상처가 쌓이기 때문입니다. 스트레스가 잠재의식에 쌓이다가 보면 결국 영육에 밸런스를 깨뜨려서 영적인 탈진이나 심인성 질환이 발생할 수가 있기 때문입니다. 하나님은 크리스천들을 특별하게 사랑하십니다. 사랑하시기 때문에 해가 지도록 분을 품지 말라고 말씀하시는 것입니다. 필자가 평소에 생각하고 있는 것은 하나님의 말씀대로 살아가지를 않기 때문에 영육의 질병이 발생한다고 믿고 있습니다. 성령의 인도를 받지 않고 자신의 욕심을 따라 살기 때문에 스트레스에 의하여 영육의 질병이 발생하는 것입니다. "분을 내어도 죄를 짓지 말아야" 합니다.

분은 불꽃과 같습니다. 화를 내거나 심히 노를 발한 후에 그 남은 분노가 불꽃같이 마음에 분을 뿜습니다. 분을 삭이지 못해서 계속 품고 있으면 그 영향으로 죄를 짓게 되며 해가 지도록 분을 품고 있으면 그 기회를 쫓아 마귀가 들어와서 집을 짓게 되고 도적질하고 죽이고 멸망시키는 큰 해를 끼치게 되는 것입니다.

그래서 하나님은 매일 성령으로 기도하여 우리의 마음에 스트레스가 쌓이지 않도록 성령으로 기도하며 스트레스를 해소하여 상처가 잠재의식에 잠기지 않기를 원합니다. 자기 치유를 위해서 하는 기도는 밖으로 하지 말고, 안으로 해야 합니다. 주님이 가르치시는 기도는 구약 선지자들의 기도처럼 하늘을 향하여 외치고 부르짖는 기도가 아니라, 내 안에 계신 성령 하나님을 향하여 안으로 하는 기도입니다. 그러므로 주님은 골방으로 들어가라고 하시는 것입니다. 즉 내 영혼 안에 계신 하나님을 만나라는 것입니다. 내 영혼 속에 하나님의 임재, 임마누엘의 하나님을 인식하고 만나라는 것입니다.

하나님이 계신 하늘은 바로 나에게 접촉한 곳, 즉 나의 속입니다. 다만 우리의 마음에 계신 하나님을 만나기 위해서는 마음으로부터 문제와 답답함을 분리시켜야 합니다. 우리의 마음에서 어려운 현실이 주는 걱정, 근심, 두려움, 답답함을 씻어내야, 하늘에 계신 하나님, 즉 우리의 마음 안에 계신 하나님을 만나게 되는 것입니다. 하나님으로부터 생수가 올라오게 해야 합니다. 마음 안에서 올라오는 성령의 권능으로 마음의 상처가 정화되는 것입니다.

그래서 주님은 마음이 청결한 자가 하나님을 볼 것이라고 하시는 것입니다. 깨끗하고 평안한 마음속으로, 하나님이 계신 깊은 속으로 들어가야 합니다. 내 영혼 안에 계신 하나님과 만나고, 연합하고, 도움을 받으면, 그것이 즉 하나님의 손길을 느끼게 되는 것이며, 여기서부터 시작하여 하나님의 손을 잡고 점점 밖으로 나가서 현실 속에, 문제 속에 하나님의 영광, 하나님의 임재, 하나님의 능력을 나타내게 되는 것입니다.

그런데 우리는 멀리, 밖에서부터, 높은 하늘에서부터 하나님을 만나려고 하기 때문에 기도가 어려운 것입니다. 나와 함께 내 안에서 살아가시는 주님을 발견하게 될 때, 내가 주안에, 즉 보좌에 계신 하나님을 발견하게 되는 것입니다. 내 안에 계신 성령 하나님을 만나고 발견하지 못하게 되면 보좌에 계신 하나님도 발견하지 못하게 됩니다. 내 안에 계신 성령 하나님을 만나는 기도를 하지 못하면, 그런 훈련을 받지 못하면 우리가 드리는 예배도 성공하지 못하는 것이요, 삶에서 성공하지 못하는 것입니다. 환경도 열어가지 못합니다.

나는 누구인가, 무엇을 하는 사람인가? 내 안에 하나님을 모시는 사람입니다. 내 안에 살아 계신 하나님을 모시는 것이 바로 살아있는 예배입니다. 내 안에 계신 하나님이 일하실 때, 내가 일하는 것이요, 내 안에 계신 하나님께서 영광을 받으실 때에 나도 덩달아 영광을 받게 되는 것입니다. 이것이 나의 본질입니다. 하나님이 그냥 막연하고 피상적이기만 하면, 나의 삶도 역시 막연하고 피상적입니다. 왜 사는지, 어떻게 사는 지도 모르고 뜬구름 잡다가 끝나고 마는 것입니다.

피상적인 하나님은 피상적인 나의 삶을, 구체적인 하나님은 구체적인 나의 삶을 만드는 것입니다. 피상적인 하나님 체험은 피상적인 나의 삶의 체험이 됩니다. 그러므로 기도를 통하여 내 안에 살아 계신 하나님과 교제하고, 만나고 느끼고, 하나님을 사랑하고 하나님의 사랑을 받으시기 바랍니다. 그런 훈련을 하세요. 사람의 마음은 깊습니다. 깊은 곳에서 성령의 은혜가 올라와야 심령에 상처가 치유되고 하루하루 심령에 상처를 만들지 않고 관리가 가능한 것입니다.

필자가 성령사역을 하다가 보면 기도는 참으로 많이 했는데 성령의 역사가 일어나지 아니하고 변화되지 않는 분들이 있습니다. 이 분들은 처음 기도할 때에 성령으로 바른 기도를 바르게 배우지 못하고 무조건 세상에서 하던 기도를 마구잡이로 했기 때문입니다. 기도는 많이 했는데 성령의 역사가 일어나지 않으니 기도가 잠재의식에서 나오는 기도로 습관이 되어버린 것입니다. 기도하는 것을 보면 구하고, 아뢰는 기도가 주류를 이룹니다. 이렇게 하여 주시옵소서, 중얼중얼… 어쩌고저쩌고… 어제도 계시고 오늘도 계신 하나님… 하면서 중언부언하는 기도를 합니다. 이렇게 기도하기 때문에 20년을 믿어도 성령으로 세례 받지 못하고 예수님의 인격이 나타나지 않는 것입니다.

분명하게 성경에는 성령으로 기도하라고 하셨습니다. "사랑하는 자들아 너희는 너희의 지극히 거룩한 믿음 위에 자신을 세우며 성령으로 기도하며"(유 1:20). 성령으로 기도하라는 것은 성령의 영성과 성령의 지성과 성령의 감성으로 기도하라는 것입니다. 좀 더 쉽게 설명하면 성령께서 자신의 생각과 입술과 말을 장악하고 기도하는 것입니다. 성령님께 자신의 입술을 맡기고 기도하는 것이 성령의 기도입니다. 그런데 자신의 머리를 사용하고 자신의 생각을 동원하고 자신의 입술을 사용하고 자신의 목을 이용하고 습관적인 용어로 기도하니 성령님과 관계없는 기도가 되는 것입니다. 성령님이 기도할 수 있는 공간이 없는 것입니다. 기도가 아니라 독백이 되는 것입니다. 한마디로 성경에 나오는 바리새인의 기도입니다. 본인이 알아 차려야 합니다.

그래서 예수를 믿기 전에 이성과 육체에 역사하던 세상신이 잠재의식을 장악하여 기도를 하여도 세상신이 함께 기도를 하는 것입니다. 이는 체험해 보지 않은 분들은 이해할 수가 없습니다. 체험하여 보아야 인정할 수 있는 영적인 활동입니다. 문제는 정작 본인은 느끼지를 못하는 것입니다. 자신은 기도를 많이 했으니 자신이 제일 믿음이 있다고 자찬하는 것입니다. 보이는 면과 행위를 치중하니 알지 못하는 것은 당연한 것입니다. 자신을 보는 눈은 성령으로 열리는 것입니다.

성경은 "오직 하나님이 성령으로 이것을 우리에게 보이셨으니 성령은 모든 것 곧 하나님의 깊은 것까지도 통달하시느니라. 사람의 일을 사람의 속에 있는 영외에 누가 알리요, 이와 같이 하나님의 일도 하나님의 영외에는 아무도 알지 못하느니라. 우리가 세상의 영을 받지 아니하고 오직 하나님으로부터 온 영을 받았으니 이는 우리로 하여금 하나님께서 우리에게 은혜로 주신 것들을 알게 하려 하심이라. 우리가 이것을 말하거니와 사람의 지혜가 가르친 말로 아니하고 오직 성령께서 가르치신 것으로 하니 영적인 일은 영적인 것으로 분별하느니라."(고전 2:10-13). 말씀하시는 것입니다. 성령으로 기도해야 자신의 진면모가 보입니다.

그런데 보이는 면과 행위가 굳어져서 성령님이 장악을 하지 못하는 것입니다. 원래 영적으로 변화되는 것은 자신이 알아차리고 변화되려고 관심을 가져야 가능한 것입니다. 자신이 기도를 많이 하니까, 성령으로 충만하다고 자찬하니 자신을 보는 눈이 열리지를 않는 것입니다. 그렇게 계속기도를 하니까, 자신을 성령께서 장악을 하시지 못하는 것입니다. 필자가 성령사역을 하다가 보니까, 제일 성령께서 장악을 하지 못하는 분들은 신학박사들입니다. 자신이 박사라고 강단에서 전하는 목사님의 말씀을 순수하게 받아들이지 못하기 때문입니다. 두 번째가 여기저기 돌아다니면서 지식적으로 들은 것이 많은 목사님들과 직분 자들입니다. 이분들이 강단에서 말씀을 전하면 순수하게 받아들이지 못하고 정수해서 받아들이기 때문에 성령께서 장악을 하시지 못하는 것입니다. 정수는 이해가 되는 말만 듣는 것입니다.

그럼 이런 분들이 어떻게 해야 성령으로 장악이 되겠습니까? 그것은 자신이 기도에 문제가 있다고 인정해야 합니다. 그리고 자신이 하던 기도를 일단 중단하고 부르짖는 기도를 하여 막힌 영의 통로를 뚫어야 합니다. 그런데 문제가 있습니다. 이런 분들이 호흡을 들이쉬고 내쉬면서 주여! 호흡을 들이쉬고 내쉬면서 주여! 하다가 어느 정도 성령의 역사가 일어나려고 하면 종전에 하던 기도가 잠지의식에서 자신도 모르게 나오는 것입니다. 그래서 주여! 를 지속적으로 하지 못하게 방해합니다. 이는 무슨 현상이냐 하면 지금까지 잠재의식에서 자신의 기도를 따라하던 영적인 존재가 조금 더 기도하여 성령으로 충만해지면 떠나가야 하니 기를 쓰고 방해하는 것입니다.

본인이 알고 의지를 가지고 성령의 인도를 받는 기도를 해야 영의통로가 열려 성령으로 기도하는 자가 될 수가 있습니다. 기도는 성령으로 해야 합니다. 성령으로 기도하려면 자신의 생각이나 말과 목으로 기도하지 말아야 합니다. 순수하게 자신의 아랫배에 의식을 두고 배에서 나오는 소리로 기도하려고 의지적인 노력을 해야 합니다. 필자가 성령사역을 하다가 보니 잠재의식에서 나오는 기도로 고정된 분들이 기도가 바뀌는데 3개월이 걸리는 분들도 있습니다. 정말로 성령으로 기도하는 것이 중요합니다. 기도를 처음부터 바르게 배우고 하는 습관이 되어야 합니다. 잠재의식에서 나오는 기도로 고정되면 기도하는 것만큼 변화되지 않고 오만가지 문제로 고생을 합니다. 고치는데 시간이 많이 걸립니다. 권능 있는 삶을 살아가지도 못합니다. 하나님은 "세월을 아끼라 때가 악하니라."(엡 5:16). 하십니다. 영적인 활동은 바르게 배우고 바르게 해야 합니다.

첫째, 매일 스트레스를 해소하기 위한 삶과 기도의 자세. 아무개 목사님이 충남 면소재지에 있는 교회에 부임하셨습니다. 교회의 실정을 파악하면서 성도들에게 이 교회에서 부부 금술이 제일 좋은 부부가 누구냐고 질문했답니다. 교인들이 하는 말이, 저 앞 산 밑 사시는 70대 집사님 부부가 제일로 금술이 좋은 잉꼬부부라고 대단한 칭찬을 하는 것입니다. 그래서 대관절 어떻게 살고 계시기에 노부부가 잉꼬부부로 정평이 날 정도로 잉꼬부부인가 직접 확인을 하고 배워서 목사님 부부도 그렇게 살기로 하셨습니다. 아침 일찍 집사님 댁에 방문하여 부부가 행동하는 일거수일투족을 보셨습니다. 그런데 아침부터 부부가 말다툼을 하면서 일을 하는 것입니다. 그렇게 말다툼을 하다가 오후에는 여 집사님이 속이 상해서 방안으로 들어가 버리는 것입니다.

목사님이 생각하기를 저렇게 아침부터 다투는데 무슨 소문난 잉꼬부부인가 과장된 것이라 생각하면서 인내를 가지고 하루 종일 부부의 행동을 관찰기로 했습니다. 어느덧 해가 뒷동산에 걸쳤습니다. 그러자 남편 집사님이 이렇게 말하는 것입니다. 여보! 해가 넘어갑니다. 그러니까, 부인 집사님이 방안에서 나와서 서로 손을 잡고 기도를 하더니 다정하게 대화하며 방안으로 들어가 저녁을 드시는 것입니다.

그때 목사님이 깨달았습니다. 부부가 낮에 다투다가 해가지기 전에 기도하며 화해하고 잠자리에 들어간다는 것입니다. 아~ 그래서 부부간에 의가 상하지 않고 응어리가 생기지 않고 잉꼬부부로 살아가는 구나하면서 낮에 단면만 보고 판단한 것을 회개했다는 것입니다. 목사님도 해가지도록 분을 가지고 살지 않기로 했답니다. 분명하게 이 부부는 하나님의 말씀과 같이 "분을 내어도 죄를 짓지 말며 해가 지도록 분을 품지 말고, 마귀에게 틈을 주지 말라(엡 4:26-27)"는 말씀을 지키면서 살아가기 때문에 잉꼬부부로 살아갈 수가 있었던 것입니다.

우리가 세상을 살아가면서 스트레스와 상처를 받지 않고 세상을 살아간다는 것은 거의 불가능합니다. 문제는 나에게 상처가 오면 마음의 무의식에 쌓이게 하는 요인이 있다는 것이 더 문제입니다. 즉, 마음에 평안이 없고 성령의 은혜가 적다는 증거입니다. 먼저 상처가 마음에 쌓이게 하는 원인을 찾아 치유해야합니다.

그래서 상처를 받지 않는 것도 중요하지만, 시시 때때로 오는 상처를 나의 마음에 받아들이지 않고, 그때그때 상처를 해결하는 심령상태를 가지는 것이 더 중요합니다. 이는 깊은 영의기도를 성령의 임재를 유지하므로 가능합니다. 고로 상처를 치유하는 것도 중요하지만 내 마음에 상처가 쌓이지 않게 하는 심령 관리가 더 중요합니다. 깊은 영의기도를 할 때 깜짝 깜짝 놀라고, 움직움직하는 것은 상처입니다. 어려서나 언제 놀란 일이 있어 무의식에 심겨있는 것입니다. 축귀를 전문으로 하는 사역자에게 축귀를 받는 것이 좋습니다.

1) 잠자기 전 자기 치유기도. 에베소서 4장 26-27절에 "분을 내어도 죄를 짓지 말며 해가 지도록 분을 품지 말고 마귀로 틈을 타지 못하게 하라." 말씀하십니다. 하루가 지나기 전에 성령의 깊은 임재 하에 심령을 정화하라는 것입니다. 우리가 세상을 살아가면서 상처를 받지 않고 살아갈 수가 없습니다. 세상에서 받은 상처를 그 날 그 날 정리하는 것입니다. 침소에 들어가기 전에 성령의 임재 하에 호흡으로 기도하면서 그 날의 수고와 무거운 짐을 하나님에게 드리고, 영이 깨어난 상태에서 잠이 들면 깊은 잠도 잘 수가 있고 상처가 마음에 집을 짓지를 못합니다.

2) 인간관계 후 감정과 스트레스 제거 위한 치유기도. 세상에 나

가 세상 사람들과 대화를 하다가 보면 나도 모르는 사이에 세상 것들이 들어올 수가 있습니다. 성령의 깊은 임재 하에 깊은 호흡이나 명상기도로 영의 활동을 강화하여, 나도 모르게 들어온 세상 것들을 정리하는 것입니다. 우리가 세상 사람들과 대화를 하다가 보면 머리가 무겁고 속이 거북스러울 때가 있습니다. 이는 세상 것이 나에게 들어온 것을 나의 영이 알아차린 것입니다. 이를 그대로 두면 나에게 집을 짓게 되고 나의 영은 무디어지게 됩니다. 성령의 임재 하에 세상 것들을 몰아내고 영을 밝게 해야 합니다. 이는 습관이 되어야 합니다. 집을 짓기 전에 풀어내는 것이 중요합니다.

3) 충격적인 사건을 접한 후 치유기도. 우리가 세상을 살아가다가 갑자기 사고를 당한다거나, 갑자기 가족이 죽는 다거나, 사람들이 싸우는 것을 본다거나, 질병으로 병원에 입원하여 수술을 한다거나, 사기를 당한다거나, 부부간에 의견 충돌이 있는 경우가 있습니다. 이때 나도 모르게 심령에 멍이 듭니다. 이런 상황을 생각하거나 접하게 되면 나도 모르게 가슴이 두근거리고 깜작깜작 놀라게 됩니다. 이런 상황이 오래가면 심장과 혈액계통에 문제가 생깁니다. 이런 일을 당한 후에는 꼭 성령의 깊은 임재 하에 영의 기도로 내 속에 들어와 있는 충격적인 사건의 잔재를 몰아내야 합니다. 내가 혼자 할 수 없다면 목회자의 도움을 받아 처리하는 것이 좋습니다. 그냥 두면 영육의 문제가 생깁니다.

심장이 약한 분들의 자가 진단 방법은 충격적이거나 놀란 일이 있은 후에나 사람에게 상처받은 후, 피곤해지고 의욕이 떨어지고 잠을 잘 이루지 못하거나 잠을 자는 동안 꿈이 많아지는 경우는 심장에 문제가 생긴 것입니다. 의학적인 진단에는 잘 나타나지 안 습니다.

둘째, 상처가 마음에 머물지 않게 하기 위한 기도. 성실, 경건의 삶을 살아가려고 노력하세요. 좋은 선수는 평소에 늘 훈련과 실제 상황을 대비한 연습을 충실히 하는 것처럼, 늘 하나님 앞에서 사는 삶의 훈련, 하나님과 함께 걷는 경건한 삶의 훈련을 해야 합니다. 험담을 금지하고 순종, 사랑, 용서와 경건, 거룩한 삶의 훈련을 하시기를 바랍니다. 늘 하나님의 임재 속에서 내적치유와 회개를 하시기를 바랍니다. 얕은 수준에서 하지 말고, 깊은 수준에서 하시기를 바랍니다. 감정을 절제하시기를 바랍니다. 흥분, 좌절, 분노, 염려, 고민, 질투, 원한 등의 부정적 감정을 씻으시기를 바랍니다. 성실과 경건으로 가기 위해 늘 기도해야 합니다. 마음이 넓어져야 합니다. 나의 영성을 해치는 일에는 관심을 멀리하고 하나님과 영적 교통에 관심을 가지시기바랍니다. 세상만사가 다 내 생각대로 되는 것이 아닙니다. 하나님의 권능의 역사가 개입하면 해결되는 것입니다. 수고하고 무거운 짐을 하나님에게 드리는 자세가 중요합니다.

해가 지기 전에 분을 풀면서 사는 습관을 들이시기를 바랍니다. "분을 내어도 죄를 짓지 말며 해가 지도록 분을 품지 말고, 마귀에게 틈을 주지 말라(엡 4:26-27)"란 이렇게 이해하시면 쉽습니다. 크리스천이 악함이 판을 치는 세상에서 살아가는 것이 스트레스입니다. 이 스트레스를 잠자기 전에 마음으로 하나님을 찾으면서 기도하면 5차원의 초자연적인 영적인 상태가 되는 것입니다. 영적인 상태에서 생각나는 일들을 영상으로 보면서 회개하고 용서하는 것입니다. 회개하고 용서하지 않아도 5차원의 초자연적인 상태가 됨으로 세상에서 받은 스트레스난 상처가 밖으로 밀려나가면서 정화되는 것입니다. 절대로 말로 머리로 해서는 스트레스나 상처가 정화되지 않습니다. 반드시 성령의 임재가운데 스트레스나 상처가 정화되는 것입니다. 그렇기 때문에 성령으로 세례 받고 성령으로 충만한 믿음생활이 되어야 해가 지기 전에 분을 풀면서 살수가 있는 것입니다. 전적으로 성령께서 분을 풀도록 하시기 때문입니다.

해가 지기 전에 분을 푸는 방법은 사람과 관계에 얽혔으면 성령의 임재가운데 영상으로 그리면서 화해하십시오. 마음에 상처를 받았다면 침소에 들어가 기도하세요. 호흡을 들이쉬고 내쉬면서 기도하십시오. 이렇게 하면 됩니다. "호흡을 들이쉬면서 예수님! 내쉬면서 도와주세요." "다시 호흡을 들이쉬면서 예수님! 내쉬면서 사랑합니다." 이렇게 지속적으로 하다가 보면 성령의 깊은 임재가운데 들어가게 됩니다. 임재가운데 들어가 스트레스와 상처받는 현장을 보면서 풀어냅니다. 그러다가 자기도 모르는 순간에 깊은 잠에 들어가는 것입니다. 이렇게 매일 깊은 영의기도를 습관적으로 하면 주간동안 마음에 쌓인 스트레스와 상처가 마음 안에 집을 짓지 못하게 됩니다. 본인의 의지와 노력과 습관이 되어야 합니다.

셋째, 스트레스를 해소하며 상처 치유하는 기도 방법

1) **성령의 깊은 임재에 의한 깊은 기도로 마음이 평안한 상태가 되어야 합니다.** 마음이 외부의 영향을 받지 않는 상태(성령 임재로 평온한 상태)가 되어야 합니다. 치유에 집중하는 마음 상태가 되어야 깊은 곳에 숨겨진 상처를 성령님의 도우심으로 치유 받을 수 있습니다. 외적 침묵과 내적 침묵이 되어야합니다. 심령을 안정시켜 뇌파를 베타파 상태에서 알파파 상태로 다시 세타파 상태로 만들어야 합니다.

2) **성령님의 임재를 간구합니다.** 영에서 마음으로, 이성으로 임재가 나타나시도록 간구합니다. 성령님에게 물어봅니다. 내가 왜 그런가요.

3) **최근 상황을 떠올립니다.** 특이한 상황. 혈기, 육체의 병, 놀람 등등으로 스트레스가 된 상황을 말합니다.

4) **떠오르는 그때 그 상황 안으로 들어갑니다.** 성령님의 도우심으로 자신의 과거로 돌아가서 과거에 받았으나 묻혀 있는 크고 작은 상처의 기억을 떠올리며, 상처와 함께 그때 겪었던 당황함, 부끄러움을 회상한 후, 하나씩 그 상처를 주님께 드립니다.

5) **당시에 받았던 상처로 말미암는 감정이 내면에 떠오르거나 감정이 되살아나면**(수치감, 답답함, 분노, 좌절감, 깊은 슬픔, 두려움 등) 억제하거나 감추지 말고 의식수준으로 표현하십시오. 그리고 그것을 주님에게 드리세요. 일일이 고자질 하라는 말입니다.

6) **이 때 자신의 상처와 관련된 사람을 용서하는 작업을 해야**

합니다. 용서는 하나님께 일러 바치는 것입니다. 용서하지 않고 단순히 감정만 처리하는 것은 상처의 근원은 그냥 두고 감정만 치유하는 것이며, 이러한 치유는 후에 다시 재발됩니다. 큰 사건, 큰 상처일수록 이 부분에 세심한 주의를 기울여야 하며, 세심한 치유를 했어도 같은 감정이 오면 몇 번이고 계속해서 치유해야합니다. 자신의 마음에 상처를 준 사람을 용서하지 않으면 진정한 치유가 되지 않습니다. 어두움과 저주의 세력에게 자신을 묶어놓고 있는 것입니다.

7) **상처를 내보냅니다.** 기침이나 하품, 호흡, 토함 등등으로 반드시 축출하는 작업을 해야 합니다. 반드시 배출 해야 합니다.

8) **성령님의 능력으로 치유 받은 후에는 마음에 평안함을 느끼게 됩니다.** 계속하여 이 평안을 유지하는 것은 자신의 책임입니다. 오래된 상처나 깊은 상처는 일회적인 치유보다 장기적이고 지속적인 치유를 해야 합니다.

9) 생활할 때 다시 그런 생각이나 감정이 떠오르면 동일한 방법으로 다시 치유과정을 진행해야 합니다. 성령의 깊은 임재 하 회개와 용서 작업을 합니다.

10) 성령님과 교제를 통하여 악한 생각이 나지 않도록 기도생활을 해야 합니다. 진정한 치유란 지속적인 성령 하나님과의 동행입니다. 늘 마음에 하나님을 느끼고, 하나님과 동행하고 하나님을 의지하여야 합니다. 그리함으로 늘, 점점 마음이 맑아지고, 자유해지고, 평안해지는 삶을 살아야 합니다.

5부 기도하는 습관으로 자기치유하는 비결

22장 하나님과 관계여는 영의기도 비결

(롬8:26-28)"이와 같이 성령도 우리의 연약함을 도우시나니 우리는 마땅히 기도할 바를 알지 못하나 오직 성령이 말할 수 없는 탄식으로 우리를 위하여 친히 간구하시느니라. 마음을 살피시는 이가 성령의 생각을 아시나니 이는 성령이 하나님의 뜻대로 성도를 위하여 간구하심이니라. 우리가 알거니와 하나님을 사랑하는 자 곧 그의 뜻대로 부르심을 입은 자들에게는 모든 것이 합력하여 선을 이루느니라."

하나님은 자신의 마음 안에 주인으로 계시는 하나님과 영의 통로가 열려 영으로 교통하기를 원하십니다. 영의통로가 열리려면 무엇보다도 자신 안에 주인으로 계시는 하나님과 관계가 열리는 것이 중요합니다. 하나님과 관계가 열려야 영의통로가 열리기 때문입니다. 하나님과 영의 통로가 열리면 깊은 영의기도를 할 때 성령의 불이 심령에서 올라오는 체험을 하게 됩니다. 하나님과 영의 통로가 열려 심령에서 성령의 불이 나오는 체험을 하시기를 바랍니다. 하나님은 영이십니다. 그러므로 우리가 하나님과 교통하려면 성령으로 사로잡힌 영적인 상태가 되어야합니다. 영적인 상태가 되려면 하나님과 영의 통로가 열려서 영으로 기도를 해야 하나님과 교통할 수가 있습니다. 많은 분들이 영의 통로라고 하면은 저

보이는 하늘나라에 계신 하나님과 영의 통로가 열려야 한다고 생각을 합니다.

그러나 잘못이해 하신 것입니다. 하나님과 영의 통로가 열린다는 것은 예수를 믿을 때 내 영안에 들어와 자신 안에 좌정하고 계신 하나님과 영의 통로가 열리는 것입니다. 필자도 성도였을 때에는 하늘에 계신 하나님에게 기도해야 되는 줄 알고 한참 목사가 되지 않겠다고 버틸 때 산 기도를 많이 갔습니다. 다른 분들은 능력을 받아서 하나님의 일을 잘해 보겠다고 산 기도를 하시는데, 저는 반대로 목사를 하지 않겠다고 항변하며 산 기도를 했습니다.

그때는 혈기 왕성하고 젊고 힘이 좋아서 산에 올라가 통성으로 기도하면 산이 쩌렁쩌렁 울렸습니다. 저는 그렇게 기도해야 하나님이 들으시고 응답해주신다고 믿었기 때문입니다. 왜냐하면 제가 20년간 평신도 생활을 했는데 어떤 목사님 한분도 기도를 내 안에 계신 하나님에게 한다고 알려주지 않았기 때문입니다. 아마 이 책을 읽는 분 중에서도 저와 같은 생각을 가지고 계시는 분들이 있을 것입니다. 우리교회에 오셔서 성령치유와 영성훈련을 받으시는 분들 중에도 종종 하나님이 하늘에 계신 줄 알고 계시는 분들이 다수가 있습니다. 그래서 저에게 질문하는 분들이 있습니다. 그러나 하나님은 내 안에 계십니다. 내 안에 계신 하나님과 영의 통로를 여시기를 바랍니다.

첫째, 영의 통로가 열리게 하려면 어떻게 해야 하나. 영의 통로가 열리게 하려는 그 조건과 상태는 여러 가지이지만 첫째 의지를 발동해야 합니다. 본인이 영의 통로를 열겠다는 의지를 발동하여, 하나님과 관계를 열기 위하여 불같은 성령으로 세례를 받는 것이 제1의 원리요, 그 다음은 말씀과 성령으로 내적 치유하는 것이 제2의 원리요, 귀신 추방의 제3 원리입니다. 이렇게 하여 일단 하나님과 관계를 연 다음에 영의통로가 뚫리는 기도를 해야합니다. 이 모든 것은 혼자의 영력이나 힘으로는 불가능합니다. 성령 충만하고 체험이 많은 사역자의 도움을 받는 것이 좋습니다. 아니 그렇게 하는 것이 빨리 영의 통로가 열리게 할 수 있습니다. 그리하여 생각이 영적으로 바뀌고, 마음이 감동되어, 마음의 열리면 성령이 역사하시니 영적인 믿음이 생겨서, 본인의 의지가 발동되어, 본인의 원하는 대로 기도가 되고 몸과 마음이 움직여지고, 적극적인 행동으로 옮겨지는 과정을 거쳐야 합니다. 이 영적 원리는 모든 것에 적용됩니다.

둘째, 영의 통로가 열려 불이 나오는 기도들: 영의통을 뚫는 기도를 하기 전에 준비해야 할 사항은 이렇습니다.

① 성령의 역사가 일어나야 하기 때문에 먼저 성령으로 세례를 받아야 합니다. 성령으로 세례를 받을 때 확실한 체험이 있습니다. 성령으로 세례를 받은 후에 성령님께 성령님의 감동, 감화, 인도함을 받도록 간구, 요청하세요. "성령으로 기도할 수 있게 해 주세요(유1:20)" 하고 성령으로 기도할 수 있도록 간구하세요. 기도는 성령으로, 성령 안에서, 성령의 도우심을 받아야 한다는 사실을 꼭 기억하세요. 기도와 성령을 일체화시켜야 합니다.

② 기도에서 가장 먼저 간구해야 하는 것은 성령의 임재와, 충만, 교통함입니다. 성령의 임재가 기도의 생명이고, 믿음생활의 생명입니다. 내 이성이 기도하고, 내 감정이 기도하고, 분위기가 기도하면 기도를 돕기 위해서 오신 성령님이 외면당하시고 슬퍼하시며 외로워하십니다. 성령님의 임새는 너무나 중요합니다. 이것을 인정하시라. 성령께서 일하시도록 환경을 만드시기 바랍니다. 장소를 만들어 드리세요. 성령님의 역사는 우리가 성령님에게 일하실 수 있는 환경과 장소를 만들어 드릴 때 나타납니다. 우리의 마음을 성령님이 역사하실 수 있는 환경을 만들어 드리면 성령님이 역사하십니다.

③ 기도의 초기단계에서는 내 영혼이 성령님의 임재를 대부분 느끼지 못합니다. 부정적 인식, 믿음의 부족, 인식부족, 필요성에 대한 무지, 하나님과의 거리감 때문입니다. 그러나 내가 못 느껴도 성령님은 지속적으로 역사하심을 믿으세요. 인정하세요. 그러므로 성령을 느끼려고 노력하세요. 성령님이 내 안에 계시다는 사실을 인정하세요. 지속적으로 노력하세요.

이 방식대로만 하면 하나님이 활동하고 역사하십니다. 단지 내가 둔해서 느끼지 못하지만, 지속적으로 하면 하나님의 역사하심을 느끼고 체험하게 됩니다. 이것을 더 사모하고 더 사모하세요. 내안에 계신 성령님의 도우심으로 문제를 해결하게 됩니다. 더 높고, 넓게 깊은 단계로 나아가게 됩니다. 보화를 캐내기 시작하는 것입니다.

④ 영의통로를 여는 기도를 하는 사람은 무엇보다도 자신의 심

령 안에 하나님이 계시다는 것을 인정해야하고 주인으로 모셔야 합니다. 자신 안에 하나님이 주인으로 계시면서 역사하신다는 것을 실제로 체험해야합니다. 이것이 진정 참된 기도의 시작이라고 할 수 있습니다. 그리고 하나님이 드디어 그런 사람, 즉 성령님과 교통하는 사람을 쓰시게 됩니다. 이것이 하나님의 사역의 기본원칙입니다. 이를 위해서 간구하고 목말라하세요. 하나님을 믿으면서, 하나님께 가까이 가고, 하나님을 느끼고, 하나님을 사랑하고 하나님께 나를 드리고, 기적을 체험하는 차원을 향하여 나아가세요. 밖에 있는 것에 관심 갖지 말고 오직 안에 있는 분에 대하여 목말라 하세요. 성령님은 끊이지 않는 생수가 되시는 분입니다. 성령님은 끊이지 않는 샘물을 주십니다.

셋째, 영의 통로가 열려 불이 나오는 능력기도를 하라.
1.영의 통로가 열려 불이 나오는 기도는 어떻게 해야 합니까?

① 성령으로 충만한 영의상태에서 깊은 성령의 임재 하에 영육이 성령의 만지심을 느끼도록 하여야 합니다. 성령의 임재를 느끼는 현상은 사람마다 다양합니다. 성령의 임재를 못 느끼는 분들의 경우는 주님이 안 오시는 것이 아니라 단순히 못 느끼는 것입니다. 성령께서 만지심을 느끼도록 성령 충만한 기도로 혼이 영에서 올라오는 감동을 민감하게 느끼도록 훈련해야 합니다.

② 성령의 임재가 깊어지게 하려면 자신의 의지를 꺾고 단지 그분이 하시는 일을 가감 없이 받아들여야 합니다. 이 훈련을 지속적으로 해야 영적 지각능력이 배가 됩니다. 어디까지 받아들여야 하

는가? 각자의 마음속까지 아니 뼛속까지 가감 없이 그대로 받아들여야 합니다. 예를 들어 강한 역사가 일어나면 더 강하게 하면서 성령의 역사에 순종하며 따라가야 합니다. 뜨겁게 역사하시면 더 뜨겁게 역사하여 주소서 하며 아이고 뜨거워, 아이고 뜨거워하면서 반응을 순수하게 하면 성령님은 인격이시기 때문에 더 역사하여 주시는 것입니다.

③ 성령이 마음대로 일하시게 해야 합니다. 이때 성령께서 육체의 만지심의 느낌에 절대 순복하여야 합니다. 즉 반응에 절대 순종하고 환영하는 반응을 보여야 합니다.

④ 임재에는 반드시 메시지가 있음을 명심하시기를 바랍니다. 제가 몇 년 전에 강북구에 있는 성민교회라는 곳에 가서 부흥회를 인도한 적이 있습니다. 밤 시간 이었는데 한참 말씀을 전하고 있으니 어느 남자분이 그때서야 도착하여 말씀을 듣는 것이었습니다. 그리고 말씀을 다 전하고 기도 시간이 되었습니다. 기도를 하도록 인도하고 저는 기도 시간마다 아무리 성도가 많아도 개별 안수를 해드립니다.

안수기도를 한참 하다가 그 늦게 도착한 분의 차례가 되었습니다. 그래서 안수를 했습니다. 그러니까, 머리를 숙이면서 흐느끼는 것이었습니다. 저는 무슨 영문인지 모르고 그냥 머리를 들고 기도하시라고 조언하고 한 50분간 기도하고 마치고 집으로 돌아오려고 했습니다. 필자가 집에 돌아오려면 전철을 타야 하는데 전철역이 그 교회에서 상당히 멀었습니다. 그래서 전철역까지 누가 차로 좀 데려다 달라고 했더니, 담임 목사님이 밖에 나가시면 차가 대기하고 있으니 잘 돌아가시라고 했습니다. 그래서 대기하고 있는 차를 타니 아까 늦게 들어왔다가 기도하며 흐느끼던 그분이었습니다. 그분이 하는 말이 목사님 제가 오늘로 예수를 믿은지 13년이 되었는데 처음으로 울어보았습니다. 은혜 받게 해주셔서 감사합니다.

그래서 왜 우셨습니까? 기도하는데 심령에서 성령의 불이 뜨겁게 올라오면서 내 속에서 뚜렷하게 내가 너를 사랑한다. 내가 너를 사랑한다. 내가 너를 사랑한다. 하며 위로하여 주시는데 갑자기 성령의 불로 얼굴이 화끈 거리고 눈물이 쏟아져 나왔습니다. 이분은 제가 기도를 어떻게 하라고 알려주고 기도를 시키니까, 그대로 순수하게 따라서 하니 성령의 역사로 성령의 불도 받고 성령의 음성도 들은 것입니다.

이와 같이 기도를 영으로 하면 반드시 하나님의 임재 현상이 나타나게 되어 있습니다. 임재현상이란, 음성이 들린다든지, 마음에 평안이 올라온다든지, 마음속에서 성령의 불의 뜨거움이 올라온다든지, 갑자기 기도문이 열려 뜨겁게 방언으로 기도하게 된다든지, 성령의 감동으로 나도 모르게 울음이 터진다든지, 나는 어떤 이유인지 모르겠는데 갑자기 웃음이 주체 못하게 터진다든지 등등, 성도가 영으로 바르게 기도하면 반드시 하나님의 임재 현상을 체험하게 되는 것입니다.

2. 보통 기도가 발전하는 다섯 단계.

① 부르짖는 기도 단계입니다. 육의 기도입니다. 성도가 기도를 처음 배울 때부터 통성으로 무조건 생각나는 대로 부르짖어 기도

하는 습관을 먼저 드려야 합니다. 물론 자신의 생각이나 힘으로 하는 육의 기도이지만 일단은 목소리를 내면서 부르짖어 기도해야 합니다. 만약에 언어의 구사나 방언으로 통성기도를 못한다면 절대 다른 사람들의 기도에 기가 죽어서 가만히 앉아 있지 말고 통성으로 주여! 주여! 주여! 를 계속하든지, 아니면 할렐루야! 할렐루야! 할렐루야! 를 연속적으로 호흡을 들이쉬고 내쉬면서 배에서 나오는 힘으로 기도를 열심히 하다가 보면 자신도 모르는 순간에 성령으로 자신이 장악되어 저절로 주여! 주여! 주여! 나 할렐루야! 할렐루야! 할렐루야! 가 나오다가 방언이 터지는 것입니다.

② 기도의 줄을 잡는 단계입니다. 마음의 기도단계입니다. 계속 통성으로 기도를 하다가 보면 이제 어느 정도 숙달이 되어 언어통성기도나 방언통성기도나, 주여! 주여! 주여!나, 할렐루야! 할렐루야! 할렐루야! 가 저절로 되어 어느 정도 기도 줄이 잡힙니다. 그래서 기도는 훈련입니다. 자동으로 기도가 되는 것은 절대로 아닙니다. 본인의 의지가 어느 정도 결부가 되어야 나중에 성령께서 사로잡아 주시므로 기도가 되고 기도 줄이 잡히는 기도를 할 수가 있는 것입니다. 기도 줄이 잡히지 않더라도 지속적으로 해야 됩니다.

③ 영력이 끌려 올라오는 단계입니다. 영으로 기도하는 단계입니다. 이 단계가 되면 기도의 줄이 잡혀서 기도의 수고가 쉬워지므로 기도가 성령의 이끌림을 받게 됨으로 영으로 기도하면서 또 마음으로 기도하고 영으로 기도하게 됩니다. 이 단계가 되면 자신의 영 안에서 성령의 능력이 올라오는 시기이므로 자신의 안에서 올라오는 영력에 의하여 더욱 성령으로 충만하게 되고 무의식의 상

처가 치유되면서 귀신이 떠나가니 기도의 수고가 쉬워지는 단계입니다.

④ 영력이 마음속에서 올라오는 단계입니다. 이 단계에 들어선 성도는 마음 안에 상처가 치유되고 상처를 붙들고 있던 귀신이 떠나가니 내 영안에 계신 성령하나님과 영의 통로가 열려 영으로 기도를 하는 단계입니다.

이 단계에 들어선 성도는 이제 기도가 자꾸 하고 싶어지고, 기도하면 할수록 성령이 충만하게 되고, 영안이 열려가므로 하나님의 말씀을 읽을 때나 들을 때, 목사님의 설교 말씀을 들을 때 영으로 말씀을 들으니 영이 자꾸 깨어나는 시기입니다. 이때가 되면 내가 왜 지금까지 예수를 믿노라 하면서 이렇게 고통을 당하면서 살았는가, 스스로 느끼고 고치고 치유 받으려고 노력하게 됩니다.

그래서 서서히 하나님의 군사가 되므로 환경에서 하나님의 역사가 보이고, 하나님이 자기의 인생에 개입을 하고 인도하고 계시는 것을 느끼게 됩니다. 그러므로 성도는 무엇보다 기도가 바르게 되어야 합니다.

⑤ 영적인 기도의 단계입니다. 영-혼-육의 전인격으로 기도하는 단계입니다. 이 단계가 되면 성령하나님과 인격적인 관계가 되었기 때문에 주여! 하기만 해도 성령님의 임재를 느끼는 시기입니다. 필자가 항상 강조하는 항상 기도할 수 있는 시기입니다. 기도하며 하나님의 음성을 듣는 시기입니다. 주가 내 안에 내가 주안의 단계입니다. 5단계는 모든 육의 소욕과 자아가 무너지고 주님만이 기도의 목표가 되는 단계입니다. 필자는 이 단계까지 도달하도록

인도할 것입니다. 부디 성령으로 충만하여 영적인 말씀과 원리들을 이해하시고 내 것으로 만드셔서 능력이 오고 깊어지는 깊은 영의 기도를 모두 숙달하시어 하나님의 강한 군사가 되시기를 바랍니다. 그리하여 모두 하나님의 마음에 합한 자가 되어 쓰임 받으시기를 바랍니다.

3. 성령의 불이 임하고 나오는 기도방법

① 호흡을 들이 쉬면서 내쉬면서 방언이나 발성 기도를 하시면서 내 영 안에서 역사하는 성령의 불과 밖에서 역사하는 성령의 불을 내 것으로 만드는 기도 방법입니다. 성령은 내 영 안에 계시고, 우리 안에 계시고, 성령으로 충만한 상태에서 영으로 말씀을 듣거나 읽을 때 말씀 안에 계십니다. 이 성령의 역사를 일어나게 호흡을 들이쉬고 내쉬면서 방언기도나 발성 기도로 성령의 임재를 깊이 느끼고 유지합니다.

② 능동적으로 성령의 불을 끌어당기는 기도를 합니다. 숨을 깊이 들이쉬면서 밖에서 역사하는 성령의 불을 끌어들이는 것입니다. 깊은 호흡을 하면서 성령의 불을 끌어들이시기 바랍니다. 이때 강하고 크게 자신의 육체의 한계를 넘어서는 강력한 기도를 해야 합니다. 의지를 다해서 강력하게 해야 합니다. 절대로 힘이 든다고 나약하게 부르짖는 기도를 하면 더 강한 성령의 불을 끌어 들일 수가 없습니다.

이를 위해서 복식 호흡법을 활용하여 배에서 올라오는 소리로 힘껏 소리를 지르고 온몸으로 부르짖는 기도를 하여야 합니다(최소한 30분 이상). 그래야 목에 피로가 안 오고 목이 상하지 않습니다. 제가 지금까지 수많은 기도 세미나를 인도했는데 이렇게 기도한 분들 절대로 목이 상하지 않았습니다. 기도하면서 목이 상하는 분들은 자신의 기도 방법을 빨리 바꾸어야 합니다.

③ 성령께서 하시는 일에 크게 반응해야 합니다. 이때 말과 행동에 있어서 크게 반응하기 바랍니다. 성령께서 하라는 대로 순종하는 것이 좋습니다. 될 수 있으면 크게 반응을 하는 것이 좋습니다. 더 강하게, 으으으 아 뜨거워하면서 성령의 역사하심을 환영하고 받아들여야 합니다. 교역자는 강단에 서기전에 이 단계까지 기도하고 그 후에 강단에 서야합니다. 그래야만 예배와 설교 가운데 성령의 기름부음이 강해집니다.

그리고 교회의 직분자들 특히 강도사, 전도사, 장로님, 권사님, 안수집사님 등등 은 모두 이정도로 기도를 해야 마귀를 이기고 하나님이 주신 사명을 감당할 수가 있는 것입니다. 여러분 기도가 영성이고 기도하지 않는 영성은 없습니다. 깊고 능력과 불이 나오는 기도를 하여 성령으로 심령도 변하여 단물을 내는 모두가 되시기를 소원합니다.

4. 영의 통로가 열려 불이 나오는 기도를 하기 위해서 성도가 자신에 대하여 알아야 할 사항

① 자신이 마귀의 공격을 받는 감정을 찾아내야합니다. 자신이 영성의 발전에 저해 요소를 찾아내어 제거 하라는 것입니다. 예로서, 잡념, 죄, 습관, 꿈, 생각, 잘 통제하지 못하는 것 등등 을 찾아서 고쳐나가야 합니다. 어떻게 치유하느냐 말씀과 성령으로 깊은 역사에 의한 내적 치유와 깊은 영의 기도로 치유해야 합니다. 사람

은 스스로 자기 통제가 가능하도록 만들어졌습니다. 그런데 오늘날 우리가 자기 통제를 못하는 이유는 죄성과 상처 때문입니다. 그러므로 예수를 믿는 믿음과 성령의 은혜 안에서는 이 모든 것이 회복되기 때문에 자기 통제가 가능합니다. 이것을 다른 말로 하면 성령의 은혜로 말미암아 공격받는 감정을 치유할 수 있다는 의미입니다. 자신의 공격받는 분야를 찾아 내적 치유하시기를 바랍니다.

② 자신의 공격받는 분야를 꼭 찾아내야 합니다. 예를 들어 혈기나 분노의 경우 자신의 상처와 조상의 유전까지 찾아 들어가야 합니다. 부계와 모계 쪽으로 계속 추적하여 찾아내세요. 상처라고 하면 태아, 유아, 소년기, 부모 등 원인을 찾아내야 합니다. 그래서 치유해야 합니다.

③ 그 죄와 관련된 지속적이고 뚜렷한 경험들을 파고 들어가세요. 그리고 지식의 말씀의 은사와 지혜의 말씀의 은사를 통하여 해결하세요. ⓐ 그때의 감정을 뿌리를 찾아서 제거하세요. ⓑ 거기에 레마의 말씀과 성령의 능력과 주님의 피를 뿌립니다. ⓒ 뿌리 뒤에 역사하는 영을 찾아내야 합니다. 그 찾는 이유는 그때 그 사건을 통하여 들어온 영을 찾아야 하기 때문입니다. 분명히 그 때 타고 들어온 것이 있습니다. ⓓ 그 영의 정체를 드러내고 쫓아내고 몰아내고 반대 영을 공급합니다. 이 원리는 모든 영적인 전쟁을 할 때 적용되는 원리입니다. 이 원리를 적용하여 영적인 전쟁도 하시기를 바랍니다.

23장 숨을 쉬며 기도하는 습관되는 비결

(요20:22) "이 말씀을 하시고 그들을 향하사 숨을 내쉬며 이르시되 성령을 받으라"

숨을 쉬면서 성령으로 기도하여 성령으로 충만하게 하는 방법입니다. 분명하게 숨을 쉬면서 기도하는 것은 마음으로 예수님을 생각 하면서 찾으면서 숨을 들이쉬고 내쉬는 것입니다. 세상 사람들이 하는 것과 같이 아무 생각 없이 숨을 쉬는 것이 아닙니다. 바르게 적용해야 할 것입니다. 사람의 생명은 숨에 있습니다. 하나님께서는 흙으로 사람을 지으시고, 그 코에 생기를 불어 넣으셨습니다 (창 2:7). 그것이 숨입니다. 숨이 있기 전까지 사람은 생명이 없었으나 숨이 시작되면서 사람은 생명을 얻게 되었습니다. 숨이 풍성한 사람은 생명이 풍성한 것이며, 숨이 약하고 위축된 사람은 생명이 연약한 것입니다. 그러므로 사람이 살기 위해서는 음식과 물을 잘 먹고 마셔야 하지만, 이에 못지않게 숨을 잘 하여야 하는 것입니다. 숨을 잘 들여 마시는 것이 생명의 풍성함을 줍니다.

이는 단순한 공기, 산소의 마심이 아니고, 영을, 생명을 마시는 것입니다. 숨 기도를 하려면 반드시 성령의 세례를 받아야 합니다. 반드시 예수님을 생각하면서 해야 합니다. 성령으로 충만한 가운데 발성으로 기도하여 영의 통로가 뚫려야 합니다. 영의 통로가 뚫리지 않은 성도가 숨으로 기도하면 악한 기운의 영향으로 영이 막힐 수도 있습니다. 우리가 바르게 알아야 할 것은 기도는 영의 활동입니다. 고로 기도는 성령으로 해야 합니다. 많은 분들이 기도하면 무조건 성령이 충만해지는 것으로 알고 있습니다. 이는 한번 잘 생각해 보아야 합니다. 세상 사람들도 기도합니다. 세상 사람들이 기도할 때 누가 들어옵니까? 성도의 기도가 세상 사람들과 같은 기도를 한다면 어떤 영이 침입을 하겠습니까?

일부 크리스천이나 목회자들이 숨을 들이쉬고 내쉬면서 기도하는 것에 대하여 의문을 가지고 대하는 분들이 있습니다. 숨을 들이쉬고 내쉰다는 것은 호흡을 할 때 마음이 열리기 때문입니다. 예수님께서도 "이 말씀을 하시고 그들을 향하사, 숨을 내쉬며 이르시되 성령을 받으라(요 20:22)" 숨을 내쉬면서 성령을 받으라고 말씀하신 것입니다. 성령께서 예수님 안에 계시면 숨을 통하여 분출되기 때문입니다. 크리스천들도 마찬가지입니다. 하나님은 자신 안에 있는 성전에 주인으로 계십니다. 자신 안에서 성령의 역사가 분출되어야 합니다. 그래서 숨을 들이쉬고 내쉬면서 기도하라는 것입니다. 성령께서 사람이 마음을 열어야 역사하실 수가 있기 때문입니다. 이상하다고 거부하면 성령께서 자신 안에서 역사하실 수가 없을 것입니다.

첫째, 숨을 쉬며 기도하는 원리. 숨은 기도입니다. 죄를 토하고 의를 받아들인다는 의미에서 기도는 숨입니다. 숨은 생명입니다(창2:7). 히브리말로 "영"을 의미하는 루아흐는 바람, 기운, 숨을 말합니다. 예전에 성령님을 거룩한 숨님이라고 번역한 곳도 있습니다. 숨은 영의 공급과 영을 내쉬는 것입니다. "숨을 내쉬며 가라사대 성령을 받으라(요20:19-23)." 숨은 주님을 들여 마십니다. "나 여호와가 말하노라 사람이 내게 보이지 아니하려고 누가 자기를 은밀한 곳에 숨길 수 있겠느냐 나 여호와가 말하노라 나는 천지에 충만하지 아니하냐(렘 23:24)." 내쉬는 숨은 주님의 권능(기름부음)이 흘러나옵니다. 영적인 숨을 합시다. 숨은 자연적 숨(생명을 연장하는 숨)과 영적인 숨 두 종류가 있습니다. 영적인 숨이란 예수 믿고 성령의 세례를 받고 성령의 인도를 받으면서 하는 것을 말합니다. 숨과 생명의 충만은 같습니다. 강한 숨은 생명의 충만 입니다. 마시는 숨과 내보내는 숨을 합시다. 들숨은 영적 충전입니다. 날숨은 영과 신체 정화입니다. 물은 혈액과 같은 역할을 합니다. 물은 구름, 바람이 움직이듯이 숨이 혈액의 흐름 움직여줍니다. 숨은 강하고 깊어야 합니다. 자신의 성품을 바꾸게 될 것입니다.

이단들이 영은 보이지 않다고 하면서 자신에게 예수님의 영이 임재 했다고 신도들을 속입니다. 그것은 시뻘건 거짓말입니다. 성령님이 사람을 통과하면 보입니다. 예수님이 얼굴에 나타납니다. 언행으로 나타납니다. 행동으로 나타납니다. 열매로 나타납니다. 숨으로 기도하면 내면이 강화되면 자신에게서 보이는 형상으로 나타난다는 것입니다. 얼굴을 보면 알 수가 있는 것입니다. 그러므로 성도들은 성령의 역사와 귀신의 역사를 분별하는 분별력을 길어야 합니다. 숨은 내면을 강하게 하는데 참으로 중요합니다.

약한 숨은 문제가 있습니다. 심패기능이 약하기 때문에 숨이 약한 것입니다. 숨은 에너지이며 생기이며 기운입니다. 숨이 약한 사람은 원수 마귀 귀신의 노예 생활에 가까워집니다. 비난 충격과 꾸지람 들고 야단을 맞게 되면 숨이 약해집니다. 숨과 기운은 이렇습니다. 숨하는 힘은 그 사람의 생명력입니다. 풍선을 많이 불면 힘이 빠지고 어지러워집니다. 숨의 풍성은 생명의 풍성입니다. 운동은 숨을 확장시켜줍니다. 숨은 나쁜 기운을 배출합니다. 한숨, 눈물, 불평도 배출합니다. 그러나 근심 두려움 원망 분노 등 악한 생각이나 감정에 사로잡힘은 자살 행위입니다. 악한 기운이 자리 잡으면 온갖 재앙을 일으킵니다. 기체의 악성 에너지가 시간이 지나면 암, 결석 등 고체에너지가 됩니다. 발성 기도를 통하여 숨을 충분히 배출해야 합니다. 거친 숨은 심장의 경고입니다. 주님의 음성을 들으려면 성령의 임재 가운데 부드럽고 깊고 자연스러운 숨을 훈련해야 합니다. 대화중 제3자가 들어오면 싸늘해지기도 합니다. 호랑이도 제 말하면 옵니다. 영혼의 감각으로 알게 됩니다. 중보기도 자는 상대의 상태를 느낍니다. 쓰레기를 정화 시킬 능력이 없으면 대화와 접촉을 조심해야 합니다.

둘째, 숨 기도의 방법

1) 숨 기도: 꼭 성령으로 세례를 받고 성령의 임재가운데 진행해야 합니다. 성령 세례받지 않고 하는 숨 기도는 절에서 하는 명상기도와 다를 바가 없습니다. 반드시 성령으로 숨 기도를 해야 합니다. 그래야 전인격이 성령의 지배를 받게 됩니다.

① 코로 숨을 들이 마시며 "예수님 사랑합니다." 숨을 내쉬면서 "예수님 사랑합니다."

② 코로 숨을 들이 마시며 "예수님" 숨을 내쉬면서 "사랑합니다."

③ 입을 벌려 작은 마음의 소리로 하기도 합니다. 입이나 목으로 하는 기도는 될 수 있는 대로 하지 않는 것이 좋습니다.

④ 속으로 성령님을 생각하면서 기도를 드리기도 합니다.

⑤ 심장의 고동에 맞추어서 계속합니다. 반복합니다. 수 천, 수 만 번을 반복합니다. 그리스도인들이 예수님을 부르는 것은 주님과 가까운 교제를 위하고, 성령으로 충만하게 하기 위하여 부르는 프러포즈입니다. 심장기도, 예수 기도라고도 하며, 숨, 심장, 걸음걸이에 맞추어서도 해보세요. 예수 충만(성령 충만), 예수 사랑, 나의 하나님 식으로 바꾸어서도 할 수 있습니다. "오~ 주님! 제 마음 안에 충만하게 채워지소서." 기도하면서 숨을 쉬는 것이 좋습니다. 마음으로 예수님을 생각하고 집중하면서 숨을 쉬는 기도를 합니다.

2) 코로 숨을 쉬십시오. 숨에 마음을 싣고 감사와 기도를 심어서 드립니다. 입으로 숨을 쉬면 입이 마르거나 목이 붓거나 아플 수도 있습니다. 주님의 기운이 임하심을 믿고 합니다.

3) 숨을 의식하십시오. 숨이 기도인 것을 의식하고 주님께 사랑과 감사의 마음으로 고백하면서 하는 것이 중요합니다.

4) 배출 숨을 쉴 때 가슴이 답답함을 느낄 때는 장애물이 있는 경우입니다. 예수님을 부르면서 계속 숨을 쉽니다. 성령이 충만한 가운데 가슴에 힘을 주고 트림하여 배출합니다. 안되면 후~, 하~ 하고 숨을 토해내세요. 절대로 성령의 역사가 일어나야 배출이 된다는 것을 명시해야 합니다. 숨을 깊고 강하게 들이쉬고 내쉬면서 "예수의 이름으로 나쁜 기운은 나가라" 마음으로 명령기도도 하세요. 거울을 보면서 명령할 수도 있습니다. 조용히 숨을 쉬면서 내

보낼 수도 있습니다.

5) 충분히 숨을 쉬십시오. 경외감을 가지고 감사하는 마음으로 숨을 쉬어야합니다. 숨이 차단되면 썩기 시작합니다. 지하 방, 또는 창문 비닐로 막아도 공기가 상하기 시작합니다.

6) 강한 숨을 쉬는 기도는 가능하면 아랫배에 힘을 주고 숨을 깊게 많이 들어 마셔야 합니다. 배꼽아래까지 바람이 들어오도록 들이마셔야 합니다. 부르짖는 기도와 비슷합니다.

7) 깊은 숨을 쉬는 기도는 아랫배에 힘을 주며 천천히 숨을 쉽니다. 마음 가라앉히고 조용히, 코를 통하여 깊이 숨을 들여 마시고 내쉬고 합니다.

8) 정지 숨 기도는 히브리서 6장 4-6절의 내세의 능력을 맛보는 기도, 성령의 깊은 임재(입신)상태같이, 숨을 멈출 수도 있습니다. 숨을 멈춘다는 것은 자신이 숨을 쉬는 것을 느끼지 못한다는 말입니다. 은사는 영의 영성 아닌 육체의 영성입니다. 은사는 육체로 나타납니다. 은사에 치우치면 영이 안자라고 영에 치우치면 삶은 아름답지만 무능합니다. 그러므로 양자가 균형을 이루어야 합니다.

9) 배로 숨을 쉬면서 하는 기도는 배에는 공기가 들어갈 수 없지만, 아랫배에 힘을 주고 생명력이 배에 충만하도록 숨을 들이 마십니다. 강한 숨기도와 비슷합니다. 영적인 파워 힘이 생깁니다. 자신감이 생깁니다. 요한복음 7장 38절 말씀과 같이 배에서 생수의 강이 흐릅니다. 처음에는 뜨겁지만 후에는 시원하고 평안하여 자유와 행복을 느낍니다.

10) 가슴으로 숨을 쉬는 기도는 심장기도로서 내적 깊은 기도와

비슷합니다. 감정이 섬세하고 눈물 많아집니다. 내적 기름부음을 일으켜줍니다. 영이 강하게 됩니다. 부드럽고 온유한 성품이 됩니다. 불안할 때 숨을 쉬며 낮은 발성 기도를 하면 5분 안에 평안해집니다. 성령이 충만하기 때문에 불안이 떠나가는 것입니다. 머리가 혼란할 때는 배에서 나오는 소리로 조금 높은 찬양을 하면 시원해집니다. 가슴 답답할 때는 배에 힘주고 배에서 나오는 소리로 방언하면 후련해집니다. 처음에는 배기도, 강한기도 후 심장기도로 진행합니다. 아름답고 사랑스러우며 따뜻한 사람 됩니다.

11) 머리로 숨을 쉬는 기도는 주의 이름을 부르며 머리에 마음을 집중하고 숨을 쉽니다. 코로 숨을 들이쉬고 코로 내쉬면서 합니다. 머리가 혼미하고 생각이 복잡한분에 효과가 있습니다. 악몽은 머릿속 정화 과정입니다. 환상이나 신비한 체험 동반할 수도 있습니다. 머리는 영적 문 역할을 하기에 주의가 요망됩니다.

12) 성경으로 성령을 마시는 숨 기도는 반복되는 짧은 문장으로 깊은 영향주어서, 처음 3,000번, 그 다음 6,000번, 12,000번 후에는 자유롭게 합니다. 평안과 자면서도 임재 느낍니다. "주님! 저를 불쌍히 여기시옵소서" "예수님 사랑합니다." 반복할 때 긍휼과 자비 느낍니다. 성경 전체를 묵상하며 할 수도 있습니다. 성경을 간절한 마음으로 소리 내어 읽는 영성훈련 방법도 있습니다. 소리는 안 내고 강하게 부드럽게 숨하며 마시는 것도 좋습니다. 말씀을 눈으로 보며 코로 마셔도 됩니다.

13) 마시는 숨을 다양하게 사용하세요. 찬양 테 잎을 높거나 쉬는 상태에서 들을 때도 숨을 쉬며 들으세요. 독서하면서도 숨 기도

를 적용하세요. 간증이나 설교 테 잎을 들을 때도 적용하세요. 설교를 들을 때도 적용하세요.

14) 즐거움으로 계속 하십시오. 억지로 하는 것은 좋지 않습니다. 습관이 되게 해야 합니다. 듣지 않고 간구만 했으면 듣는 기도와 선포기도로 사신을 정화하세요. 숨으로 기노를 하는데 불안하고 즐거움이 사라진다면 재고해 보아야 합니다. 영혼 깊은 곳의 즐거움과 기쁨은 주님의 감동과 인도입니다. 주님은 우리에게 기쁨을 주시는 분입니다.

셋째, 걸으면서 숨을 쉬며 마음으로 기도하라. 걸으면서 숨을 쉬면서 예수님을 생각하면서 마음으로 기도하는 습관을 들이라는 것입니다. 걷기를 시작하려면 바른 자세부터 익혀야 합니다. 바른 자세가 중요한 이유는 첫째로 뇌가 활성화됩니다. 바른 자세로 걸으면 근육이나 감각기관에서 신경계로 전달되는 정보량이 많아져서 대뇌가 더욱 자극을 받기 때문입니다. 둘째로 걸음걸이가 바르면 걷기 편하고 쉽게 지치지 않습니다. 즉, 편하게 걸을 수 있고 피로감을 줄여주는 보법으로 걷다 보면 바른 자세에 이르게 됩니다. 셋째로 걸음걸이가 바르면 남 보기에 좋고, 밝고 활달하며 자신감 있는 이미지를 심어줄 수 있습니다. 그러면 바른 보행 자세란 어떤 것일까요? 꼭두각시 인형처럼 머리 꼭대기에 실이 연결되어 하늘에서 끌어당긴다고 의식하라는 것입니다. 그러면 후두부, 등, 엉덩이의 가장 높은 부분이 일직선을 이루고 두 팔은 겨드랑이를 따라 자연스럽게 내려집니다. 그 자세로 서 있는데 누군가 허리 부분을 강하게 민다고 상상하라는 것입니다. 그러면 오른발이 크게 한보 앞으로 나갑니다. 이때 상체를 똑바로 유지하면 앞으로 내디딘 오른발은 발뒤꿈치부터 착지하고 뒤에 놓인 왼발이 지면을 차는 느낌을 받습니다. 이런 동작을 연속하여 걷는 것이 바른 보행 자세입니다.

자세 만큼 중요한 것이 바로 숨을 쉬는 방법입니다. 걷기는 유산소 운동이므로 산소를 충분히 받아들이며 숨을 쉬지 않으면 그 효과가 나타나지 않습니다. 그러면 어떻게 숨을 쉬어야 혈중 산소가 충분해질까? 숨의 '호'가 '숨을 내쉬다.'라는 뜻이라는 데서 알 수 있듯 내쉬는 숨이 먼저입니다. 일단 폐에서 이산화탄소를 한껏 내뱉지 않으면 산소를 받아들일 수 없습니다. 따라서 걸을 때는 먼저 숨을 내쉬는 데 의식을 집중해야 합니다. 숨의 리듬이 발걸음과 조화를 이루어야 합니다. 오른 발은 내딛으면서 숨을 들이쉬고, 왼쪽 발을 내딛으면서 숨을 내쉬고, 좌우지간 본인이 하기 쉬운 방법으로 걸으면 됩니다. 이 방법이라면 숨과 보행의 리듬을 맞추기 쉽습니다. 그렇게 걸으면서 마음으로 성령님을 생각하거나 부르면서 걷는 것입니다. 필자는 십 수 년을 이렇게 실천하며 걷고 있습니다. 마음속에 세상 것들이 들어오지 않고 영감이 풍성해지는 효과가 있습니다. 집중력이 좋아집니다. 폐활량이 강해집니다. 심장이 튼튼해집니다. 생활 속에서 운동하는 습관이 되어야 건강을 유지할 수가 있습니다.

넷째, 숨을 쉬며 기도하는 효과

1) 영혼이 강해진다. 마음을 이용하여 예수님을 찾음으로 인하여

성령이 충만하게 됩니다. 자연스럽게 영이신 예수님을 찾음으로 영적인 상태가 되는 것입니다. 영적인 상태가 되니 성령께서 전인격을 사로잡음으로 영혼이 강해지게 되는 것입니다.

2)스트레스 해소 효과. 이러한 방법으로 숨을 쉬면서 기도를 할 경우에는 부교감신경이 활발해져 마음이 편안해지기 때문에 우울증, 불면증과 같은 불안 장애를 완화시켜주고 스트레스를 해소 시켜 줍니다.

3)집중력 향상 효과. 두뇌로 산소공급이 활발해지면서 집중력을 향상하는 효과를 느낄 수 있어 학업 및 업무의 능률이 오르지 않는 사람에게도 도움이 됩니다.

4)장운동 활발 효과. 배를 사용하는 숨 쉬는 것이니 장의 운동도 활발해지기 때문에 소화 장애와 변비를 없애주는 역할을 합니다.

5) 혈액순환 원활 효과. 혈액순환을 원활하게 도와주어 혈관 내 콜레스테롤을 줄여 심혈관 질환을 예방하고 심폐기능을 향상시키는 효과가 있습니다. 실제로 필자는 숨 기도를 장기간에 걸쳐서 한 결과 심장 기능이 강화되어 장이 튼튼해졌습니다. 그리고 배에서 올라오는 소리로 설교를 함으로 성대가 상하지를 않았습니다.

6)다이어트 효과. 가슴으로 숨을 쉬는 것 보다 배를 이용하여 숨을 쉬는 것이 칼로리 소모가 높고 신진대사를 활발하게 하여 체중 감량에 도움이 됩니다. 숨 쉬는 것이 이제 얼마나 우리의 몸에 영향을 끼치는지 잘 아시겠지요? 건강을 위해서 복식 숨(호흡) 효과를 잘 숙지하시고, 습관처럼 가슴이 아닌 배로 숨을 쉬면서 예수님을 찾는 기도할 수 있도록 하는 것이 좋습니다.

24장 마음으로 기도하는 습관되는 비결

(습 3:17) "너의 하나님 여호와가 너의 가운데에 계시니 그는 구원을 베푸실 전능자이시라 그가 너로 말미암아 기쁨을 이기지 못하시며 너를 잠잠히 사랑하시며 너로 말미암아 즐거이 부르며 기뻐하시리라 하리라"

마음으로 자신 안에 성전삼고 계시는 예수님을 찾는 능력 있는 기도는 우리의 영 안에 계신 성령으로 충만하게 하는 기도 방법입니다. 마음으로 예수님을 찾는 능력기도는 다른 기도를 대치하려는 것이 아니라, 단순히 다른 기도들에게 새롭고도 충만한 시간을 갖도록 해줍니다. 기도 중에는 하나님께서 내 안에 현존하시고 활동하심에 동의해야합니다. 기도를 마치고 세상에서 살아갈 때도 언제나 마음으로 예수님을 찾는 것입니다. 우리가 세상을 살아가는 시간에는 우리의 주의가 밖으로 옮겨가서 어디에나 임재 하여 계시는 하나님의 현존을 발견하게 됩니다.

기도의 단어는 내 안에서 하나님께서 현존하시면서 활동하심에 동의한다는 나의 지향을 상징하는 거룩한 단어를 선택합니다. 편안히 앉아서 눈을 감고 자세를 취한 다음에 하나님께서 내 안에 현존하시고 활동하심에 내가 동의한다는 상징으로 그 거룩한 단어를 의식 속에 불러들입니다. 어떤 잡념이 자신의 기도를 방해한다는 것을 알아차리면, 아주 부드럽게 그 거룩한 단어로 돌아갑니다. 기도가 끝날 때에는 눈을 감고 2분 여간 침묵 속에 머뭅니다.

첫째. 마음으로 예수님을 찾는 기도문의 선택. 먼저 "하나님께서 내 안에 현존하시면서 활동하심에 동의한다는 나의 지향을 상징하는 거룩한 단어를 선택합니다." 거룩한 단어는 하나님 현존 안에 머물면서 그분의 활동에 나를 맡겨드리겠다는 우리의 마음을 나타냅니다. 거룩한 단어는 간단한 기도를 하면서 성령께 우리에게 적합한 단어를 달라고 청하여 선택합니다. (예: 주님, 예수님, 아버지, 성령님, 예수능력, 예수치유, 예수권능, 예수사랑, 예수평화, 믿음, 소망, 등). 일단, 거룩한 단어를 선택했으면, 기도 중에는 바꾸지 말아야 합니다. 그렇게 되면 또 다른 잡념을 끌어들이는 계기가 될 수 있기 때문입니다.

어떤 사람에게는 거룩한 단어보다 내면으로 단순히 하나님을 바라봄이 더 적절할 수도 있습니다. 이러한 경우에는 그분을 바라보는 것처럼, 내면으로 하나님께 향함으로써 하나님의 현존과 활동에 동의를 합니다. 거룩한 단어와 같은 지침이 여기에도 적용됩니다. 하나님은 영이십니다. 하나님의 속성은 거룩입니다. 성경에 나오는 거룩한 단어를 사용하여 하나님을 찾는 것입니다. "하나님은 반석이십니다." "하나님은 요세십니다." "하나님은 피난처이십니다." "하나님은 권능이십니다."

둘째. 마음으로 예수님을 찾는 기도에 들어가기. "편안히 앉아서 눈을 감고 자세를 취한 다음, 하나님께서 내 안에 현존하시고 활동하심에 내가 동의한다는 상징으로 그 거룩한 단어를 의식 속에 불러들입니다." "편안히 앉는다."는 말은 상대적인 편안함을 말하는데, 즉 너무 편안하여 잠이 들지 않을 정도이며, 동시에 너무 불편하여 기도 중에 몸의 불편함 때문에 신경 쓰지 않을 정도를 말합니다.

어떤 자세를 취하든 등은 곧게 세웁니다. 잠이 들었다면, 깨어났을 때에 시간 여유가 있으면 몇 분간이라도 기도를 계속합니다. 식사를 마친 뒤에 이 기도를 하면 졸리기 쉽습니다. 식사 후에는 식사 후 한 시간 정도 기다리는 것이 좋습니다. 잠자기 직전에 이 기도를 하면 잠자는 습관을 해칠 수도 있습니다. 우리 주변과 내면에서 돌아가는 것들을 떠나보내기 위해 눈을 감습니다. 부드러운 솜 위에 새 깃털을 얹듯 아주 부드럽게 거룩한 단어를 의식 속으로 불러들입니다.

셋째, 잡념이 들어 올 때 조치방법. "잡념이 의식 속에 들어왔음을 알아차리면 아주 부드럽게 거룩한 단어로 돌아가야 합니다." '잡념'이란 감각적 지각, 감정, 영상, 기억, 사색, 과거의 나쁜 기억, 그리고 비평 등과 같은 모든 지각 내용을 다 포괄하는 용어입니다. 잡념을 몰아내는 것은 마음으로 예수님을 찾는 깊은 영의기도의 중요한 관건입니다. 잡념이 들어오면 "아주 부드럽게 거룩한 단어로 돌아간다."는 말은 최소의 노력으로 하라는 말입니다. 최소의 노력으로 성령의 역사를 불러일으켜서 잡념을 몰아내는 것입니다. 사람의 힘이 아닌 성령의 능력으로 잡념을 몰아내는 것입니다. 이것이 마음으로 예수님을 찾는 깊은 영의기도 중에 우리가 하는 유일한 행위입니다.

　기도 시간 중에 거룩한 단어는 아주 희미해지거나 사라지기도 합니다. 이 말은 기도에 집중하여 몰입하다가 보면 숨을 쉬는 것조차 지각하지 못하게 됩니다. 호흡하는 것도 지각하지 못하는 깊은 경지에 이르게 됩니다.

　넷째, 마음으로 예수님을 찾는 기도의 비법. "기도의 끝에 눈을 감고 1,2분간 침묵 속에 머뭅니다." 이 기도를 그룹으로 할 때에는 인도자가 2-3분 동안 마음으로 예수님을 찾는 기도 중에 예수님을 만나는 경지에 이르게 해달라고 하는 '간구기도'를 하고, 다른 사람들은 호흡을 깊게 하면서 듣습니다. 이 2-3분은 우리의 정신이 외적 감각세계로 되돌아오는 데 적응하는 시간을 줄 수 있게 하며, 또 일상생활에 이 침묵의 분위기를 가져올 수 있게 도와줍니다.

　먼저 소리가 작게 나는 알람을 20분으로 맞춰놓고 편안히 앉아 눈을 감습니다. 그런 다음 몸의 모든 긴장과 내면에서 떠오르는 잡념들이 떠나가게 놓아둔다는 마음으로 두세 번 정도 깊은 심호흡을 합니다. 그리고 '성령의 임재를 요청합니다.' 성령님께서 내 안에 나와 함께 계심을 의식합니다. 의식한다는 말은 하나님의 현존을 '느끼라는 것'이 아니라, '마음으로 생각 한다.'는 의미입니다. 준비기도가 끝나면 먼저 바깥에서 들려오는 모든 소음들이 의식이 되더라도 그것들에 마음을 빼앗기지 말고 자연스럽게 떠나가도록 놓아둡니다. 떠나가도록 놓아둔다는 말은 그 어떤 것에 대해서도 '관심'과 '주의'를 기울이지 않는다는 말입니다. 그런 다음 서서히 자신의 내면으로 돌아와 내면으로부터 떠오르는 모든 생각들, 즉 모든 상상력, 기억, 느낌, 계획, 성찰, 중대한 관심사 등을 떠나보내려고 애쓰지 말고 그것들이 그저 지나가도록 놓아둡니다.

이제 마음이 가라앉고 차분해졌으면, 자신이 선택한 거룩한 단어(예수능력. 예수치유. 예수 사랑. 예수 권세 등)를 아주 부드럽게 떠올리고, 그것을 호흡을 들이쉬고 내쉬면서 지속적으로 마음으로 암송합니다. 거룩한 단어를 정확하게 발음하거나 그 의미를 생각할 필요도 없습니다. 다만 하나님의 현존과 그분의 활동에 자신을 온전히 열어드리고 내어드리면서 시간을 보내겠다는 지향의 표현으로 거룩한 단어를 떠올립니다. 그 상태에서 아무것도 하지 말고 하나님의 현존 속에 그대로 머물러 있는 것입니다. 그러면 서서히 여러 가지 잡념들이 계속해서 떠오를 것입니다. 그러나 그 어떤 것도 억지로 몰아내려고 애쓰지 말고 그냥 놓아둡니다. 그러면 그것들은 자연스럽게 흘러가 버릴 것입니다.

그러나 초심자들은 계속해서 떠오르는 잡념에 대해 관심을 갖게 되고, 잡념에 사로잡혀 가게 됩니다. 이렇게 잡념에 **빠진** 것을 알아차리면, 즉시 아주 부드럽게 거룩한 단어로 돌아갑니다. 거룩한 단어로 돌아가라는 말은 그 단어를 의식 속에 떠올리거나 아니면 마음으로 천천히 암송하라는 의미입니다. 이것이 마음으로 예수님을 찾는 기도 중에 우리가 하는 유일한 활동입니다.

그 밖의 모든 것은 하나님께 맡겨드리고, 그분의 현존 속에 머무릅니다. 이렇게 20분간 기도한 다음, 알람이 울리면 바로 눈을 뜨지 말고 주님을 찾는 기도문을 아주 천천히 암송합니다. "예수님 사랑합니다." "예수님 도와주세요." 어느 정도 시간이 지나면 성령님께 감사기도를 드리고 기도를 마칩니다. 기도를 마쳤다고 기도를 멈추는 것이 아니고, 세상을 살아가면서도 계속 마음으로 예수님을 찾는 것입니다. 그리하여 항상 자신의 마음에 예수님의 임재를 유지합니다. 세상을 살면서도 세상에서 섭리하시는 예수님을 마음으로 느끼면서 살아가는 것입니다.

지금까지 살펴보았듯이 마음으로 예수님을 찾는 기도는 하나님과의 관계를 깊게 하는 기도로, 대화를 넘어 친교로, 능동적 기도에서 수동적이고 수용적인 기도로 옮아가게 합니다. 우리는 단지 하나님께서 현존하시는 골방(우리 내면의 깊은 곳, 마음)에서 온 마음으로 자신을 온전히 열어드리고 내어드리며 '제가 여기 있나이다.'하고 주님을 기다리면서 하나님 현존과 활동하심에 동의한다는 '원래의 지향'을 유지하는 것 이외에 아무것도 하지 않습니다. 그러나 우리는 아무것도 하지 않지만, 우리 안에 현존하시는 하나님께서는 엄청난 일을 하고 계신 것입니다.

바로 당신의 사랑으로, 영으로 우리를 영적으로 충전시켜 주시면서, 우리가 그분과 깊고 친밀한 관계를 맺는 데 방해가 되는 모든 장애물 들, 즉 우리 안에 있는 모든 상처와 아픔과 어둠을 정화시켜 우리를 변형시켜 주십니다. 지속적으로 해야 합니다. 지속적으로 하다가 보면 자신도 모르게 성품이 유순하게 변하는 것을 체험하게 됩니다.

다섯째, 마음으로 예수님을 찾는 깊은 영의기도간 나타나는 현상. 가장 많이 나타나는 증상들로부터 언급하면 이렇습니다.

1)몸이 이완됩니다. 근육이 풀리면서 나른해집니다. 주의할 점은 잠들지 않는 것이 좋습니다. 잠들면 그 다음으로 이어지는 성령님의 은혜를 인식할 수 없게 됩니다. 그러나 초기에는 깊이 잠드는 경우가 많습니다. 이는 육체를 치유하시는 은혜이므로 너무 아쉬워할 것까지는 없습니다. 다음에 다시 하면 됩니다. 우리의 몸으로 행한 죄의 찌꺼기를 배출하는 과정입니다. 우리 몸속에 있는 나쁜 영의 잔재들을 주님이 제거하시는 것입니다.

2)몸이 뜨겁거나 전류가 흐르는 것 같습니다. 깊은 호흡을 하면 10여분쯤 지나서 몸이 뜨거워지는 것을 느낍니다. 그리고 몸속으로 약한(처음에) 전류가 흐르는 듯합니다. 강하게 느껴지면 가만히 있을 수 없을 정도로 찌릿찌릿함을 느낍니다. 몸이 뜨거워짐으로써 우리 몸이 활동력을 얻게 됩니다. 영적인 능력이 임하게 되는 것입니다. 이 능력은 세상을 이기는 담대함과 마귀의 세력을 이길 수 있는 힘입니다.

3)몸이 무척 아픕니다. 근육에 통증이 옵니다. 심하면 도무지 견딜 수 없을 지경으로 온 몸에 통증이 와서 더 이상 호흡을 계속할 수 없습니다. 평소 몸이 아픈 곳이나 약한 부분이 아픕니다. 이는 치유의 과정입니다. 우리 몸의 약한 곳을 성령님이 치유하시는 것입니다. 치유는 성령님의 일입니다. 성령님이 임재하시면 우리의 몸이 병들었거나 약한 부분을 주님은 고치십니다. 너무 고통이 심

해서 견디기 어려우면 호흡을 중단하십시오. 그리고 다시 시작하십시오. 치유는 단번에 이루어지는 경우는 적습니다. 우리 몸은 서서히 치유되며 회복되는 것이기 때문에 너무 조급해 할 필요가 없습니다. 마음으로 예수님을 찾는 기도를 할 때마다 통증이 온다고 해서 중단하지 마십시오. 치유하는데 여러 달이 걸리는 경우도 있습니다. 치유사역자의 도움을 받으십시오. 사역자의 도움을 받아 상처를 배출해야 합니다.

4)몸속에 이물감을 느낍니다. 뱃속이 더부룩해지고 몸속에 벌레가 기어가는 것 같은 느낌을 받습니다. 마음으로 예수님을 찾는 기도 전에는 아무렇지도 않던 뱃속이 갑자기 더부룩하고, 소화가 안 되는 것 같은 느낌을 받는 것은 뱃속에 악한 영이 들어있기 때문입니다. 몸에 이물감을 느끼는 것도 그렇습니다. 성령의 강한 임재로 인하여 악한 영이 피할 곳을 찾아 돌아다니는 것입니다. 속된 표현으로 마귀의 집이라고 하는 것입니다. 우리 몸속에 들어온 악한 영이 자리를 잡고 눌러 앉으려고 만들어놓은 그들의 영역이 분쇄되는 것입니다. 머리가 심하게 어지러운 현상도 마찬가지입니다. 머릿속을 점유하고 있는 악한 영이 요동치는 것입니다. 이 악한 영이 견디지 못하고 떠날 때까지 계속하십시오. 악한 영이 몸에서 나가면 그러한 현상이 사라지고 평안해집니다. 그렇지 않고 계속 심하고 구토가 나고 정신이 혼미해지는 등의 현상이 계속되면 축귀가 필요합니다.

심한 경우는 악령의 음성이 들리는데 매우 위협적이어서 겁이

납니다. 호흡을 중단하십시오. 계속하면 죽여 버릴 거야, 라고 협박합니다. 그래서 무서워 더 이상 마음으로 예수님을 찾는 기도를 하지 못하고 두려움에 사로잡힙니다. 이런 경우 자기 축귀를 하십시오. 그런데도 잘 되지 않으면 능력 있는 축귀 사역자에게 도움을 구하십시오.

5) 서늘한 기운을 느낍니다. 서늘한 청량감이 온몸을 감쌉니다. 심하면 한기를 느낄 정도입니다. 여름인데도 온 몸이 서늘하고 만져보면 차가움을 느낍니다. 때로는 부분적으로 그러한 현상을 느끼기도 합니다. 악한 영이 드러나서 나타나는 증상입니다. 머리가 맑아지고 정신이 상쾌해집니다. 이는 몸이 정상으로 돌아왔음을 알려주는 것입니다.

6) 평안하고 몸이 가벼워집니다. 이 현상은 사실 가장 많이 느끼는 부분입니다. 그런데 왜 나중에 언급하였느냐면, 앞의 현상들을 경험한 뒤에 오는 현상이기 때문입니다. 우리의 몸의 병과 죄와 악령의 영향 등의 불순한 것들이 성령의 은혜로 치유된 후에 찾아오는 평안함입니다. 마음으로 예수님을 찾는 기도는 이 평안함이 계속 유지되어야 바람직한 것입니다. 성령으로 충만하고 주의 임재가 강할수록 평안하고 고요한 기분이 계속 됩니다. 주님의 위로하심이 임하는 것입니다.

그 밖에도 개인에 따라 독특한 증상들을 경험하게 되지만 그 모든 현상은 치유와 회복이라는 과정에서 나타나는 증상입니다. 그 내용이 무엇을 의미하는지 구체적으로 알 필요는 없습니다. 그것보다 더 중요한 것은 주님과 동행하는 것이기 때문입니다. 마음으로 예수님을 찾는 기도를 통해서 얻는 유익은 이루 헤아릴 수 없이 많습니다. 어떤 분들은 시작하는 그 날로 영안이 열리기도 하고 주의 음성을 듣기도 합니다. 이제까지 그토록 원하던 하나님의 임재가 이렇게 쉽게 이루어질 줄 몰랐다고들 고백합니다. 의지를 가지고 하다가 보면 자신도 깊은 경지에 들어가는 것을 몸으로 체험하여 알게 됩니다. 성령은 평안입니다. 성령이 심령을 장악하면 말로 표현 할 수 없는 평안이 올라옵니다.

여섯째, 기도하는 장소를 바르게 해야 한다. 필자가 어느 날 새벽에 기도하니까, 성령하나님께서 이렇게 감동하시는 것입니다. "왜 무당들이 유명한 산에 올라가 장구치고 북치고 하면서 기도하는지 알고 있느냐" 잠시 생각을 해보니까, 유명한 산에 역사하는 산신령을 접신 받으려고 유명한 산을 찾아 기도한다는 생각이 떠올랐습니다. 그래서 "산에 역사하는 산귀신을 접신 받으려고 산에 가서 기도하는 것입니다." 했더니 성령께서 "그렇다. 산에 역사하는 산신령을 접신 받으려고 산에 가서 기도하는 것이다." 말씀하시는 것입니다.

그러면서 목회자들이나 성도들에게 알려주어 기도 장소의 개념을 바르게 알고 기도하도록 하라고 말씀하셨습니다. 크리스천은 기도는 하나님이 계시는 자신 안에 마음 성전에 집중하여 기도하게 하라는 것입니다. 기도는 자신 안에 계신 하나님께 기도하시기를 바랍니다. 우리 성도들의 의식이 기도하려면 "기도원가야 한다.

산에 가야한다. 교회에 가야한다." 로 고정되어 있기 때문에 자신의 심령 안에 관심이 두지 않습니다. 자신의 마음 안에 관심을 두지 않기 때문에 예수를 믿으면서도 변화되지 못하는 것입니다. 그렇다고 교회나 기도원에 가서 기도하지 말라는 말로 이해하면 안됩니다. 교회에 가서 기도에 대하여 바르게 배우고 바르게해야 합니다. 교회에 가서 성령으로 세례도 받아야 합니다. 필자는 자신 안에 계신 하나님께 관심을 가지고 기도하라는 것입니다.

기도는 자신 안에 계신 하나님께 기도하여 자신이 하나님의 입장이 되어 하나님의 길을 제대로 따라가고 있는지, 바르게 가고 있는지, 돌아가고 있는지를 보는 것입니다. 그리고 자신 앞에 있는 문제를 하나님께 기도하여 하나님의 해결 방법을 알아내는 것입니다. 그리고 알려주신 해결방법대로 순종하기 위해서 기도하는 것입니다. 기도는 하나님께 무엇을 얻어내려고 하는 것이 절대로 아닙니다. 자신의 상처를 치유하고, 성령으로 충만하며, 하나님과 대화하기 위하여 기도하는 것입니다. 지친 영혼의 쉼을 얻기 위하여 기도하는 것입니다. 기도는 영-혼-육이 쉼을 얻는 시간이라고 생각하며 성령으로 해야 합니다. 이 중요한 기도가 잘못되면 먼저 영혼이 만족을 누리지 못하는 것입니다. 다음은 혼이 만족을 누리지 못하니 정신이 안정되지 못하고 산란한 것입니다. 더 진전이 되면 육체의 질병으로 발생합니다. 따라서 예수를 믿으면서도 세상 사람들과 똑 같은 영육간의 고통을 당하고 사는 것입니다.

세상 한의학에서는 몸에 독이 싸여있다고 합니다. 사람의 몸에 독이 싸이는 원인 제공자는 스트레스, 환경의 영향, 음식이라고 합니다. 독소가 증상별로 1단계부터 6단계까지 나눠집니다. 독소의 1~2단계에서 주로 느끼는 것이 만성피로와 어깨 결림입니다. 아마 현대인이라면 다 있을 것입니다. 해독이 필요한 가장 초기단계의 증상입니다. 독소 1~2단계를 방치해서 3~4단계로 진행되면 몸이 붓듯이 살이 찝니다. 물만 먹어도 자꾸 살이 찝니다. 그리고 배설, 소화가 잘 안 됩니다. 비오는 날에 몸이 쑤시고 아픕니다. 5~6단계의 경우 중증질환이 되는 경우가 많은데 5단계 이상에서는 각종 검사 수치상에도 이상이 나타납니다. 제일 애매한 분들이 4단계 환자들이라고 합니다. 자신이 자각적으로 느끼는 통증이나 불편은 대단히 많은데 병원에 가면 이상이 없다고 하고 일반 병원이나 한의원에 가도 부분적인 통증치료나 증상완화 치료만 받는 경우가 많습니다. 세상에서 근본적인 해독을 통해서 몸이 좀 더 한 단계 업그레이드되는 방법을 찾기가 대단히 쉽지 않습니다.

　우리는 예수를 믿음으로 치유받기가 쉽습니다. 먼저 성령으로 세례를 받아야 합니다. 성령으로 세례 받고 잠재의식에 형성된 독소를 치유하는 것입니다. 마음의 상처를 치유해야 합니다. 내적인 상처를 치유하는데 이성적인 치유가 아니라 영적인 치유를 받아야 합니다. 내적치유도 기도가 바르게 되어야 성령으로 충만 되어 상처가 치유되는 것입니다. 상처는 전적으로 성령으로 되는 것입니다. 기도는 자신 안에 계신 하나님께 아무 곳에서나 해야 합니다.

25장 예수님과 동행하는 기도하는 비결

엡6:18~19) "모든 기도와 간구를 하되 항상 성령 안에서 기도하고 이를 위하여 깨어 구하기를 항상 힘쓰며 여러 성도를 위하여 구하라. 또 나를 위하여 구할 것은 내게 말씀을 주사 나로 입을 열어 복음의 비밀을 담대히 알리게 하옵소서 할 것이니,"

세상에서 예수님을 누리려면 항상 예수님이 동행하신다는 믿음의 습관이 중요합니다. 성령으로 기도할 때 예수님과 통행할 수가 있습니다. 예수님과 동행하며 기도할 때 예수님을 누릴 수가 있습니다. 예수님과 동행하며 성령으로 기도하는 것은 예수님과 동행하는 삶에서 가장 중요합니다. 동행하며 성령으로 기도 함으로 얻는 것은 잔잔한 기쁨과 평안입니다. 그리고 하나님의 레마를 듣는 것입니다. 동행하며 기도할 때 성령의 권능이 나타난다는 것입니다. 필자는 15년 이상을 생명의 말씀과 성령으로 개인치유를 했습니다. 치유를 하면서 느낀 것은 우리 성도들의 삶이 영적이지 못하다는 것입니다. 세상에서 살아갈 때에 불신자와 동일하게 세상에 빠져서 살아가는 것입니다. 자연스럽게 이런 크리스천의 생활에는 세상에서 들어오는 생각이나 악취를 내뿜는 쓰레기가 있습니다. 이를 그대로 두면 성도 안에서 집을 짓는다는 것입니다.

하지만 우리는 그게 무엇인지 알지 못하는 경우가 많습니다. 안다고 하더라도 영적인 조치를 하지 못합니다. 즉 방안에 냄새가 나면 문을 열어두어 냄새가 빠져나가기를 바라는 것과 같은 형식적인 조치를 합니다. 이런 형식적인 조치로는 세상에서 들어온 생각이나 악취가 나가지를 않습니다. 몸에 냄새가 나면 임시방편으로 향수를 뿌려 없애려고 하지만, 근본원인을 제거하지 못한다면 무용지물일 것입니다. 근본원인을 제거하는 적극적인 방법이 예수님과 동행하며 성령으로 기도하는 것입니다. 성령으로 기도할 때 성령이 마음에 충만하게 됨으로 세상에서 들어온 생각이나 악취가 정화되는 것입니다. 크리스천의 삶에서 예수님과 동행하며 성령의 기도는 참으로 중요합니다.

모든 크리스천의 삶에서 행복을 채우는 주요한 공급원이 무엇일까를 먼저 알아야 합니다. 공급원은 성령입니다. 성령으로 기도할 때 잔잔한 기쁨과 평안이 심령에서 올라오는 것입니다. 성령이 충만하여 심령에서 평안이 올라오는 것은 예수님과 친밀하게 교제하는 삶을 살고 있다는 증거입니다. 예수님과 동해하며 성령으로 깊고 친밀한 기도 덕분에 심령에서 평안이 올라오는 것입니다.

아직도 크리스천의 삶 현장에서 예수님과 함께 하는 잔잔한 기쁨과 평안을 누리시지 못하고 계십니까? 이는 예수님과의 깊고 친밀한 기도습관을 들이지 못해서 일어나는 것입니다. 성령으로 동행하며 기도해보십시오. 그러면 심령에서 올라오는 잔잔한 기쁨과 평안을 누리실 수 있습니다. 자신의 안에서 평안이 올라온다는 것도 느끼고 믿을 수가 있습니다. 안타깝게도 우리 주변에 영적인 기도습관을 들이려고 해도 못하겠다고 항변하는 분들이 적지 않습니다. 그 주된 이유가 기도를 방해하는 쓰레기를 치우지 않은 채 기도를 시도하기 때문입니다. 쓰레기를 치우지 않으니 오래 지속하시지 못하고 중도에 포기하게 된다는 사실입니다. 성령으로 기도를 방해하는 쓰레기를 치우지 못하기 때문입니다.

즉 기도를 방해하는 쓰레기를 버려야 합니다. 기도를 방해하는 쓰레기를 버리는 방법은 성령의 역사가 자신의 안에서 밖으로 나타나게 하는 것입니다. 자신의 배꼽아래 15센티에 의식을 두고 코로 숨을 들이쉬고 내쉬면서 주여! 코로 숨을 들이쉬고 내쉬면서 주여! 를 지속적으로 하다가 보면 자신 안에 역사하는 성령의 권능으로 영의 통로가 뚫리게 됩니다. 영의 통로가 뚫리면 일상의 삶에서 쉬지 않고 마음으로 예수님을 찾으면서 성령님이 내주(內住)하시기를 기도하는 영적 습관을 들이는 것입니다. 무의식적으로 자신 안에 계신 예수님을 찾는 것입니다. 예수님과 동행하며 성령으로 기도하는 경지에 이르는 것은 훈련입니다. 평소 삶이 예수님을 찾는 것이 되어야 가능합니다. 어렵다고 생각할 수도 있지만 조금만 관심을 가지도 숙달이 되어 습관적으로 예수님과 동행하며 성령으로 기도하게 될 것입니다.

첫째, 마음으로 예수님을 찾는 기도를 하라는 것. 기도를 쉬지 않고, 시간과 장소에 관계없이, 기도하는 습관을 기르라는 것입니다. 예수님만 찾으면 자동적으로 성령님이 오셔서 좌정하고 계심을 느낄 수 있습니다. 성령의 임재가 깊어지려면 묵상으로 찬송하며 기도하는 습관을 기르는 길입니다. 늘 운동을 하면서도, 길을 걷거나 운전을 하면서도, 마음으로 예수님을 찾는 기도를 하여 습관이 되게 해야 합니다.

그래야 예수님과 동행하며 성령으로 기도하여 예수님을 누릴 수가 있는 것입니다. 그러므로 예수님이 내 안에 임재를 느끼지 못하도록 하는 특정 장소나 시간에 만 기도해야 한다는 쓰레기와 인간적인 생각은 빨리 버려야 한다는 것입니다. 기도를 보이는 교회에 가서 해야만 된다는 자아의식을 버려야 합니다. 기도는 항상 해야 합니다. 우리 삶의 현장에서 항상 찬송과 기도하는 습관을 들이지 못했다면 평안한 삶은 꿈도 꾸지 말아야한다는 사실입니다. 성령이 충만해야 진정한 평안이 자신의 마음 안에서 올라오기 때문입니다.

두 번째, 동행하며 기도하며 나쁜 쓰레기를 정리하라. 나쁜 쓰레기는 성령 충만함 없이 기도하는 버릇입니다. 평소에 예수님과 늘 교제하는 습관이 아닌 분이 기도를 시작하기 무섭게 하나님으로부터 얻고자하는 목록을 속사포처럼 쏘아대는 사람이 적지 않습니다. 저는 이런 기도를 해대는 기도라고 합니다. 이는 기도에 응답할 사람을 전혀 의식하지 않는 나쁜 기도 습관입니다. 아무리 끈질기게, 아무리 강력하게, 아무리 대중이 다 듣는 큰 소리로, 아무리 통성기도로 요청한다 할지라도, 영이신 하나님이 전혀 줄 생각이 없다면 무용지물일 것입니다.

성경에서 보면 "능력 있는 기도의 비결은, 성령 안에서 깨어 기도하라"고 요청하고 있습니다. 성령이 내주하는 상태에서 기도하는 습관이 절대적으로 필요하다는 명령입니다. 하나님이 영이시기 때문에 성령으로 기도하지 않으면 하나님의 역사가 일어나지 않는 것은 당연한 것입니다. 성령의 역사가 일어나야 성령으로 심령이 정화되어 평안이 심령에서 올라오는 것입니다. 이는 성령이 충만한 상태가 아니라면 기도는 아무런 소용이 없다는 말씀입니다.

성령 충만한 상태가 되면 기도가 자신의 의지로 하는 기도가 아니라, 자연스럽게 성령이 인도하시는 기도가 되는 덕분을 얻게 됩니다. 성령이 인도하시는 기도가 될 때 하나님의 응답도 받을 수가 있고 심령에서 성령으로부터 편안이 올라오는 것입니다. 아직도 이런 기도를 경험하지 못하셨다면 지금이라도 기도목록을 작성하여 간구하는 기도를 하기 전에 성령이 내주하심을 간절히 요청해서 성령의 역사가 자신을 장악하게 하는 기도 방법을 찾아야 할 것입니다. 그래서 성령이 내주하시도록 마음으로 기도하는 습관을 갖자는 겁니다. 즉 예수님과 동행하는 습관을 말입니다.

세 번째, 나쁜 쓰레기를 치우도록 치유기도를 하는 것이다. 성령의 임재가운데 깊은 기도를 하게 되면 성령의 역사로 나쁜 쓰레기들이 배출이 됩니다. 이는 언제 어디서나 쉼 없는 기도가 가능할 때 자연스럽게 성령으로 일어나는 현상입니다. 마음에 평안과 권능은 자신의 심령의 상처가 떠나가면 갈수록 강하게 나타납니다. 행복한 삶을 위해서 특정한 목적이나 시기에 필요하도록 언제 어디서나 깊게 몰입하는 마음의 기도에 대한 신비한 방법을 스스로 체득해야 한다는 사실입니다.

이제 기도를 방해하는 모든 나쁜 쓰레기 행위를 내다버려야 사실입니다. 삶의 현장에서 쉬지 않고 동행하는 마음으로 기도하는 습관을 드리려면 마음의 기도를 방해하는 모든 세상의 즐거움을 포기해야 한다는 사실입니다. 쉬지 않는 기도를 통해 하나님으로 공급되는 삶의 평안과 기쁨을 얻든지, 아니면 세상이 주는 쾌락을 얻든지, 둘 중에 하나를 선택해야 한다는 사실입니다. 많은 크리스천들은 두 가지를 얻으려 하기에 하나님이 주시는 선물을 얻어 누리지 못하고 있는 것입니다. 놀라운 영적 능력을 얻는, 성령 충만을 유지하는, 동행하며 마음으로 기도하는 습관을 들이려면 의지를 가지고 훈련해야 합니다. 꼭 목표에 도달하고 말겠다는 관심이 중요합니다.

즉 쉬지 않고 기도하라는 뜻은 기도의 빈도나 강도를 말하는 것이 아니라, 항상 자신 안에 임재 하여 계신 예수님을 찾으라는 것입니다. 예수님을 세상에서 누리려면 항상 성령 충만한 상태를 유지하는 기도의 방법을 스스로 체득해야 한다는 것 입니다. 항상 성령 충만한 마음의 기도가 아니고는 세상에서 예수님을 누릴 수가 없습니다. 예수님은 영이시고, 말이 아니고 살아계시는 실존이기 때문입니다. 항상 그분과 통해야 세상에서 예수님을 누릴 수가 있는 것입니다.

항상 마음으로 하는 동행하며 하는 기도를 숙달하면 참으로 좋습니다. 살아계신 성령님을 날마다 체험할 수가 있습니다. 그런데 수많은 크리스천들이 기도를 방해하는 삶의 쓰레기를 치우지 않고 기도를 시도하기 때문에 성경에서 약속한 기도의 능력을 얻지 못하고 있습니다. 크리스천이면 모두가 삶의 경지에서 늘 성령 충만할 수 있는 방법이 있는데도 다만 소수의 사람들이 그런 영적 경지에 도달하고 있다는 사실입니다. 마음으로 기도하여 예수님과 동행하며 잔잔한 기쁨과 평안함을 맞보기 위해서는 늘 성령의 충만한 상태가 되어야합니다.

이렇게 깊은 경기에 이르는 생활을 하려면 기도를 방해하는 쓰레기 뿐 만아니라, 나의 자존심까지 버려야 가능합니다. 온전히 예수님과 동행하시기 위해, 성령 충만한 경지에 이르기 위해, 예수님과 대화에 몰입하기 위해, 감히 예수님 이름으로 기도드리기 위해, 예수님을 세상에서 누리기 위해서…. TV시청이나 인터넷 게임, 틈만 나면 스마트폰 쳐다보기, 시도 때도 없이 전화로 친구와 수다

떨기, 목적 없이 친구들을 만나거나 무분별한 쇼핑, 게으름, 세상에 취함, 낚시나 바둑, 영화보기, 과도하게 시간을 빼앗는 취미나 쾌락을 얻는 행위들을 포기해야 한다는 것을 알려 드립니다. 의지적인 노력이 필요하다는 것입니다.

넷째, 성령으로 기도하라는 것. 부모가 어린자녀든 장성한 자녀든 자녀를 위해서 밤낮 기도하듯이 성령께서 우리에게 오셔서 나는 의식도 하지 못하는데, 나는 느끼지도 못하는 사이에 나를 위하여 말할 수 없는 탄식으로, 그 많으신 성령의 사랑의 생각을 갖고서, 하나님의 뜻에서 합치된 방향으로 나를 위하여 기도하고 계시는데 내가 그것을 깨닫고 성령의 인도를 따라 기도하는 것이 바로 성령 안에서 기도하는 것입니다.

그것이 그토록 중요한 이유는 우리가 성령 안에서 기도하게 되면, 우리가 중언부언 하는 기도는 하지 못하죠. 여전히 우리는 내 짧은 욕심이 들러붙은 그런 마음의 손을 가지고 기도를 하는데, 우리가 점차적으로 성령 안에서 변화를 받게 되면, 우리가 마음속에 품게 되는 소원과 우리가 하나님께 아뢰는 기도의 제목들이 하나님의 뜻에 합치되는 방향으로 내 그 기도가 바뀐다는 것입니다. "이와 같이 성령도 우리의 연약함을 도우시나니 우리는 마땅히 기도할 바를 알지 못하나 오직 성령이 말할 수 없는 탄식으로 우리를 위하여 친히 간구하시느니라." 우리의 기도가 성령 안에서 드려지게 되면 우리가 간구하는 것이 하나님의 뜻에 맞게 되니까 하나님께서 하나님의 뜻을 이루어주시지 않겠습니까?

로마서 8장 28절에 보면 "우리가 알거니와 하나님을 사랑하는 자 곧 그 뜻대로 부르심을 입은 자들에게는 모든 것이 합력하여 선을 이루느니라."하셨습니다. 우리 기도가 성령 안에서 드려지는 기도, 우리의 뜻이 하나님의 뜻에 합치되는 방향으로 변화 받게 되면, 우리가 기도하는 바를 하나님이 응답해 주실 뿐만 아니라, 우리에게 둘러싼 삶의 환경을 하나님께서 절대주관 가운데 품으시고, 붙드시고, 변경하시고, 조정하셔서 모든 것들을 합력하여 선을 이루게 해 주신다는 겁니다.

그러니까 로마서 8장 28절에 '성도의 모든 것을 합력하여 선을 이루신다'는 구절은, 문맥상 26절과 연결해서 해석할 때, 성령 안에서 기도하는 성도에게, 모든 것이 합력해서 선이 이루어진다는 뜻입니다. 즉 28절의 '성도의 모든 것이 합력해서 선을 이루는'은 총은 26절의 성령 안에서 기도하며 살아가는 자에게 주어지는 축복입니다. 시편 37편 4절 말씀에도 '또 여호와를 기뻐하라. 저가 내 마음의 소원을 이루어 주시리로다.'라고 하셨습니다.

우리 기도가 성령 안에서 기도하는 것으로 점차로 바뀌어서 우리가 성령 안에서 하나님을 기뻐하며 살아가게 될 때, 성령님께서 우리 마음속 안에 있는 모든 소원들을 아시고 헤아리시고 살피셔서, 우리로 하여금 하나님께 기도드려서 그 소원들을 다 이루게 해

주시기 때문에 성령 안에서 기도하는 것이 그토록 중요합니다.

다섯째, 성령으로 무시로 기도하는 방법이다. 기도에 대하여 바르게 알아야 합니다. 기도는 항상 하나님께 집중하는 것입니다. 하나님께 물어보는 것입니다. 자녀들이 항상 하나님과 대화하는 자녀가 되도록 해야 합니다. 기도를 너무나 어렵게 생각하지 말도록 알려주어야 합니다. 많은 자녀들이 기도하면 생각하여 유창한 말로 하는 것으로 알고 있기 때문에 기도를 멀리하는 것입니다.

기도는 하나님과 대화하는 것입니다. "하나님 어떻게 할까요? 하나님 도와주세요? 하나님 저와 동행하여 주세요. 하나님 사랑 합니다. 하나님 저에게 강하고 담대함을 주세요" 간절한 마음으로 하나님과 대화하는 것입니다. "하나님 이번 중간시험을 보는데 도와주세요. 어디를 가는데 인도하여 주세요. 친구들과 여행을 가는데 동행하여 주세요. 하나님 제가 어떤 꿈을 가져야 하는 지 깨닫게 해주세요. 하나님 이일을 어떻게 해야 하는지 깨닫게 해주세요" 이것이 하나님께 상달되는 기도인 것입니다.

많은 분들이 문제가 있으면 무조건 기도하면 문제가 풀어지는 줄로 알고 있습니다. 그래서 무조건 기도하라고 합니다. 그렇지 않습니다. 기도는 하나님의 음성을 듣는 것입니다. 문제의 원인에 대하여 하나님께 질문하여 하나님께서 알려주시는 것을 순종해야 문제가 풀어지는 것입니다. 이는 신약과 구약 성경에 무수하게 기록

이 되어있습니다. 반드시 하나님께 질문하여 하나님께서 알려주시는 것을 순종해야 성령님의 역사가 일어나는 것입니다. 무조건 기도하면 하나님께서 문제를 풀어주시는 것이 절대로 아닙니다. 기도하면 하나님께서 문제를 풀어준다는 생각은 샤머니즘의 신앙의 잔재입니다. 하나님께서 알려주신 대로 순종할 때 문제가 풀어지는 것입니다. 반드시 하나님께서 알려주시는 것을 해결하면서 기도해야 합니다.

예를 든다면 회개라든가, 용서라든가, 하나님께서 알려주시는 레마를 받아 순종하며 기도해야 문제가 풀어지는 것입니다. 막연하게 문제를 해결하여 주시옵소서. 하며 기도하면 문제가 해결되지 않습니다. 반드시 하나님에 알려주시는 해결 방법을 적용하여 해결하면서 기도해야 문제가 풀어지는 것입니다.

성도들이 바르게 알아야 할 것은 자신이 당하는 문제는 하나님의 문제라는 것을 믿어야 합니다. 그래서 자신에게 일어나는 문제는 하나님이 해결해야 합니다. 왜냐하면 자신은 예수를 믿을 때 죽었습니다. 다시 예수로 태어났습니다. 지금 예수 인생을 사는 것입니다.

그렇기 때문에 성령으로 기도하여 영의 상태가 되면 하나님께 해결 방법을 질문하여 응답받은 대로 조치를 해야 문제가 해결되는 것입니다. 그렇기 때문에 문제를 해결하려면 기도하지 않으면 안 되는 것입니다. 성령으로 기도하여 영의 상태가 되어야 내적인 상처도 치유되고, 귀신도 떠나가고, 병도 고쳐지고, 문제도 해결되고, 하나님의 음성도 들을 수가 있는 것입니다. 성령으로 기도하는 것은 성령의 임재가운데 성령 안에서 기도하는 것을 말합니다. 마음으로 기도하여 마음의 문이 열려야 영으로 기도하게 되는 것입니다. 자꾸 하나님께 물어보면 마음이 열립니다.

영으로 기도하는 것이 성령으로 기도하는 것입니다. 그렇기 때문에 먼저 마음의 기도로 마음의 문을 열어야 영으로 기도할 수가 있는 것입니다. 성령으로 기도하는 비결은 이렇습니다. 숨을 들이 쉬고 내 쉬면서 주여! 숨을 들이 쉬고 내 쉬면서 주여! 숨을 들이 쉬고 내 쉬면서 주여! 자연스럽게 주여! 주여! 를 하면 되는 것입니다.

방언으로 기도할 줄 아는 분들은 호흡을 들이쉬고 내쉬면서 방언기도하고, 호흡을 들이쉬고 내쉬면서 방언기도를 합니다. 즉 내면의 활동이 강화되어 자신의 마음속 영 안에 계신 성령이 밖으로 나오시게 해야 합니다. 코로는 바람을 들이쉬고 배꼽 아랫배로 호흡을 하는 것입니다. 호흡을 들이쉬고 내쉬면서 주여! 주여! 주여! 하다가 성령께서 감동을 주시는 것이 있습니다.

예를 든다면 "부모를 위하여 기도하라!" 하실 수도 있습니다. 그러면 부모를 위하여 기도하는 것입니다. 부모에게 문제가 있는 것도 할 수가 있습니다. 부모에게 바라는 것이 있으면 그것을 기도해도 좋습니다. 기도를 마치고 다시 주여! 주여! 주여! 하면서 기도를 합니다. 다시 성령께서 너의 장래문제를 기도하라고 하실 수도 있습니다. 장래문제를 기도합니다. 무슨 일을 해야 할 것인지 하나님에게 질문하며 기도합니다. 기도를 마치고 다시 주여! 주여! 주여! 하면서 기도를 합니다. 다시 성령께서 너의 배우자를 위하여 기도하라 하실 수도 있습니다. 그러면 바라는 배우자 상을 가지고 기도합니다.

자신에게 영육간에 문제가 일어나는 것이 있다면 원인을 알려달라고 기도합니다. 성령께서 감동하시기를 죄악으로 인한 것이라면 회개를 합니다. 회개하고 죄악을 타고 들어온 귀신을 축귀합니다. "예수 이름으로 명하노니 선조들의 죄를 따라 들어와 고통을 주는 귀신아 물러가라" 소리는 크지 않아도 됩니다. 성령이 충만한 상태이므로 귀신들이 잘 떠나갑니다. 다시 다른 기도를 위하여 주여! 주여! 주여! 하면서 기도를 합니다.

그러면 성령께서 다시 감동을 합니다. 너의 건강을 위하여 기도하라! 그러면 자신의 건강을 위하여 기도합니다. 기도하면서 하나님에게 질문을 합니다. 하나님! 저의 어느 부분이 문제가 있습니까? 하면서 기도하여 조치를 취하면 됩니다. 무엇을 결정해야 할 경우는 어느 정도 기도하여 성령으로 충만한 상태가 되면 지속적으로 문의 하는 것입니다. 이것을 어떻게 해야 합니까? 이것을 어떻게 해야 합니까? 이것을 어떻게 해야 합니까? 지속적으로 질문을 하면 문득 떠오르는 생각이 있습니다. 이것이 하나님의 방법입니다. 이것을 해결하면 치유가 되는 것입니다. 이것이 성령으로 기도하는 것입니다. 어려울 것이 없습니다.

자신의 생각이나 욕심을 내려놓고 순수하게 성령을 따라 기도하는 것입니다. 보통 성도님들이 하시는 말씀대로 기도분량이 채워지니까 성령께서 알려주신 것입니다. 기도분량이 채워졌다는 것은 성령님이 역사하실 수 있는 영적인 상태가 되었다는 것입니다. 절대로 성령은 육의 상태에서 응답을 주시지 못합니다.

반드시 성령으로 충만한 영의 상태가 되어야 레마를 들려주십니다. 그러므로 영의 상태가 되도록 성령으로 깊은 영의기도를 해야 합니다. 영의 상태에서 하나하나 감동이나 음성으로 알려주시는 것입니다. 기도의 성공요소는 영의 상태에 들어가는 것입니다. 영의상태에서 성령님과 교통할 수가 있기 때문입니다. 쉽게 말해서 기도는 영이신 하나님과 대화입니다. 하나님과 대화를 잘하도록 자녀들을 훈련해야 합니다. 하나님과 대화를 잘하려면 하나님께 지속적으로 물어보는 것입니다. 하나님 어떻게 할까요? 이일을 어떻게 해결해야 할까요? 하나님! 제가 왜 이렇게 두렵습니까? 하나님! 저에게 이런 문제가 있습니다. 어떻게 해야 할까요? 자꾸 하나님을 찾으면서 물어보는 것입니다. 기도를 요약하면 "하나님께 물어보는 것이다." "하나님의 마음으로 자신을 바라보는 것이다." 라고 대답할 수 있습니다.

26장 자신을 치유하는 기도하는 비결

(사61:1-3)"주 여호와의 영이 내게 내리셨으니 이는 여호와께서 내게 기름을 부으사 가난한 자에게 아름다운 소식을 전하게 하려 하심이라 나를 보내사 마음이 상한 자를 고치며 포로된 자에게 자유를, 갇힌 자에게 놓임을 선포하며, 여호와의 은혜의 해와 우리 하나님의 보복의 날을 선포하여 모든 슬픈 자를 위로하되 무릇 시온에서 슬퍼하는 자에게 화관을 주어 그 재를 대신하며 기쁨의 기름으로 그 슬픔을 대신하며 찬송의 옷으로 그 근심을 대신하시고 그들이 의의 나무 곧 여호와께서 심으신 그 영광을 나타낼 자라 일컬음을 받게 하려 하심이라"

성령으로 깊은 영의기도를 하여 참 평안을 누리려면 성령의 임재 가운데 마음을 통회하며 내적치유를 해야 합니다. 성령으로 능력기도하며 내적인 상처를 치유해야 하나님의 평안이 심령에서 올라오게 됩니다. 많은 분들이 내적치유하면 질병이 있어야 받는 것으로 알고 있습니다. 우리가 바르게 알아야 할 것은 내적치유는 에덴동산에서의 영성을 회복하는 적극적인 방법입니다. 에덴동산에서는 죄가 없었기 때문에 하나님과 동행하며 대화를 했습니다. 아담이 죄를 짓자 하나님과의 관계가 끊어지고 에덴동산에서 쫓겨나게 된 것입니다. 죄로 인하여 하나님과의 교통이 끊어진 것입니다. 사랑이 많으신 하나님은 예수님을 우리에게 보내주셔서 십자가에서 죽으심으로 믿는 우리의 죄를 사해주셨습니다.

예수를 믿음으로 원죄가 사해져서 하나님과 교통할 수가 있게 된 것입니다. 예수를 믿는 우리는 말씀과 성령으로 내면의 상처를 치유함으로 영성을 회복하여 주님과 동행하며 살아가야 합니다. 마음의 상처는 주님과 영의 통로를 열고 교통하며 살아가는데 큰 방해물이 됩니다. 또, 상처는 자신의 건강에도 좋지 못한 영향을 미칩니다. 우리는 깊은 영성을 유지하고 강건하게 살아가기 위하여 의지를 가지고 상처를 치유해야 합니다. 마음을 통회하며 성령으로 내면의 상처를 치유 받으려면 대략 이런 순서로 진행을 합니다.

첫째, 성령의 임재를 느끼고 받아드리라. 기도를 통하여 스스로 내적치유를 하려면 먼저 성령의 임재와 불의 역사가 강한 곳에 가셔서 성령을 체험해야 합니다. 스스로 상처를 치유하여 뿌리를 뽑으려면 먼저 성령의 세례를 받아야 한다는 말입니다. 성령의 세례를 쉽게 체험하려면 저의 저서 "성령의 불로 불세례 받는 법" "성령의 불로 충만 받는 법" "불같은 성령의 기름부으심"을 참고하시기를 바랍니다. 성령을 체험하였으면 이제 성령으로 능력 기도하여 깊은 경지에 들어갈 수가 있어야 합니다. 영상기도를 할 줄을 알아야 한다는 것입니다. 영상기도란 상처를 받는 실제 상황을 영상으로 보면서 하는 기도를 말합니다. 영상으로 상처를 받는 자신의 모습을 보면서 상처받을 때 느끼는 감정을 하나님에게 드리면서 치유하는 것을 말합니다.

그래서 스스로 기도를 통한 내적치유는 성령의 임재가 중요합니다. 성령께서 무의식에 들어있는 상처를 알게 하고, 느끼게 하고, 보게 하기 때문입니다. 따라서 성령의 깊은 임재를 받고, 느껴야 합니다. 이를 위하여 자신이 성령의 임재가 되면 자신에게 어떤 현상이 나타나는지 체험하고 유지를 하려고 해야 합니다. 성령은 살아있는 역사이기 때문에 반드시 자신을 장악하면 무슨 현상이 나타난다는 것입니다. 절대로 성령이 임재 되었다고 말로 하는 것이 아니고, 실제로 살아서 역사하는 성령의 임재를 느끼고 체험해야 합니다.

대략적으로 성령의 임재로 일어나는 현상은 이렇습니다. 성령이 임재해서 성도를 장악하면 뜨거움을 체험합니다. 뜨거움은 성령의 임재를 상징하기 때문입니다. 성령님이 전인격을 장악하시면 쓰러지는 현상이 나타날 때가 많습니다. 이는 성령 안에서 육신의 이성적 기능이 잠깐 동안 멈추는 현상입니다. 그래서 성령의 이끌림에 의한 깊은 임재(입신)에 들어가서 여러 가지 신비한 것들을 체험하는 분들도 많습니다. 환상을 보고 예수님을 만나서 말로 표현 할 수 없는 이야기를 듣기도 합니다. 어떤 경우에는 하나님을 찬송하기를 몇 시간이나 쉬지 않고 계속하는 현상이 나타나기도 합니다. 어느 분은 잠을 자다가도 찬양을 했다는 간증을 하기도 합니다. 성령의 임재로 방언이 터지기도 합니다. 많은 분들이 방언통역의 은사가 같이 임하기도 합니다. 성령이 임재 하여 역사하기 시작하면 여러 가지 이해 할 수 없는 현상이 우리 교회 집회 때에 일어납니다. 손발을 움 추리면서 게발 처럼 되거나 얼굴을 찌푸리며 몸이 경직되는 현상이 나타납니다. 이는 특정한 죄를 해결하게 되는 경우입니다. 몸이 뒤틀리거나, 호흡이 가빠지거나 빨라지기도 합니다. 슬픔이 솟구치며 울음이 터집니다. 가슴을 찌르는 아픔, 위장이나 아랫배 부근에서 뭉치가 움직이고, 큰소리가 터지고, 가슴이 답답해지고 기침을 합니다. 하품이나 트림이 나오고, 심한 구토현상, 멀미하는 것처럼 속이 울렁거리며 토할 것 같은 현상이 일어나기도 합니다. 몸 안에서 무엇인가 빠져나가는 느낌이 생깁니다. 이는 귀신이 떠나가는 경우와 상처가 치유되는 현상이기도 합니다.

때로는 사람들에게 마음과 몸이 술에 취했을 때와 같이 몸이 흔들리는 현상이 일어나기도 합니다. 그래서 의자에 앉아 있지 못하고 의자에서 내려와 드러눕기도 합니다. 이런 술 취함을 체험한 후에 몸이 가벼워져서 걸음걸이가 비틀거리며 말까지 더듬게 되는 경우도 있습니다. 그리고 말로 표현할 수 없는 환희를 체험했다고 간증하기도 합니다.

지금까지 설명한 것은 분명하게 나타나는 현상이지만 그런데 미세하게 나타나는 현상도 있습니다. 그래서 우리가 성령께서 임하심을 영으로 깨닫지 못한 채 지나치게 되는 경우도 있습니다. 즉 몸이나, 눈까풀의 미세한 떨림, 깊은 호흡, 약간의 땀 흘림, 가슴이 울렁거리는 증상이 있습니다. 커피를 많이 마신 것과 같은 현상이 나타납니다. 때로는 가슴이 짓눌리는 것 같은 기분이 들거나 공기가 답답하게 느껴지기도 합니다.

많은 분들이 이러한 형상을 느꼈다고 성령을 체험했다고 나름대로 단정하고 계시는 분들이 있다는 것입니다. 반드시 밖으로 축출하는 체험을 해야 된다는 것을 아시기를 바랍니다. 그런데 더 큰 문제는 많은 분들이 이런 현상이 나타나면 두려워하거나 자리를 이탈하려고 합니다. 그러나 참고 인내해야 성령의 세례를 체험하고 성령으로 자신의 심령이 장악을 당할 수가 있습니다. 만약에 성령이 역사하여 자신을 사로잡을 때 두려움을 견디지 못하고 성령의 역사를 거부하고 자리를 이탈하면 성령의 역사를 훼방하는 행동이 될 수도 있습니다. 자신이 기도하며 스스로 내적치유를 하시려면 반드시 불같은 성령으로 세례를 체험해야 합니다.

둘째, 성령의 이끌림을 받아라. 기도를 통해서 스스로 내적치유를 하려면 성령의 이끌림으로 상처 안으로 들어가야 합니다. 그러므로 상처 받는 자신의 모습을 정확하게 보기 위해 성령의 이끌림을 받아야 합니다. 자신은 상처를 모를 수 있습니다. 그러나 성령님은 정확하게 알고 계십니다. 그러므로 자신의 의지를 내려놓고 성령의 이끌림을 따라 사건 현장 속으로 들어가야 합니다. 사건의 현장 속에 들어가 자신이 상처를 받고 있는 모습을 보면서 감정을 속이지 말고 가감 없이 마음을 토설하며 기도를 하는 것입니다. 그래서 성령의 이끌림이 중요합니다.

셋째, 성령님에게 질문하라. 자신의 상처가 무엇인지 성령님에게 물어보는 것입니다. 자신의 상태를 성령님에게 아뢰면서 물어보는 것입니다. 예를 든다면 왜 자신에게 혈기가 심한가 물어보는 것입니다. 왜 스트레스를 받으면 소화가 며칠씩 안 되는 것입니까? 왜 나는 조그마한 일에도 잘 놀랍니까? 왜 놀라고 나면 기도가 되지를 않습니까? 왜 나는 이렇게 가슴이 답답합니까? 왜 나는 마음이 우울한가요? 왜 나는 다른 사람이 조금 섭섭한 말을 하면 속에서 서러움이 올라옵니까? 상처를 받아서 인가요? 아니면 혈통으로 대물림되는 문제인가요? 아니면 다른 무슨 문제가 있어서 그러는지 성령님에게 물어보는 것입니다. 성령으로 기도하여 깊은 경지에 이르러 치유 과정에 집중하면서 물어보아야 합니다. 금방 알려주시기도 하지만, 어느 정도 시간이 걸립니다. 절대로 중간에 포기하지 말고 집중적으로 물어보는 것입니다. 반드시 성령께서 알려주신다고 생각을 하고 물어보기를 바랍니다. 치유는 인내력과 끈기도 있어야 합니다.

성도가 영성이 깊어지고 치유를 받아 심령이 변하려면 기도를 바르게 해야 합니다. ①성령 충만을 받는 기도는 호흡을 들이쉬고 내쉬면서 지속적으로 합니다. 최대한 깊이 호흡을 들이쉬고 내쉬고 해야 깊은 곳에서 성령의 불이 올라옵니다. ②자기 치유를 위한 기도는 호흡을 들이쉬고 내쉬면서 기도합니다. 기도하면서 자신의 특이 사항을 성령님에게 물어 봅니다. 성령님 내가 왜 혈기를 잘 냅니까, 성령께서 감동하면 회개도 하고 용서도 하면서 풀어냅니다. 성령의 임재가 충만하면 귀신도 축사합니다. ③안수를 받으면서 하는 기도는 자기 기도는 하지 말고 호흡을 들이쉬고 내쉬면서 안수를 받습니다. ④누워서 하는 기도는 호흡을 방광까지 깊게 들이쉬고 내쉬면서 성령님을 찾습니다. 호흡을 들이쉬면서 성령님! 내쉬면서 사랑합니다. 이렇게 지속적으로 하다가 보면 깊은 영의 상태에 들어갑니다. ⑤길을 걸어가면서 하는 기도는 호흡을 깊게 들이쉬고 내쉬면서 성령님을 찾는다든지, 물어본다든지 하면서 마음으로 기도를 합니다. 능력 기도가 바르게 되어야 스스로 기도하며 내적치유를 할 수가 있습니다. 기도가 성령 충만이고, 기도가 치유입니다.

넷째, 문제 안으로 들어가라. 기도하면서 내적인 상처를 치유할 때 머리로 생각으로 하는 기도는 효과가 적습니다. 현장을 영상으로 보면서 감정을 가감 없이 마음을 토설하며 기도를 해야 하기 때문에 문제 안으로 들어가야 하는 것입니다. 문제 안에 들어가 자신이 상처를 받는 모습이 보일 때까지 영상기도를 해야 합니다. 영상기도란 자신이 상처받고 상처를 주고 있는 모습을 그대로 보라는 것입니다. 마치 동영상을 보는 것과 같이 말입니다. 현장을 생생하게 보면서 감정을 토설하며 기도하는 것입니다.

다섯째, 감정을 가감 없이 표현하라. 영상기도를 통하여 자신이 상처를 받는 모습이 보이면 자신에게서 나타나는 현상대로 토설하며 기도를 하는 것입니다. 절대로 자신의 감정을 속이지 말고 그대로 표현하는 것입니다. 상처의 치유는 쉽게 되는 것이 아닙니다. 반드시 하나님은 자신이 상처를 받던 상황을 직시하면서 치유 받게 하십니다. 그래서 내적치유에 토설하며 기도하는 것이 중요하다는 것입니다. 하나하나 상황을 보면서 심경을 토설하며 기도 하는 것입니다. 감정을 가감 없이 토설하며 기도 할 때 마음의 문이 열리니 성령께서 강하게 역사하는 것입니다. 성령께서 강하게 역사하면 자신의 감정을 솔직하게 표현하게 됩니다. 이때 악을 쓰는 분들이 있습니다. 가슴을 치는 분들도 있습니다. 옷을 찢는 분들도 있습니다. 온몸과 사지가 틀어지는 발작을 하면서 토설하기도 합니다. 어린 아이 소리로 우는 분들도 있습니다. 욕설을 하는 분들도 있습니다. 좌우지간 영상기도를 통하여 성령께서 보여주시는 모습을 보면서 그대로 표현하는 것입니다. 내적인 상처의 치유는 토설하면서 하는 기도를 통해서 해야 깊은 치유를 이끌어 낼 수가 있습니다.

1) 죄와 허물을 토설해야 합니다. 다윗은 "허물의 사함을 얻고 그 죄의 가리움을 받은 자는 복이 있도다. 마음에 간사가 없고 여호와께 정죄를 당치 않은 자는 복이 있도다. 내가 토설치 아니할 때에 종일 신음하므로 내 뼈가 쇠하였도다. 주의 손이 주야로 나를 누르시오니 내 진액이 화하여 여름 가물에 마음같이 되었나이다. 내가 이르기를 내 허물을 여호와께 자복하리라 하고 주께 내 죄를 아뢰고 내 죄악을 숨기지 아니하였더니 곧 주께서 내 죄의 악을 사하셨나이다"(시32:1-5)라고 고백 했습니다. 다윗은 자기 속에 있는 죄와 허물을 토설치 아니할 때의 괴로움을 고백하면서 하나님 앞에 죄와 허물을 성령의 임재 하에 토해낼 것을 말씀하고 있습니다. 죄는 의지적으로 행한 잘못이며 허물은 부지중에 행한 잘못입니다. 죄와 허물은 우리의 마음을 더럽히는 것이며 삶의 과정에서 나온 찌꺼기이기 때문에 성령의 임재 하에 깊은 토설기도를 통해서 날마다 털어내고 토해내야 합니다.

2) 마음의 상처와 근심을 토해내야 합니다. 시102편 설명 부분에 "곤고한 자가 마음이 상하여 그 근심을 여호와 앞에 토하는 기도"라고 기록되어 있습니다. 시편102편에서 다윗은 마음의 상처와 근심으로 뼈가 냉과리같이 탔으며 살이 뼈에 붙었다고 고백하고 있습니다. 옛날 우리나라 여인들이 앓았던 화병은 상처와 근심

을 오래도록 품고 있어서 생기는 병입니다. 이러한 상처와 근심을 성령의 임재 하에 토해내지 않고 마음에 품고 있으면 불면증, 신경통, 소화 불량 등, 여러 가지 질병을 끌어들이게 됩니다.

그러므로 마음의 상처와 근심을 날마다 십자가 앞에 토해내는 성령으로 영의기도를 통해 치유될 수 있습니다. 성령의 깊은 임재 가운데 영상으로 상처를 받는 모습을 보면서 솔직하게 토설하며 기도하는 것입니다.

3) 마음의 원통함을 토해내야 합니다. 시142편은 다윗이 사울을 피해 굴에 숨어있을 때 지은 기도 시입니다. 다윗은 특별히 잘못하거나 죽을 만한 죄가 없었습니다. 그는 이스라엘을 골리앗의 손에서 구원했으며 사울의 충신이었으나 사울의 시기 때문에 도망을 다녀야 했습니다. 칭찬과 보상을 받아 마땅한 사람을 죽이려고 할 때 이보다 더 억울하고 원통한 일이 어디 있겠습니까?

그러나 다윗은 그렇게 원통한 일을 당하면서도 살길을 알았습니다. 그 원통함을 하나님께 기도로 토해낸 것입니다. 다윗은 "내가 내 원통함을 그 앞에 토하며 내 우환을 그 앞에 진술 하는 도다"(시142:2)라고 고백하고 있습니다.

사무엘상 1장에 보면 한나는 아이를 낳지 못한다는 이유로 브닌나에게 많은 고통을 받았습니다. 얼마나 고통을 받았는지 성경은 "그 대적 브닌나가 그를 심히 격동하여 번민케 하더라."(삼상1:6)고 했습니다. 브닌나는 한 지붕 아래 사는 가족이었지만 한나를 공격하는 대적이었습니다. "브닌나가 그를 격동시키므로 그가 울고 먹지 아니하니"(삼상1:7) 브닌나의 공격 때문에 한나는 밥을 먹지 못했습니다.

그런데 한나에게 살길이 열렸습니다. 한나가 그 마음의 원통함을 하나님에게 기도로 상한 마음을 토해냈기 때문입니다. "한나가 마음이 괴로워서 여호와께 기도하고 통곡하며 서원하여 가로되."(삼상1:10). 얼마나 심하게 통곡하며 마음을 토해냈는지 엘리 제사장은 한나가 술에 취한 줄 알고 포도주를 끊으라고 권면했습니다. 한나는 엘리 제사장에게 자신을 이렇게 설명합니다.

"나의 주여 그렇지 아니하니이다. 나는 마음이 슬픈 여자라 여호와 앞에 나의 심정을 통한 것뿐이오니 당신의 여종을 악한 여자로 보지 마소서. 내가 지금까지 말한 것은 나의 원통함과 격동됨이 많음을 인함이니이다." 원통함과 격동됨이 많은 심정을 솔직하게 하나님에게 통회 자복하는 것이 토설기도입니다. 이렇게 마음의 상처를 토설하며 기도하니 심령이 깨끗해집니다. 마음이 치유되니 하나님의 응답을 받습니다. "엘리가 대답하여 이르되 평안히 가라 이스라엘의 하나님이 네가 기도하여 구한 것을 허락하시기를 원하노라 하니"(삼상 1:17). 사무엘상 1장 18절에 보니까 한나가 "가서 먹고 얼굴에 다시는 수색이 없으니라."라고 기록하고 있습니다. 브닌나가 변한 것이 아닙니다. 한나의 마음의 원통한 감정이 토설을 통해 다 빠져 나갔기 때문에 마음이 치유되고 회복되니 하나님이 응답하신 것입니다.

여섯째, 토설기도 통한 내적치유 방법. 심경을 토설을 통한 깊은 기도는 죄와 허물, 상처와 근심, 어울함과 워통함을 성령의 임재 가운데 토해냄으로서 마음이 치유되고 평강이 회복되는 기도입니다. 토설기도의 대표적인 사람은 다윗으로서 그의 시편을 보면 많은 부분에서 죄와 허물을 토하는 기도를 했으며 마음의 속상함이나 원통함을 하나님 앞에 통회하는 깊은 영의기도를 한 내용을 볼 수 있습니다.

다윗이 억울한 일을 그렇게 많이 당하고도 그들을 용서할 수 있었던 힘은 그의 토설기도에서 나온 것입니다. 토설기도는 우리의 마음을 청소하는 것과 같은 기도입니다. 죄와 상처와 원통함을 털어내는 마음의 대청소가 토설기도입니다. 한국 교회가 그동안 토설 기도에 대해 무지했던 이유는 유교사상 때문이었습니다. 유교사상은 윗사람에게는 참고 아랫사람에게 화풀이하는 사상입니다. 그래서 하나님 앞에 와서는 참고 사람 앞에서는 화풀이하며 살았습니다.

그러나 하나님의 뜻은 하나님 앞에 와서 상한 마음을 토설하며 풀고 사람 앞에서 용서해주고 참는 것입니다. 그 길만이 원수까지 사랑할 수 있는 유일한 방법입니다. 오늘부터 성령의 깊은 임재 가운데 자신의 심정을 가감 없이 하나님에게 마음을 토설하여 보십시오. 주님의 놀라운 평강과 축복이 넘치게 될 것입니다.

일곱째, 뿌리를 뽑아라. 한 가지 한 가지 상처받는 모습을 보면서 감정을 가감 없이 표현합니다. 내가 지금까지 내적치유사역을 하면서 체험적으로 느낀 것은 상처마다 뿌리가 있다는 것입니다. 그러므로 상처마다 있는 뿌리를 뽑아내야 합니다. 그래야 재발하지 않습니다. 어느 정도 마음의 상처가 토설이 되고 성령이 장악하면 뿌리는 캐내야 합니다. 뿌리에는 귀신이 있을 수도 있습니다.

뿌리에서 역사하던 귀신을 떠나보내야 완전치유가 되는 것입니다. 마음을 토설하며 기도만 하고 뿌리를 뽑아내지 않으면 반드시 재발합니다. 그러므로 성령의 임재 하에 솔직하게 마음의 응어리를 토설을 하고, 예수 이름으로 축귀를 해야 합니다. 많은 내적치유 센터에서 이와 같이 뿌리를 뽑지 않기 때문에 치유를 받은 후 며칠이 안 되어 재발을 합니다.

또, 내적치유를 받은 후 증세가 더 악화되기도 합니다. 이유는 뿌리를 완전하게 뽑아내지 않고 상처받던 감정만 드러나게 하는 이성적인 사역을 하기 때문입니다. 많은 분들이 유명하게 하는 치유센터에서 내적인 상처 치유를 받은 후 더 심하여 우리 교회에 와서 완전하게 치유 받고 갑니다. 그러기 때문에 내적치유는 3박 4일 집회에 참석해가지고 완벽하게 치유 받을 수가 없습니다. 지속적으로 치유 집회를 하는 곳에서 장기적인 치유를 받아야 뿌리가 뽑히는 분들이 있습니다. 내가 지금까지 내적치유 사역을 하면서 체험한 바로는 내면의 상처가 치유되는 것은 깊은 말씀을 듣고 깨달아 알아지는 만큼씩 치유가 됩니다. 다시 말하면 영적으로 자라는 만큼씩 치유가 된다는 것입니다.

여덟째, 치유를 지속적으로 하라. 내면의 상처 치유는 단기간에 되지를 않습니다. 지속적으로 해야 합니다. 아니 천국에 갈 때까지 해야 하는 것이 치유입니다. 그러므로 항상 기도하면서 치유를 하는 것입니다. 성령의 임재 하에 깊은 영의기도를 통한 내적치유 원리를 적용해가면서 지속적으로 치유하는 것입니다. 새벽기도에 가서 기도하면서도 감정을 토설하며 풀어내는 것입니다. 철야기도에 가서도 마음을 토설하며 상처를 치유하는 것입니다. 감정을 토설하며 상처를 치유하면 치유 할 수 록 심령이 정화가 됩니다. 심령이 정화가 되는 만큼 성령이 장악을 합니다. 성령이 자신을 장악하니 권능이 나타납니다. 마귀의 계략을 알고 몰아냅니다.

지속적으로 성령으로 충만함을 받아야 합니다. 상처가 있거나 영적인 자립을 하지 못하는 성도는 교회를 잘찾아가야 합니다. 유형 교회를 통하여 성령의 충만함을 받기 때문입니다.

아홉째, 기도를 통한 깊은 상처 치유의 원리

1) 자신의 문제를 직시하고 자신의 책임을 인정해야 합니다. 그

리고 치유를 받고자 하는 마음을 가져야 합니다. 자신의 상처를 치유 받고 말겠다는 의지가 중요합니다.

2) 자신의 문제와 관련된 사람들을 용서하고자 하는 마음과 그들로부터 용서받고자 하는 마음을 가져야 합니다. 용서와 회개는 내면의 상처를 치유하는 양대 축입니다.

3) 자신에게 정말 심각한 문제가 무엇인지 알려 달라고 성령님께 지속적으로 간구해야 합니다. 그리고 마음을 토설하며 기도하도록 현장을 보여 달라고 기도하세요. 솔직하게 자신의 속내를 토설해야 합니다.

4) 내적 치유는 점진적인 치유의 역사로 이루어진다는 것을 알고 인내해야 합니다. 절대로 내적치유는 단번에 되지 않습니다. 시간과 노력이 필요합니다. 그리고 하나님의 시간표에 맞추어야 합니다. 급하다고 빨리 치유가 되는 것이 아닙니다. 급하게 마음을 먹으면 오히려 시간이 더 걸립니다. 마음을 편안하게 먹고 성령의 이끌림에 순복해야 합니다. 성령님은 우리의 모든 것을 통찰하고 이해하십니다.

또, 자신의 상처를 모두 알고 계십니다. 우리는 깊은 영의기도를 통해 과거에 잘못 입력된 것들을 지워버리고 마음을 새롭게 함으로써 자신을 새롭게 개조할 수 있습니다(롬12:1-2). 하나님을 만나고 교제함으로 내 안에 악인의 멸망을 바라보던 마음이 하나님을 바라보게 될 때 참된 기쁨으로 충만해집니다. 이 때 내 입에서는 감사가 넘쳐 나고 하나님을 사랑하는 찬양이 끊이지 않게 되는 것입니다.

그런데 이렇게 변하게 되려면 어떻게 해야 하는지 생각해 봅니다. 그것은 바로 심경을 가감 없이 토설하는 것입니다. 하나님 앞에 나의 상처를 나의 고통을 곤경에 처해있는 환경을 낱낱이 토해내는 것입니다. 세상을 살면서 상처를 받지 않고 사는 사람은 별로 없습니다. 그런데 상처를 그냥 놔두면 나중에는 더 심각해지는 병에 걸리거나 정신적 또는 육체적 마음과 인격의 장애가 됩니다.

그래서 상처는 반드시 치유되어야 합니다. 상처를 치유하는 방법 중의 하나는 마음을 하나님 앞에 토설하는 것입니다. 상처를 하나님 앞에 토설하는 것은 마음을 수술하는 것과 같습니다. 상처는 치료가 되기 때문에 상처라고 합니다. 상처를 빨리 치료 받는 길은 하나님과 가까워지는 것입니다. 마음에 상처를 담아 두지 말고 성령의 임재 하에 심정을 가감 없이 토설해 내기 시작할 때 하나님의 치료가 시작되는 것입니다.

이 책을 통해 예수님이 땅끝까지 전파 되기를 소원합니다.
(출판으로 인한 이익금은 문서선교와 개척교회 선교에 사용합니다.)

응답받는 기도 습관 20가지

발 행 일 l 2017. 03.07초판 1쇄 발행

지 은 이 l 강요셉

펴 낸 이 l 강무신

편집담당 l 강무신

디 자 인 l 강요셉

교정담당 l 원영자

펴 낸 곳 l 도서출판 성령

신고번호 l 제22-3134호(2007.5.25)

등록번호 l 114-90-70539

주   소 l 서울 서초구 방배천로 4안길 20(방배동)

전   화 l 02)3474-0675/ 3472-0191

E-mail l kangms113@hanmail.net

유   통 l 하늘유통. 031)947-7777

ISBN l 978-89-97999-55-2 부가기호 l 03230

가   격 l 16,000원

이 책의 내용은 저자의 저작물로 복제,복사가 불가합니다.
복제와 복사시 관련법에 의해 처벌을 받게 됩니다.